Umweltethik zur Einführung

Konrad Ott
Umweltethik zur Einführung

JUNIUS

Wissenschaftlicher Beirat
Michael Hagner, Zürich
Dieter Thomä, St. Gallen
Cornelia Vismann, Weimar †

Junius Verlag GmbH
Stresemannstraße 375
22761 Hamburg
www.junius-verlag.de

© 2010 by Junius Verlag GmbH
Alle Rechte vorbehalten
Umschlaggestaltung: Florian Zietz
Titelbild: Junius Verlag GmbH
Satz: Junius Verlag GmbH
Printed in the EU 2021
ISBN 978-3-88506-677-4
3., ergänzte Auflage 2021

Bibliografische Information der Deutschen Nationalbibliothek
Die Deutsche Nationalbibliothek verzeichnet diese Publikation in der
Deutschen Nationalbibliografie; detaillierte bibliografische Daten
sind im Internet über http://dnb.dnb.de abrufbar.

Zur Einführung ...

... hat diese Taschenbuchreihe seit ihrer Gründung 1978 gedient. Zunächst als sozialistische Initiative gestartet, die philosophisches Wissen allgemein zugänglich machen und so den Marsch durch die Institutionen theoretisch ausrüsten sollte, wurden die Bände in den achtziger Jahren zu einem verlässlichen Leitfaden durch das Labyrinth der neuen Unübersichtlichkeit. Mit der Kombination von Wissensvermittlung und kritischer Analyse haben die Junius-Bände stilbildend gewirkt.

Von Zeit zu Zeit müssen im ausufernden Gebiet der Wissenschaften neue Wegweiser aufgestellt werden. Teile der Geisteswissenschaften haben sich als Kulturwissenschaften reformiert und neue Fächer und Schwerpunkte wie Medienwissenschaften, Wissenschaftsgeschichte oder Bildwissenschaften hervorgebracht; auch im Verhältnis zu den Naturwissenschaften sind die traditionellen Kernfächer der Geistes- und Sozialwissenschaften neuen Herausforderungen ausgesetzt. Diese Veränderungen sind nicht bloß Rochaden auf dem Schachbrett der akademischen Disziplinen. Sie tragen vielmehr grundlegenden Transformationen in der Genealogie, Anordnung und Geltung des Wissens Rechnung. Angesichts dieser Prozesse besteht die Aufgabe der Einführungsreihe darin, regelmäßig, kompetent und anschaulich Inventur zu halten.

Zur Einführung ist für Leute geschrieben, denen daran gelegen ist, sich über bekannte und manchmal weniger bekannte Autor(inn)en und Themen zu orientieren. Sie wollen klassische

Fragen in neuem Licht und neue Forschungsfelder in gültiger Form dargestellt sehen.

Zur Einführung ist von Leuten geschrieben, die nicht nur einen souveränen Überblick geben, sondern ihren eigenen Standpunkt markieren. Vermittlung heißt nicht Verwässerung, Repräsentativität nicht Vollständigkeit. Die Autorinnen und Autoren der Reihe haben eine eigene Perspektive auf ihren Gegenstand, und ihre Handschrift ist in den einzelnen Bänden deutlich erkennbar.

Zur Einführung ist in verstärktem Maß ein Ort für Themen, die unter dem weiten Mantel der Kulturwissenschaften Platz haben und exemplarisch zeigen, was das Denken heute jenseits der Naturwissenschaften zu leisten vermag.

Zur Einführung bleibt seinem ursprünglichen Konzept treu, indem es die Zirkulation von Ideen, Erkenntnissen und Wissen befördert.

Michael Hagner
Dieter Thomä
Cornelia Vismann

Inhalt

Einleitung: Sinn und Zweck der Umweltethik 8

1. Die Ursachen der Naturkrise 24

2. Anthropologische Grundlagen 36

3. Die Sprachphilosophie der Umweltethik 56

4. Die Axiologie der Umweltethik 72

5. Die Deontologie der Umweltethik 101

6. Biblische Schöpfungslehre 148

7. Die Konzeption starker Nachhaltigkeit 163

8. Die politische Philosophie der Umweltethik 193

9. Schlussbetrachtungen 213

Danksagung 222

Nachwort zur dritten Auflage 224

Anhang
Anmerkungen 226
Literatur 238
Über den Autor 255

Einleitung: Sinn und Zweck der Umweltethik

1. Die Umweltethik (synonym: *environmental ethics*, Naturethik) fragt zum einen nach den Gründen und den aus ihnen gewonnenen Maßstäben (Werte und Normen), die unser individuelles und kollektives Handeln im Umgang mit der außermenschlichen Natur bestimmen sollten. Zum anderen fragt sie danach, wie diese Maßstäbe umgesetzt werden könnten. Die Umweltethik hat also eine theoretische und eine praktische Dimension.

Die Frage nach Gründen setzt einiges voraus. *Erstens* setzt sie ein Konzept der Gründe (Argumente) einschließlich eines Verständnisses davon voraus, warum und wofür wir einander Gründe schuldig sind und wie wir uns bei praktischen Fragen mit Gründen an Gründen orientieren sollen. *Zweitens* setzt sie die Möglichkeit gemeinsamer Einsichten in Maßstäbe unseres Naturumgangs voraus. Für überzeugte Naturschützerinnen[1] sind die Gründe, die zugunsten des Umwelt- und Naturschutzes sprechen, bereits mehr oder minder feste Überzeugungen und daher auch Motivationsquellen; es steht aber außer Frage, dass nicht alle Personen diese Überzeugungen und Motive teilen, so dass ein »Wir« hier nichts Gegebenes, sondern etwas Aufgegebenes ist. Naturschützer mögen ihre Schutzbestrebungen für etwas halten, was sich von selbst versteht; die Umweltethik fragt, ob Naturschutz eines bestimmten Ausmaßes aufgrund guter Gründe selbstverständlich werden *sollte*.

Übergänge von schützerischen Intuitionen zu ethischen Argumenten erfolgen auf Wegen der Versprachlichung. Dieser mühselige Weg ist auch der einzige ethische Weg, vom Ich zu einem Wir oberhalb einzelner Kulturen und Generationen zu gelangen. Dass in Bezug auf Maßstäbe des Naturumgangs diese kulturübergreifende Orientierung ethisch sinnvoll ist, kann angesichts der Vielzahl der realen Naturzustände und der kulturellen Naturverständnisse nicht vorausgesetzt werden. Viel näher liegt ja die Auffassung, dass es kulturübergreifende Prinzipien allenfalls im zwischenmenschlichen Bereich (»Menschenrechte«), nicht aber in Bezug auf den Naturumgang geben kann, der kulturabhängig bleiben müsse und solle, da andernfalls sogar die Gefahr bestünde, dass westliche Naturschützer ihre Vorstellungen (bspw. Biodiversität oder *wilderness*) anderen Kulturen aufnötigten. Andererseits zwingen die Entwicklungen in einer globalisierten Welt dazu (Kap. 1), die moralisch-ethische Urteilsbasis auf Fragen des Naturumgangs auszuweiten. Die Umweltethik steht daher konzeptionell in der Spannung, eine transkulturelle Ausrichtung ohne Hegemonieanspruch westlicher Wertvorstellungen zu erreichen.

Drittens setzt die Ausgangsfrage ein Konzept der Natur voraus, das nicht nur die von Menschen unberührte Natur (»Wildnis«) betrifft, sondern auch die graduell von Menschen überformte Natur einschließen kann. Ein solches graduelles Naturkonzept ist, erkenntnistheoretisch betrachtet, elementar realistisch. Es setzt voraus, dass es »gibt«, worüber gesprochen wird. Dieses Naturkonzept darf den naturwissenschaftlichen Erkenntnissen nicht widersprechen, muss aber offen sein für kulturelle Natur*deutungen*. Die Umweltethik geht davon aus, dass die »objektiven« Wahrheiten der Naturwissenschaften nicht alles enthalten, was sich *vernünftigerweise* über Natur sagen lässt. Grob gesagt, beschäftigen sich die Naturwissenschaften mit der Natur »an sich«, d. h. mit einer verobjektivierten Natur, die sich für jeden neutralen Beobachter in ihren Eigenschaften und Kausalstrukturen gleich zeigt, wohingegen sich die Umweltethik mit der Natur »für uns« befasst, d.h. mit all den Hinsichten, in denen Natur uns als bedeutsam, wertvoll und verpflichtend erscheint. Während die moderne Naturwissenschaft eine Tendenz hat, sich für sehr kleine und große zeitliche und räumliche Skalen zu interessieren (Mikro- und Makrokosmos), bewegt sich die Umweltethik hauptsächlich im Mesokosmos der Erfahrungswelt. Die umweltethisch wesentlichen Erfahrungen finden nicht am Mikro- oder Teleskop, sondern in der Lebenswelt statt, so dass eine Nähe der Umweltethik zu den Naturwissenschaften besteht, die auf mesokosmischen Skalen forschen. Dies sind vornehmlich die organismische Biologie, die Landschaftsökologie und die Geographie. Im Unterschied zu den Naturwissenschaften interessiert sich die Umweltethik nur für Natur, sofern diese im Bereich menschlicher Handlungsvollzüge liegt, also derzeit allenfalls bis zum Mond.

2. Die Umweltethik fragt nach *vernünftigen Begründungen* für Umwelt-, Tier- und Naturschutz. Terminologisch wird »Naturschutz« als Oberbegriff verwendet, der den Umweltschutz (Wasser, Böden, Luft, Abfall, Lärm u.ä.), den Tierschutz und den Naturschutz im engeren Sinne (Artenschutz, Habitatschutz, Wildnisschutz u.ä.) umfasst. In erster und grober Annäherung lässt sich die Grundfrage nach dem Sinn von Naturschutz im weiten Sinn so beantworten, dass Menschen die Natur schützen sollen, *erstens* sofern sie (und ihre Nachkommen) auf deren Nutzung (als Ressource, Speicher und Medium) angewiesen sind und (wahrscheinlich) sein werden, und *zweitens*, sofern bestimmte Naturzustände ihnen (allen, den meisten, vielen, einigen mit hoher Intensität usw.) Freude, Behagen, Beruhigung, Vergnügen, d.h. *Naturgenuss* (Alexander von Humboldt 1836) bereiten. Ressourcennutzung und Naturgenuss können unter einem weiten Begriff des Nutzens zusammengefasst werden.

Eine dritte Antwort auf die Frage nach Begründungen geht von der Intuition aus, dass Naturschutz nicht nur aufgrund des Nutzens für Menschen, sondern um der Natur bzw. um bestimmter Naturwesen willen *moralisch geboten*, d.h. allen Personen unabhängig von ihren kulturellen Werten und individuellen Vorlieben als eine einsehbare Pflicht auferlegt sein könnte. Diese Intuition bezieht sich auf die Kategorie des moralischen Selbstwertes, sofern diese auf Naturwesen bezogen wird. Entsprechende Argumente werden als *physiozentrisch* bezeichnet; Argumente, die die beiden ersten Antworten auf die Ausgangsfrage thematisieren, werden hingegen als *anthropozentrisch* bezeichnet. Konzeptionen von Umweltethik befassen sich daher mit Natur als Ressource, mit Natur als Quelle des Genusses und mit Natur als einem Ensemble von Wesen, denen Selbstwert zukommen könnte. Je nach umweltethischer Konzeption variieren Bedeutung und Status der einzelnen Begründungselemente zueinander. So werden in physiozentrischen Konzeptionen anthropozentrische Begründungen beiläufig und tendenziell entbehrlich, da der Naturschutz direkt mit Hilfe der Kategorie des moralischen Selbstwertes begründet werden kann.

3. Die Umweltethik kann entweder in der *Natur* selbst, in normativ gehaltvollen Konzepten wie etwa dem des *Interesses* oder im menschlichen *Sprachgebrauch* fundiert werden. Aus einer als wertfrei vorgestellten physikalischen Natur können Werte und Normen nicht logisch abgeleitet werden, denn aus einer beliebigen Menge empirisch-deskriptiver Aussagen lässt sich nicht ableiten, was getan werden soll. Dies wäre ein sogenannter *naturalistischer Fehlschluss* (Potthast, Ott 2016). Allerdings kann man den Fehler des naturalistischen Fehlschlusses vermeiden, indem man Natur anders konzipiert. Schreibt man der Natur vom Menschen unabhängige, d.h. absolute Werthaftigkeit zu oder fasst man sie als Gottes

gute Schöpfung, als Große Mutter oder Weltseele auf, so begeht man keinen logischen Fehler, wenn man aus solchen Prämissen Präskriptionen für Handlungen oder für angemessene Grundeinstellungen der Natur gegenüber ableitet. Die Fundierung der Umweltethik in der Natur kann also nur gelingen, wenn ein ethisch gehaltvoller Naturbegriff vorausgesetzt wird. Entsprechende Naturphilosophien sind *per se* keineswegs *anti*wissenschaftlich, aber immer voraussetzungsvoll. Die Umgehung des naturalistischen Fehlschlusses führt in die Naturphilosophie, der wir uns in zwei Kapiteln nähern werden (Kap. 3 u. 6).

Wenn man Naturphilosophie (als spekulativ, metaphysisch usw.) zurückweist, bleibt die Möglichkeit, die Umweltethik so zu konzipieren, dass es gut und richtig wäre, wenn durch menschlichen Naturumgang möglichst viele *Interessen* befriedigt und möglichst wenig Interessen verletzt würden. Dies ist eine im weitesten Sinne *utilitaristische* Auffassung. Als Träger von Interessen gelten hierbei nicht nur Menschen. Auch Tiere und Pflanzen kommen als Träger von Interessen in Betracht. Für menschliche Interessen gilt jedoch: Interessen sind nicht einfach vorhanden, und nicht alle Interessen verdienen moralische Anerkennung. Viele Interessen mögen auf aufgeklärtem Egoismus beruhen, aber auch in Situationen, in denen man Mitleid verspürt oder sich solidarisch erklärt, nimmt oder *hat* man ein Interesse. Dieser weite Interessenbegriff ist für die Umweltethik sachgerecht, da viele Menschen daran interessiert sind, dass es in dieser Welt weiterhin Wale, Tiger, Korallenriffe usw. gibt. Ökonomen sprechen hinsichtlich solcher Interessen von *Existenzwerten*. Eigene oder fremde Interessen müssen als solche geltend gemacht werden. Nur in sprachlich verfasster Form werden die Intensität, Anerkennungswürdigkeit und ethische Bedeutung von Interessen deutlich. Zudem unterscheidet man mit Blick auf Naturwesen zwischen einem *starken* und einem *schwachen* Interessenbegriff.

Ein starkes Interesse meint, dass ein Wesen selbst Interesse an etwas *hat*. Ein schwaches Interesse meint, dass etwas *im* Interesse eines Wesens ist. Ein Hirsch *hat* Interesse an frischem Wasser, Wasser *ist* im Interesse einer Pflanze. Ob das Vorliegen schwacher Interessen hinreicht, ihre Träger moralisch direkt zu berücksichtigen, ist eine diffizile umweltethische Frage, der gesondert nachzugehen ist (Kap. 5.5). Unabhängig davon, welche Antwort man gibt, ist der Fall schwacher Interessen ein Beleg dafür, dass Interessen auch in Bezug auf Naturwesen nicht nur registriert, sondern in ihrer moralischen Signifikanz diskursiv anerkannt werden müssen. Der Ansatz beim Interessenbegriff führt daher auf das Feld der sprachlichen Thematisierung von Mensch-Natur-Beziehungen (Kap. 3) und zum Inklusions- bzw. Selbstwertproblem (Kap. 5).

Aufgrund des Gesagten ist es vorteilhaft, die Umweltethik weder in der Natur noch im Konzept des Interesses, sondern in der Argumentationspraxis zu verankern. Dies erscheint vielen Naturschützern eigenartig, denn dadurch wird der Naturschutz abhängig von dem, was üblicherweise als Gegensatz zur Natur gedacht wird: dem argumentativen Gebrauch der menschlichen Sprache. Gleichwohl sollten Naturschützer den Umweltethikern, die aufgrund metaethischer Erwägungen diesen Weg einschlagen, versuchsweise folgen.

4. Die Umweltethik wird üblicherweise als eine von mehreren *Bereichsethiken* verstanden, die mit Blick auf Gegenwartsprobleme praktische Orientierung vermitteln wollen (Medizinethik, Wirtschaftsethik, Medienethik, Technikethik usw.). Bereichsethiken werden oft unter dem Titel einer angewandten Ethik (*applied ethics*) zusammengefasst. Bereichsethiken sind an konkurrierende Ethiktheorien gebunden und referieren auf bestimmte Bereiche menschlicher Praxis, die sich in kollektiver geschichtlicher Erfah-

rung als wertbestimmt und regulierungsbedürftig erwiesen haben (Medizin, Erziehung, Wirtschaft, Politik, Wissenschaft). Im Innern der jeweiligen Bereichsethiken bildet sich im Verlauf der Zeit eine komplexe »Textur« (ein Gewebe) von Argumentationsmustern heraus, die sich u. a. auf Werte, Normen, Regelwerke (Institutionen) und auf kasuistische Problemlösungen beziehen. Nur im Medium einer kritischen Beurteilung all dessen, was in bestimmten Bereichen argumentativ geltend gemacht wird, kann man sich das *universe of discourse* der Bereichsethiken aneignen. In diesem Sinne gibt es »Experten« für Medizin-, Wirtschafts- und Umweltethik. Diese verfügen über kein höheres moralisches Wissen als ihre Mitbürger, sondern genießen das eigentümliche Privileg, sich beruflich mit der Welt der Gründe befassen zu dürfen. Sie versorgen die Gesellschaft auch nicht mit »festen Werten« oder mit einer »neuen Moral«, sondern ermutigen andere interessierte Personen, sich mit solchen Texturen auseinanderzusetzen.

Die Einheit der Bereichsethiken liegt in der *Metapraxis der Argumentation* (Ott 1997). Als übergreifendes Vernunftkonzept bietet sich daher eine *Theorie des kommunikativen Handelns* an, die zu einer Diskurstheorie praktischer Vernunft (*Diskursethik*) spezifiziert werden kann (Habermas 1981). Die Metapraxis der Argumentation erlaubt es, die ethischen Probleme, die sich innerhalb von Praxisfeldern stellen, in ihrem Eigensinn unverkürzt zu erörtern. Dabei muss man technische, ökonomische, rechtliche, axiologische, existenzielle und moralische Aspekte unterscheiden können. Falsch ist es im Rahmen eines diskursethischen Vernunftkonzepts, alle praktischen Probleme in die *framings* technologischer und ökonomischer Denkformen zu stellen. Dies gilt auch für die Umweltethik. Das diskursethische Vernunftkonzept ist seit den klassischen Arbeiten von Karl-Otto Apel und Jürgen Habermas mehrmals erläutert worden (zur Übersicht siehe Gottschalk-Mazouz 2000), so dass es hier vorausgesetzt und nur noch spezifisch umweltethisch betrachtet wird (Kap. 3).

5. Naturnutzung sollte als eine Form der menschlichen *Praxis* aufgefasst werden. Diese Auffassung ist nicht selbstverständlich. Vielfach wurden Praxisformen von Naturbeziehungen so unterschieden, dass in jenen moralisch-ethische Aspekte zu berücksichtigen seien, wohingegen die Naturnutzung durchgängig von technisch-instrumentellen, d. h. an Manipulation, Beherrschung und Nutzung interessierten Aspekten geleitet sein dürfe.[2] Naturnutzung wäre damit nur ein Bereich der technischen Verfügung, nicht der ethischen Praxis. Die Zuordnung des Naturumgangs zum Bereich der *techné* und das Projekt der Naturbeherrschung waren »Herzwurzeln« des mittlerweile weltumspannenden Projekts der Moderne, das mit einer kapitalistisch verfassten Warenwirtschaft und einer funktionalen Differenzierung sozialer Teilsysteme verflochten ist. Diese Grundformation der Moderne kann die Umweltethik nicht überspringen, sie muss sie vielmehr kritisch durchdringen (Kap. 1).

Lebensweltlich blieb immer ein Wissen präsent, dass Land- und Forstwirtschaft, Tierzüchtung und -haltung, die Bewirtschaftung von Gewässern, die Gestaltung von Gärten, der Abbau und die Nutzung von Rohstoffen, der Umgang mit Abfällen usw. praktische Aktivitäten darstellen, in denen Werte und Regeln unhintergehbar sind. Diese lebensweltliche Wertdimension des Naturumgangs lässt sich nicht ohne Bedeutungsverluste auf Fragen technologischer Effektivität und ökonomischer Effizienz reduzieren. Die Umweltethik knüpft an dieses im kollektiven Gedächtnis präsente Wissen und an entsprechende Traditionen an.

6. Die Umweltethik beginnt nicht erst mit der heutigen *environmental ethics*, die in den 1970er Jahren entstand. Kritik an ei-

nem nur an effizienter Nutzung ausgerichteten Naturumgang lässt sich in Deutschland seit der Goethezeit, die Nachhaltigkeitsidee seit 1713 nachweisen (Kap. 7). Das realgeschichtlich dominante Paradigma des Industrialismus, das sich seit der Aufklärung auch in der Landnutzung durchsetzte (Trockenlegung von Mooren, Flusskanalisierung, Staudammbau, Flurbereinigung und vieles mehr; vgl. Blackbourn 2007), wurde von einem Diskurs begleitet, der die Verlustseite der Industrialisierung thematisierte und aus dem im 19. Jahrhundert der Naturschutz hervorging (Ott et al. 1999, Schmoll 2004, Ott 2016). Protoökologische Strömungen und Konzepte (Heimatschutz, Landesverschönerung, Naturdenkmalpflege, Gartenstadt, Sozialhygiene usw.) waren an der Wende zum 20. Jahrhundert verbreitet (Ott 2008b). In diesen naturschützerischen Diskursen wurden auch Begründungen formuliert, die in zeitgenössische Rahmungen eingebunden waren. Natur- und umweltschützerische Intuitionen suchen insofern seit der Goethezeit nach Worten, Begriffen, Konzepten und Begründungen. Die Gedankenwelt des Naturschutzes war dabei von Beginn an pluralistisch. Immer wieder reflektierten Vertreter des Naturschutzes darauf, was ihre Bewegung geistig zusammenhält; die Antworten führten immer in den Bereich der Ethik.

Umweltethik lässt sich freilich nicht auf eine Geistesgeschichte des Naturschutzes reduzieren. Die Beziehung zwischen Naturschutzgeschichte und Umweltethik lässt sich vielmehr so bestimmen, dass die Historie Wahrheitsansprüche quellenkritisch einzulösen versucht, während die Umweltethik mit Blick auf die Vergangenheit fragt, welche der früheren Ideen, Konzepte und Argumente als *Traditionen* anerkannt werden *sollten*. Historiker enthalten sich der Werturteile über die Werte, die von geschichtlichen Akteuren vertreten wurden, Ethiker hingegen möchten »gute« Traditionen präsent halten und fortbilden. Viele der heutigen naturethischen Argumente wurden in früherer Zeit (vor)formuliert. Daher werden in dieser Studie so oft wie möglich umweltethische Traditionen erwähnt. Durch historischen Sinn wird Umweltethik *konkret* (lat.: *concrescere*); die Eigenzeit der Ethik aber ist die Gegenwart.

7. Umweltethik sollte in analytischer, nicht in missionarischer Einstellung betrieben werden, so dass Voraussetzungen reflektiert, Unterscheidungen getroffen, Schlussfolgerungen kontrolliert, Zweideutigkeiten aufgelöst und Argumente rekonstruiert werden. Entsprechend kann man das Kerngeschäft der Umweltethik als *kritische Analytik des umweltethischen Argumentationsraums* (AR) mitsamt den darin investierten Voraussetzungen und den sich hieraus ergebenden praktischen (politischen, rechtlichen, ökonomischen) Konsequenzen begreifen. Man kann sich die Konstitution des Argumentationsraumes so vorstellen, dass zunächst ein inhaltlich leeres Behauptungsfeld aufgespannt wird, in das Antworten auf die Grundfrage eingetragen werden können, warum Umweltmedien, Lebewesen und bestimmte Komponenten von Natur (Arten, Ökosysteme, Landschaften usw.) geschützt werden soll(t)en. Intuitiv vertretbare Antworten (»N schützen, weil G«) werden in das Behauptungsfeld eingetragen und können dadurch geprüft werden. Die Umweltethik greift insofern die Intuitionen, Ziele und entsprechenden Sprechakte der Naturschützer auf und prüft sie daraufhin, ob und, wenn ja, wie sie sich in die Form von Gründen transformieren lassen, die idealiter von allen moralisch einsichtigen und thematisch aufgeschlossenen Personen eingesehen und zwanglos anerkannt werden könnten. Im AR sind daher alle bekannten Argumentationsmuster versammelt, die Personen motivieren können sollen, sich in Worten und Taten *für* U̲mwelt-, T̲ier- und N̲aturschutz (UTN-Schutz) einzusetzen. Die Argumentationsmuster, aus denen sich das Gewebe (die »Textur«) der Umweltethik zusammensetzt,

können unterschiedlich angeordnet werden. In einer an die Anthropozentrismus/Physiozentrismus-Debatte angelehnten Klassifikation lässt sich der AR folgendermaßen darstellen:

ARGUMENTATIONSRAUM DER UMWELTETHIK

A. Anthropozentrische Argumente
   1. Angewiesenheits-Argumente
   2. Biophilie-Hypothese
   3. Gesundheits- und Wohlbefindensargumente
   4. Naturästhetische Argumente
   5. Heimat-Argumente (»Ethics of Place«)
   6. »transformative-value«-Argument
   7. Differenz-Argument
   8. »Menschenrecht-auf-Natur«-Argument
   9. Pflichten gegenüber zukünftigen Generationen in Bezug auf 1. bis 8.

B. Physiozentrische Argumente
   10. Sentientistische Argumente (P. Singer, T. Regan)
   11. Biozentrische Argumente (A. Schweitzer, P. Taylor)
   12. Ökozentrische Argumente (B. Callicott, L. Westra)
   13. Holistische Argumente (T. Birch, M. Gorke)
   14. Naturphilosophische Argumente (H. Rolston, K.M. Meyer-Abich, A. Naess u.a.)

C. Religiöse Argumente
   15. Paradigma der biblischen Schöpfungslehre
   16. Naturkonzepte in anderen Religionen (R1, R2 ... Rn)

Der AR ist eine konzeptionelle Alternative zu »ökologischen Weltbildern«, die vielerorts verkündet werden. Er versammelt den

Diskurs der Umweltethik und verwandter Disziplinen in komprimierter begrifflicher Form. Wir werden auf die einzelnen Argumente in dieser Studie eingehen. Die Einseitigkeit des AR zugunsten des UTN-Schutzes korrigiert sich selbst, indem die Gründe auch skeptisch eingestellten Personen zur Prüfung vorgelegt werden und alle Argumente kritisch reflektiert werden können und sollen. Die Gliederung der theozentrischen Gründe in die biblische Tradition und in alle übrigen Religionen gründet nicht in der Auffassung, jene sei diesen überlegen, sondern rechtfertigt sich allein dadurch, dass im Interesse eines interreligiösen Dialogs über Fragen des Naturumgangs der Perspektive auf die jeweils eigene Tradition ein gewisses Primat zukommt. Jede Religion darf sich selbst an diese primäre Stelle setzen (Kap. 6).

Der AR an sich enthält weder Kriterien für die Lösung von Konflikten noch eine Kasuistik zur Beurteilung spezieller Fälle. Auch enthält er keine bestimmte Auffassung darüber, was es bedeuten könnte, naturschützerische mit anderen Belangen »abzuwägen«. Die Fragen nach »guter« Konfliktlösung, »sorgsamer« Abwägung und »angemessener« Beurteilung einzelner Fälle setzen eine gründliche Beschäftigung mit dem AR notwendig voraus, da andernfalls die herkömmlichen Denkschemata dominant bleiben und Naturschutzbelange »weggewogen« werden können, wie dies (allzu) häufig geschieht.

8. Die Gründe, die im AR versammelt und geprüft werden, sind *erstens* zahlreich, lassen sich *zweitens* nicht trennscharf gegeneinander abgrenzen, stehen *drittens* in unterschiedlichen Beziehungen zueinander und sind *viertens* voraussetzungsvoll. Die Anzahl der Gründe hängt von Auffassungen darüber ab, ob sich ein Argumentationsmuster als Teilaspekt eines anderen erweisen könnte. Um dies beurteilen zu können, muss man einzelne Argumente schon verstanden haben, weshalb hypothetisch und vorläufig

von der Eigenständigkeit der versammelten Argumente auszugehen ist.

Anzahl, *Qualität* und *Gewicht* von Gründen sind zu unterscheiden. Die Anzahl der Gründe sagt nichts über ihre jeweilige Qualität und nichts über ihr jeweiliges Gewicht bezüglich praktischer Konsequenzen. Gute Gründe müssen keine weitreichenden Konsequenzen haben, und Gründe, die weitreichende Konsequenzen haben, müssen nicht gut sein. Die Sehnsucht der Naturschützer nach einem »Super-Grund«, der alle Schutzziele, darunter vor allem den Artenschutz und den Schutz von Wildnis, perfekt abdeckt, führt in die Physiozentrik. Dort allerdings sind die ethischen Begründungsprobleme gravierend, weshalb eine bloße Berufung auf solche Positionen oder entsprechendes *name dropping* (Schweitzer, Taylor, Rolston, Callicott, Naess u. a.) ethisch ausscheidet.

Umweltethische Argumente haben keine scharfen Ränder, sondern berühren einander und überlappen sich. Der AR ist daher kein Baukasten aus Klötzchen, sondern eher eine Landschaft, die zwar von Umweltethikern vermessen wird, deren Elemente aber ineinander übergehen. Dies gilt sowohl für Argumente, die Angewiesenheiten auf natürliche Ressourcen geltend machen, als auch für Argumente, die die Bedeutung von Naturgenuss für ein erfülltes menschliches Leben geltend machen (sogenannte eudämonistische Gründe, vgl. Kap. 4). Hinzu kommt, dass, wie gesagt, heutige Argumente oftmals in der Geschichte des Naturschutzes (vor)formuliert wurden, historische und gegenwärtige Gründe aber nicht identisch sind.

Kein Argument ist selbstevident, sondern jedes Argument beruht auf *Voraussetzungen* und ist daher immer »frag-würdig«. Diese Voraussetzungen reichen außer in die allgemeine Ethik in mehrere klassische Felder der Philosophie hinein: in Anthropologie, Sprach- und Naturphilosophie. Voraussetzungslosigkeit ist ein falsches philosophisches Ideal. Wichtiger ist, dass auf Voraussetzungen kritisch reflektiert werden kann und soll. Von einzelnen Argumenten aus eröffnen sich immer zwei Bahnen, in denen weitere Überlegungen verlaufen können: erstens die Bahn der Reflexion auf Voraussetzungen, zweitens die Erörterung von politischen Konsequenzen (Ott 2008a). Der philosophische Weg öffnet den Blick auf ein Ensemble von Voraussetzungen, das ähnlich komplex ist wie der menschliche Naturumgang selbst. Die Dringlichkeit vieler Umweltprobleme (Kap. 1) lenkt Umweltethiker in politische Bahnen; eine politisch abstinente Umweltethik wäre nur gelehrte und erbauliche Schöngeisterei (Kap. 7 u. 8).

9. Damit ist die Gliederung dieser Einführung vorgezeichnet: Voraussetzungen, Argumente, Konsequenzen. Daher werden zunächst Gegenwartsdiagnose (Kap. 1), Anthropologie (Kap. 2) und Sprachphilosophie der Umweltethik (Kap. 3) vorgestellt. Es folgen Wert-(*Axiologie*) und Pflichtenlehre (*Deontologie*). Die Wertlehre mündet in eine Tugendlehre und in naturschutzfachliche Konzepte der Schutzgüter des Naturschutzes (Kap. 4). Die Deontologie (Kap. 5) behandelt neben der schuldigen Rücksichtnahme auf Gesundheit, Werte und Rechte anderer Personen das Problem von Verpflichtungen gegenüber zukünftigen Generationen und in gebotener Ausführlichkeit das Inklusions- bzw. Selbstwertproblem.

Eine kategorial andere Art von Gründen bezieht sich auf Religionen und die ihnen zugehörigen Theologien. Es wäre abstraktes Denken, diese Gründe von vornherein aus dem AR auszugrenzen, weil sie *eo ipso* Voraussetzungen enthalten, zu deren Annahme ein säkulares (agnostisches, atheistisches) Denken nicht genötigt werden kann. Dass man ihnen aufgrund solcher Prämissen den Charakter von Gründen abspricht, ist keine selbstevidente Voraussetzung. Als Bezeichnung für diese Gründe sei der Ausdruck *religiös* gewählt, da etliche Religionen wie der Buddhismus keinen personalen Gott zugrunde legen. Die Darlegung dieser Gründe in unterschiedlichen Religionen würde den Rahmen dieses Buches sprengen und die Kompetenzen des Verfassers überschreiten. Daher soll hier nur ein Vorschlag unterbreitet werden, wie der sogenannte Herrschaftsauftrag der biblischen Überlieferung zu interpretieren sein dürfte (Kap. 6). Das vierte und fünfte Kapitel sind der säkulare Mittelpunkt dieses Buches. Das sechste Kapitel ist so »über-flüssig« wie, nach Ansicht der Mystik, Gott selbst.

Es wäre in vielen Fällen *misplaced concreteness*, würde man versuchen, von einzelnen Gründen des AR direkt auf die Wahl einer richtigen oder falschen Einzelhandlung zu folgern. Zwar ist es möglich, dass ein bestimmter Grund eine bestimmte Handlung direkt ge- oder verbietet (Quälen eines Tieres, Anzünden eines Waldes). Dieses direkte normative Verhältnis zwischen Gründen und Handlungen ist allerdings eher die Ausnahme. Die umweltethischen Gründe können und sollen daher herangezogen werden, um situationsübergreifende *Konzepte*, *Programme* und *Institutionen* zu begründen. Im siebten Kapitel wird das Konzept einer ›starken‹ *Nachhaltigkeit* diskutiert, das ein Regelwerk für die Nutzung der Bestände der Naturkapitalien und spezielle Konzepte für unterschiedliche Landnutzungsbereiche umfasst (ausführlich Ott, Döring 2008).

Einsicht motiviert nicht hinreichend zum Handeln. Gerade im Umwelthandeln ist die Zurücksetzung schützerischer Gründe hinter andere Motive häufig, wofür es etliche Erklärungsgründe gibt (Baumgartner 2005). Viele Umweltprobleme lasen sich als Klugheitsdilemmata rekonstruieren (Trapp 1998): Ohne Regeln der Naturnutzung ist es für jeden rationalen Akteur vorteilhaft, sich möglichst viele Ressourcen anzueignen und Umweltmedien als Senken für Abfälle und Schadstoffe zu nutzen, da dies ansonsten die andern tun werden.[3] Deshalb erfordert erfolgreicher Umwelt- und Naturschutz demokratisch legitimierte, rechtlich verfasste und administrativ kontrollierte Regeln und Institutionen der Naturnutzung. Das achte Kapitel befasst sich daher mit der politischen Philosophie der Umweltethik, wobei für eine diskursethische Version von *environmental democracy* plädiert wird, die auf die nationale und die internationale Ebene von Umweltpolitik bezogen wird. Dies erlaubt zuletzt einen visionären Ausblick (Kap. 9).

1. Die Ursachen der Naturkrise

1.1 Umweltethik ist keine gleichmütige Betrachtung dessen, was geschieht. Sie ist *eo ipso* besorgt darüber, was aus dem Planeten Erde, dieser spektakulären Insel des Lebens im All, im *Anthropozän* werden möge, d.h. in einer erdgeschichtlichen Periode, in der die zahlenmäßig wachsende, zur Erschließung neuer Siedlungsräume befähigte, technisch hochgerüstete und mehrheitlich an materiellem Wohlstand orientierte Menschheit zu einer Einflussgröße von planetarischem Ausmaß geworden ist (Ott 2017).

Erst seit kurzer Zeit beginnen Menschen, sich um Natur und Umwelt zu sorgen. Natur war in der Vergangenheit primär Grund zur Sorge, ob und wie sich in ihr einigermaßen sicher und in günstigen Fällen behaglich überleben ließe. Sorge um die Natur war bestenfalls randständig. Die Sorglosigkeit im Umgang mit Natur war der lebensweltlichen Erfahrung früherer Zeiten durchaus angemessen. Noch heute gilt, dass in einem Leben, das von vielen Sorgen und Nöten geplagt ist (Hunger, Armut, Krankheit, Unterdrückung usw.), die Sorge um Natur nicht im Vordergrund stehen wird. Häufig wird diese Wahrheit so formuliert, dass Naturschutz ein Luxus sei, den sich nur die Reichen leisten können. Diese Ansicht verkennt, dass die Sorgen armer Menschen darüber, ob die Zerstörung von Natur nicht langfristig ihnen und ihren Nachkommen die Lebensgrundlagen entziehe oder sie bedrohlich schmälere, weltweit verbreitet sind (Martinez-Alier 2002). Die Umformulierung dieser Sorgen zur oberflächlichen Halbwahrheit, Naturschutz sei Luxus, wird den wirklichen Besorgnissen der Armen und der Komplexität des Verhältnisses von Armut und Umwelt daher nicht gerecht.

Punktuelle und sporadische Naturschäden hat es seit der Antike immer wieder gegeben; so klagte man bereits zur Zeit Platons über abgeholzte Berghänge und die Folgen für das lokale Klima. Bewässerungssysteme verursachten in den Alten Reichen des Orients die Versalzung von Böden. Holzknappheit drohte im 17. und 18. Jahrhundert in Mitteleuropa. Der frühe Naturschutz war besorgt über Veränderungen von Natur und Landschaft im Zeitalter des Industrialismus. Der Umweltalarmismus der 1960er Jahre beruhte auf Sorgen um die Zerstörung der natürlichen Lebensgrundlagen. Sorge um die Natur ist seither das Thema der sogenannten *Ökologiebewegung*, d.h. der politischen und kulturellen Strömung, die sich für einen verstärkten UTN-Schutz engagiert (zur Übersicht der deutschen Ökologiebewegung siehe Engels 2006).

1.2 Wie ernst aber ist die Lage der Natur im Anthropozän *wirklich*? Die mittlerweile verbreitete Sorge um Natur und Umwelt könnte ja, wie *Ökooptimisten* meinen, (weit) übertrieben sein. Freilich darf man fragen, wie viele Arten pro Tag aussterben mögen, da die genannten Aussterberaten auf Schätzungen beruhen. Die früheren Umweltprobleme in den Industrieländern waren augenfällig (z.B. verschmutzte Gewässer und Smog), die heutigen Naturveränderungen begegnen den meisten Bürgern westlicher Staaten häufig in komplexen Formen des wissenschaftlichen *assessment*, das sich auf aggregierte Datensätze und prädiktive Modelle stützt. Diagnosen zur ökologischen Situation liegen vor als Ensemble von kontroversen Studien zu komplexen Problemen auf unterschiedlichen räumlichen Skalen. Die Frage, wie ernst die Sorge um die Natur sein sollte, hängt außer von empirischen Befunden aber auch von Einstellungen zu langfristigen Risiken, von Annahmen über eine mögliche Kumulation der Krisen, von Einschätzungen hinsichtlich der verfügbaren Lösungspotenziale und nicht zuletzt von Wertvorstellungen ab.

Einige frühere Warnprognosen (»stummer Frühling«, »Zerstörung der Ozonschicht«, »Waldsterben«) haben sich (glücklicherweise) nicht erfüllt, weil (durch das Verbot von DDT, FCKW, SO_2) die Ursachen rechtzeitig bekämpft wurden. Aus umweltpolitischen Erfolgsgeschichten, die mit dem Ernstnehmen von Warnprognosen begannen, kann aber nicht gefolgert werden, dass die jetzigen Warnprognosen, insbesondere was den Klimawandel, die Degradation fruchtbarer Böden und den Verlust an Biodiversität betrifft, auf die leichte Schulter genommen werden dürfen. Warnprognosen sind auf Selbstzerstörung hin angelegt; d.h. sie sind erfolgreich dann, wenn nicht mit Sicherheit gesagt werden kann, ob etwa ohne die SO_2-Reduktion viele Wälder Mitteleuropas tatsächlich großflächig abgestorben wären. Wenn der Klimawandel durch Reduktion der Treibhausgasemissionen begrenzt wird, wird man in Zukunft nicht wissen, ob all die befürchteten Folgen eines ungebremsten Klimawandels wirklich eingetroffen wären. Aus diesem Umstand ergibt sich kein Grund, Warnprognosen auf die leichte Schulter zu nehmen.

1.3 Es wird folgende grobe Diagnose zugrunde gelegt: Im globalisierten Industrialismus der Gegenwart gerät die Biosphäre insgesamt in eine kritische Situation, worüber einzelne umweltpolitische Erfolge nicht hinwegtäuschen sollten. Die Naturkrise wird an syndromartig aufeinander bezogenen und miteinander in vielfältigen Wechselwirkungen befindlichen Problemlagen manifest. Gründe zur Sorge gibt es mehr als den meisten lieb sein dürfte: Klimawandel, Verlust biotischer Vielfalt, fortschreitende Zerstörung vor allem tropischer Wälder, Verlust und Schadstoffbelastung von Böden, Wüstenbildung, wachsender Wasserstress in (semi)ariden Regionen, Überfischung der Meere und Seen, Meeresverschmutzung, Umweltfolgen der Urbanisierung und der Intensivlandwirtschaft, insbesondere der industriellen Fleischmast usw. Die Verknappung von mineralischen Rohstoffen ist nur eine Komponente der Naturkrise; dramatischer sind die Verluste an biotischer Vielfalt, fruchtbaren Böden und die Verknappung der Süßwasserbestände. Ein Aussterben der Spezies *Homo sapiens sapiens* droht zwar nicht; möglich ist aber, dass das Anthropozän für viele Menschen eher leidvoll, unschön und gefährlich werden könnte, insbesondere dann, wenn sie arm und schutzlos sind. Der planetarische Naturzusammenhang, der lange als unerschöpfliche Quelle von Ressourcen und als Senke für Abfallprodukte der Zivilisation angesehen wurde, erweist sich als ein fragiles, überstrapaziertes und erschöpftes Netz lebender Strukturen, das sich aufgrund menschlicher Eingriffe an vielen Stellen aufzulösen beginnt. Auf dem geplünderten Planeten treten neue Knappheitsmuster an Naturkapitalien hervor. Damit sind die herkömmlichen Konzepte von Wohlfahrt und Entwicklung fundamental infrage gestellt.

W.W. Rostow (1960) hat das Ablaufschema wirtschaftlicher Prosperität, dessen Kern eine dauerhaft hohe Wachstumsrate des BIP ist, für den einzig gangbaren Weg zum Wohlstand für die sogenannten Entwicklungsländer erklärt. Nach dem Ende der Konfrontation zwischen westlichem Markt- und östlichem Staatskapitalismus setzte sich dieses Konzept von Entwicklung als nachholende Industrialisierung in den Schwellenländern weitgehend durch. Der ungebrochen hohe Ressourcenverbrauch im Norden und der rasant ansteigende Verbrauch in südlichen Ländern intensivieren den Druck auf die Natur und rufen immense Umweltkosten hervor.[4] Viele Ökonomen argumentieren, eine solche Periode sei für Entwicklungsländer notwendig, die zunächst reich werden müssten, um sich Naturschutz später leisten zu können.[5] Dies ist eine riskante Strategie, denn es könnte auch sein, dass Schwellenländer dauerhaft hohe Umweltbelastungen und Naturzerstörungen hervorrufen, ohne Massenarmut beseitigen zu können. Das herkömmliche Entwicklungsmodell ist angesichts der begrenzten natürlichen Ressourcen nicht haltbar; gleichzeitig leben nach wie vor etwa fünfzig Prozent der weiter anwachsenden Weltbevölkerung in absoluter Armut. Die Anliegen des Umwelt-, Natur- und Klimaschutzes scheinen den Ländern des Südens die Option auf eine Entwicklung nach herkömmlichem Muster zu nehmen.[6] Die Situation scheint fatal.

Teilt man diese Diagnose, so liegt die Dringlichkeit umweltethischer Reflexionen auf der Hand. Teilt man sie nicht, wird Umweltethik keineswegs gegenstandslos, denn dass auf einem mit bald mehr als neun Milliarden Menschen bevölkerten Planeten und mit der Verbreitung westlicher Lebensstile in großen Schwellenländern eine Verschärfung der vorhandenen Umwelt- und Ressourcenprobleme drohen *könnte*, wird niemand in Abrede stellen wollen. Auf der Basis freundlicherer Diagnosen nimmt die Umweltethik eine eher präventive Perspektive ein. Letztendlich bleibt die Frage, in welchen ethischen Verhältnissen Menschen zur Natur stehen, selbst dann virulent, wenn man die Plausibilitäten von Krisendiagnosen dahingestellt sein ließe. Die Krisendiagnose macht den Ernst der Lage deutlich, in der wir Umweltethik betreiben; die Sinnhaftigkeit ihrer Grundfragen ist von falliblen Diagnosen unabhängig.

1.4 Die Naturkrise der Gegenwart hat *Ursachen*. Diese liegen in Denkformen und in Handlungs- sowie Produktionsweisen. Der Streit um »letzte« Ursachen ist in den Umweltwissenschaften von einer multifaktoriellen Analyse der Verflechtung von ökonomischen, technologischen, politischen und geistigen Faktoren abgelöst worden. Ursachenforschung muss mehrere Ebenen unterscheiden können: nähere, strukturelle und tiefe Ursachen (Henrich 2003). Die strukturellen Beschreibungen von ökologischen Problemen (kumulierende, zeitverzögerte Effekte, eine Vielzahl von Akteuren, fehlende *property rights*, perverse ökonomische Anreize usw.) haben durchaus eine gewisse Erklärungskraft, weshalb man sich häufig der Betrachtung tieferer Ursachen fälschlicherweise überhoben glaubt. Die tieferen Ursachen der Naturkrise liegen, so die These dieses Abschnitts, als Konstellation von Wirkkräften vor, die mit der Grundstruktur des Projekts der Moderne einhergehen. Die globale Ausweitung dieses Projekts globalisiert daher auch die Krisenphänomene. Die folgende Auflistung beginnt mit geistigen Faktoren und nähert sich strukturellen Faktoren. Jede Ursachenanalyse zieht Hinweise nach sich, wie Problemlösungen konzipiert werden könnten.

1.4.1 Der christlichen Tradition zufolge erhielten die Menschen bei ihrer Erschaffung den Auftrag, die Erde zu erfüllen, zu beherrschen und sie sich untertan zu machen (Gen 1, 26 ff.). Dieser sogenannte Herrschaftsauftrag wurde im lateinischen Christentum zur Grundhaltung gegenüber der Natur. Das westliche Projekt der Moderne ist in seinem geistigen Kern eine Säkularisierung dieses Auftrags. Er war für Jahrhunderte eine Hintergrundüberzeugung sozialer Praxis. Dieter Groh (2003) hat ausführlich nachgewiesen, dass das Dogma vom sogenannten »Fall Adams« in Verbindung mit dem priesterschriftlichen Schöpfungsbericht und einer Konzeption der *natura lapsa* bereits in der Patristik zu der Auffassung führte, Menschen seien zur Naturbeherrschung prädestiniert. Der Mensch gilt seither als höchstes Schöpfungswerk. Die Erde wird zu seinem *dominium terrae*, letztlich zum *imperium*. Das lateinische Christentum entsakralisiert die Natur. Natur an sich ist nicht heilig, und der Mensch muss sich nicht um sie, sondern um seine unsterbliche Seele sorgen, der die ewige Verdammnis droht.[7] Der göttliche Auftrag, sich die Natur zu unterwerfen, wurde noch im 18. und 19. Jahrhundert zur Legitimation der realen Transformation der Natur hin zu einer Nutzlandschaft verwendet (Blackbourn 2007).

Die frühneuzeitliche Philosophie übernimmt von der christlichen Überlieferung die Vorstellung vom Menschen als Beherrscher und Besitzer der Natur. Dies gilt für Descartes, Bacon und später auch für Marx.[8] Die Naturwissenschaften führen Descartes zufolge zu Erkenntnissen, die die Menschen zu »Herrn und Eigentümern der Natur« machen könnten (Descartes 1960, S. 101). Die Gründe, die zugunsten einer Beherrschung, Umformung und Nutzung von Natur sprechen, sind in der frühen Neuzeit Gründe, die in der Nachfolge Francis Bacons davon ausgehen, dass Naturbeherrschung der menschlichen Wohlfahrt zugute kommen werde. Die Moderne ist insofern ein »Bacon-Projekt« (Schäfer 1993), das konzeptionell auf einer engen Beziehung zwischen wissenschaftlichen Experimenten und technologischen Erfindungen im Horizont einer Sozialutopie beruht, die eine Erhöhung menschlicher Wohlfahrt in den Mittelpunkt stellt. Die wissenschaftlich entzauberte Natur erscheint in dieser Denkform als wertfreie Objektivität, als stoffliches Korrelat von Arbeit und als praktisch unerschöpfliches Rohstofflager. Zentral ist die bis heute tradierte Annahme, dass ein Mehr an Naturbeherrschung ein Mehr an Wohlfahrt erbringt, ohne dass hierbei negative Nebenfolgen und Irrwege auftreten.[9]

Diese Annahme verdient jedoch Skepsis. So dürfte Wirtschaftswachstum allein von bestimmten Punkten an die durchschnittliche Lebensqualität nicht mehr proportional steigern. Technologien können Risiken erhöhen, statt sie zu mindern. Im

Kontext politischer Doktrinen können Produktiv- in Destruktivkräfte umschlagen. Naturbeherrschung schließt moralische Katastrophen nicht aus. Die Befreiung der Individuen kann in eine Unterwerfung unter Sachzwänge, Konkurrenz- und Leistungsdruck umschlagen. Die Moderne erweist sich in dieser Perspektive als ein Projekt, das seine eigenen Erfolge immer wieder aufs Spiel setzt und das intrinsisch eine Tendenz zu Retardierungen, Regressionen und Umschlägen aufweist (Horkheimer, Adorno 1944). Das Ziel der perfekten Naturbeherrschung könnte in einer vereinseitigten Moderne auf Arten und Weisen erreicht werden, die von vielen Menschen bestenfalls als unerfreulich und betrüblich, schlimmstenfalls als entsetzlich und grauenvoll erlebt werden.

Umweltethik bleibt der Aufklärung gerade dann verpflichtet, wenn sie verengte und einseitige Verständnisse von Aufklärung kritisiert. Kritische Revisionen der Moderne sind einer Verklärung früherer Zeiten und nicht-westlicher Kulturen vorzuziehen. Umweltethik sollte ohne derartige Idealisierungen auskommen, die historischer oder ethnologischer Untersuchung meist nicht standhalten. Frühere Kulturen haben keineswegs im »Einklang« mit der Natur gewirtschaftet und gelebt.

Die Industrialisierung hat dem Proletariat, Imperialismus und Kolonialismus haben vielen Völkern anderer Kontinente unermessliches und irreversibles Leid zugefügt. Die Schatten der Moderne fielen vornehmlich auf außereuropäische Kulturen (Davis 2004). Im Ergebnis hat die Industrialisierung aber auch die durchschnittlichen Lebensaussichten in den reichen Ländern verbessert. Die zentralen Errungenschaften der Moderne wird kaum jemand missen wollen. Der mit ihnen offenbar in einer engen Beziehung stehende »westliche« Wirtschafts- und Konsumstil erscheint deshalb aus der Perspektive armer Menschen als erstrebenswert. Gleichzeitig sorgen die anonymen ökonomischen

Imperative einer Warenwirtschaft dafür, dass sich diese Stile globalisieren. Die Warnungen vor den Umweltfolgen eines globalisierten Ressourcenverbrauchs nach westlichem Muster sind zur Genüge bekannt, bleiben aber bislang weitgehend folgenlos. Die besorgte Frage, ob und wenn ja, wie eine Verallgemeinerung der Errungenschaften der Moderne im Rahmen ökologischer Grenzen möglich ist, kann nicht abstrakt prognostisch, sondern nur im Medium menschlicher Praxis beantwortet werden (Kap. 9).

1.4.2 Die Umweltethik kann die Diagnose der Systemtheorie Luhmanns akzeptieren, dass sich moderne Gesellschaften funktional ausdifferenziert haben (Luhmann 1984). Funktional differenzierte soziale Systeme können nur die Informationen registrieren, die ihr jeweiliger Code »lesen« kann. Alles Übrige ist für sie Rauschen einer überkomplexen Umwelt. Natur kann in sozialen Systemen daher nicht *als solche*, sondern nur als knapper Produktionsfaktor (Ökonomie), Wählerstimmen der Umwelt- und Naturschützer (Politik), wahre Propositionen (Wissenschaft) usw. erscheinen (Luhmann 1986). Bloße umweltethische Appelle verpuffen in einer solchen Gesellschaft.[10]

Luhmann hat nachdrücklich gefragt, ob ausdifferenzierte Gesellschaften zur Lösung ökologischer Probleme in der Lage seien. Beantwortet hat er diese Frage nicht, aber seine Theorie enthält Hinweise darauf, an welchen Stellen der Systeme Lösungsversuche ansetzen könnten. So existieren unterhalb der Codes variable *Programme*, die sich verändern, d.h. umprogrammieren lassen. Die Implementation naturethischer Einsichten müsste also auf der Programmebene erfolgen. Umweltethik nimmt dann die Formen von Umweltrecht, -forschung, -bildung und -politik an.[11]

1.4.3 Es zählt zur Logik kollektiven Handelns, dass aggregierte ökonomische Interessen einflussreicher sind als diffus verstreute Interessen am Erhalt kollektiver Güter (Olson 1968). Nun ist für viele Branchen die intensive Beanspruchung von Natur und Umwelt eine Geschäftsgrundlage. Dies gilt für die Bau-, Energie-, Forst- und Landwirtschaft, für den weltweit operierenden Tourismus und für das Transportwesen. Philosophisch ist es interessant, wie diese Branchen Natur wahrnehmen und bezeichnen, nämlich als Bauland, Produktionsraum, Destination, Transitland usw. Technischer Umweltschutz ist für diese Branchen als Modernisierungsprogramm erträglich, Naturschutz dagegen verschlechtert Geschäftsgrundlagen und stößt daher auf Widerstände. Diese sind keineswegs nur plump oder gar brutal, sondern zunehmend smart, zielgenau und wohltemperiert. Der in etablierten Akteursnetzwerken betriebene Lobbyismus führt auch in einer Demokratie zu einer Unterversorgung der Bevölkerung mit kollektiven Naturgütern, wenn die Zivilgesellschaft diese Akteursnetzwerke gewähren lässt (Kap. 8). Politikverdrossenheit arbeitet den Lobbys in die Hände, die unverdrossen Politik beeinflussen.

1.4.4 Erklärungen der Naturkrise dürfen die Rolle der Wirtschaftswissenschaften nicht ignorieren. Die gegenwärtig dominante Ökonomik ist im Kern eine präskriptive Theorie rationaler Wahl, die als *rational-choice*-Paradigma die heutigen Sozialwissenschaften prägt (Hodgson 2001). Kurz gesagt, geht es diesem Paradigma gemäß für rationale Akteure darum, ihren eigenen Nutzen intelligent zu maximieren. Wird eine gesellschaftliche Nutzenfunktion aufgestellt, so geht es um effiziente Wohlfahrtsmaximierung. Natur zählt ökonomisch nur, sofern sie zur Wohlfahrt beiträgt. Wohlfahrt bzw. Nutzen wird als Funktion von Konsum aufgefasst, wobei der Konsumbegriff häufig auf Warenkonsum reduziert wird. Dadurch kann Naturgenuss in seinen Wohlfahrtswirkungen kaum noch adäquat erfasst werden. Die Natur war und ist der »blinde Fleck« der modernen Ökonomik.

In der ökonomischen Theorie setzt sich im 19. Jahrhundert die Auffassung durch, dass Natur nur als Rohstoff und Boden von Interesse sei, der Wert des Bodens bzw. des »Landes« mit der Bodenrente gleichgesetzt und letztlich als Kapital angesehen werden könne. Dadurch geht Land als Boden in den als homogen modellierten Kapitalbestand einer Gesellschaft ein. Aus der Trias von Boden, Arbeit und Kapital wird in der Neoklassik des späten 19. Jahrhunderts eine zweipolige Struktur aus Arbeit und Kapital. Selbst wenn man mittlerweile ökonomisch Naturkapital als eigenständige Größe anerkennt, werden in vielen Modellen alle Kapitalien als gegeneinander substituierbar angesehen. So kann ein wachsender Wohlstand theoretisch mit dem Abbau von Naturkapital einhergehen, da viele Modelle so konstruiert sind, dass die Akkumulation von Sachkapital Naturzerstörung wohlfahrtstheoretisch ausgleicht (Kap. 7). Eine auf solchen Modellen beruhende Lehrbuchökonomik bleibt naturvergessen. Die Umweltökonomik versucht, diese Naturvergessenheit innerhalb des herrschenden Paradigmas zu korrigieren (Hampicke 1992). Ansätze der sogenannten Ökologischen Ökonomie möchten dieses Paradigma überwinden (zum Überblick über die Diskussion siehe Rogall 2008).

1.5 Umweltethik kann etliche plausible Diagnosen, Anamnesen und Ätiologien der Naturkrise voraussetzen. Auch hätte den genannten Faktoren noch eine strukturelle Beschreibung von Umweltproblemen hinzugefügt werden können (Zusammenwirken vieler Akteure, falsche Anreizstrukturen, zeitverzögerte Effekte usw.). Die Umweltethik muss allerdings von der diagnostischen und explanativen in eine systematisch-therapeutische Perspektive wechseln können. Die Naturkrise und deren Ätiologie rücken von nun an in den Hintergrund. In den Vordergrund treten Fragen, welche Sprachformen, Menschen»bilder«, Wertvorstellungen, Lebensstile, Verpflichtungen, Regelwerke und Politikmodelle für Erben der Aufklärung angesichts der Naturkrise noch als »passabel«, »fortschrittlich«, »gut« oder gar »vorbildlich« gelten können.

2. Anthropologische Grundlagen

In fast allen umweltethischen Konzepten finden sich anthropologische Vorstellungen. Seit dem 19. Jahrhundert werden anthropologische Vorstellungen generell als »Menschenbilder« bezeichnet, die mit Adjektiven wie »liberal«, »christlich«, »sozialistisch« usw. qualifiziert werden. Durch eine Galerie solcher Bilder bespiegeln wir modernen Menschen uns seither selbst. Jedes Menschenbild steht in einer intrinsischen Beziehung zur Ethik (Wimmer 1995; Peterson 2001), obwohl Fragen der Ethik durch Anthropologie unterbestimmt sind. Von Heidegger (1938) können wir lernen, dass es philosophisch fragwürdig ist, wenn der Mensch sich selbst und die Welt zu Bildern macht (»Weltbilder«). Die Fülle beliebiger Menschenbilder und der ihnen latent innewohnende Relativismus könnten den Weg zu einer tieferen anthropologischen Besinnung verstellen, wie sie in der Naturkrise vonnöten ist. Menschenbilder sind daher von Anthropologie zu unterscheiden. Diese Unterscheidung ist allerdings keineswegs eindeutig, da in Menschenbilder Anthropologie eingeht und Anthropologie anfällig für Ideologiebildung ist, so wenn gesellschaftliche Charaktereigenschaften zu Wesensmerkmalen des Menschen erhoben werden. Aus dieser permanenten Ideologieanfälligkeit folgt Bedachtsamkeit bei der Klärung anthropologischer Annahmen, aber kein Verzicht auf sie.

2.1 Im Kontext der Ökologiebewegung wird »der« Mensch nicht selten als »Krebsgeschwür«, »Schmarotzer«, »Parasit« und

»Schädling« der Natur bezeichnet (Belege in Henrich 2003, S. 427-442). Prominente Umweltethiker formulieren ähnlich. Paul Taylor (1986, S. 115) meint, dass die übrigen Lebewesen das Aussterben der Menschen aufatmend begrüßen würden. Klaus-Michael Meyer-Abich (1997, S. 11) vergleicht das Verhalten der Menschheit mit dem von »Horden interplanetarischer Eroberer«. Schädlingsmetaphorik, das einprägsame Bild von interplanetarischen Eroberern und Misanthropie ergeben ein eher pessimistisches Menschenbild. Der Mensch hat hier durchaus eine Sonderstellung inne; diese aber ist negativ bestimmt, da der Mensch den Naturzusammenhang stört oder zerstört. Die Beziehung dieses Menschenbildes zur Umweltethik liegt auf der Hand. Gefordert wird, der Menschen solle sich als *Teil der Natur* verstehen und lernen, sich wieder (»harmonisch«) in die Natur einzufügen.[12] In der Landethik Aldo Leopolds (1992, S. 151) soll der Mensch sich als einfaches Mitglied der biotischen Gemeinschaft (»Land«) verstehen.

Konzeptionell wird hier häufig auf das *Teil-Ganzes*-Schema zurückgegriffen: Ein misanthropisches Menschenbild in Verbindung mit einem Teil-Ganzes-Schema führt zur Forderung nach der (demütigen) Einfügung des Menschen in die Natur. Das zugrunde gelegte Schema relativiert den Wert von Individuen und ordnet sie dem Gedeihen von Ganzheiten unter. Baird Callicott (1980) bindet den Wert individueller Lebewesen an die Anzahl der Speziesexemplare und wendet diese Relationierung auch auf *Homo sapiens sapiens* an. Der Wert eines Menschen steht dann unter dem Wert eines Exemplars einer vom Aussterben bedrohten Spezies.[13] Diese Kombination aus misanthropischem Menschenbild und einer Einfügungsforderung mag als Ausdruck des schlechten Gewissens angesichts der Naturkrise zu verstehen sein, ist aber anthropologisch und ethisch nicht alternativlos. Bevor man sie vertritt und verkündet, sollte man andere Denkoptionen prüfen.

2.2 Zur anthropologischen Dimension der Umweltethik zählt auch die *Biophilie-Hypothese*, die von Edward O. Wilson (1984) aufgestellt und u. a. von Stephen Kellert ausgearbeitet wurde (Kellert, Wilson 1993). Die Biophilie-Hypothese unterstellt eine tiefsitzende, kulturell variable Neigungsstruktur (Disposition) von Menschen, sich in unterschiedlichen Modi der Natur zuzuwenden und mit Natur praktisch-performative Kontakte aufzunehmen, die positiv bewertet werden. Beispiele hierfür wären das Sitzen in der Abendsonne, das Baden im kühlen See, das Streicheln eines Tierfells, das Riechen an einer Rose, das Schmecken wilder Beeren usw. Diese Weisen, Natur zu »mögen« (altgr. *philein*), werden als eine Erbschaft der Hominisation aufgefasst, die sich nur im direkten Kontakt und Austausch mit Natur vollziehen *konnte*. Der Versuch, sich selbst zu »naturalisieren«, wie dies Henry David Thoreau vorschwebte (1966), kann auf dem Motiv beruhen, an sich selbst die biophile Neigungsstruktur in archaischer Klarheit freizulegen. Darauf ist zurückzukommen (Kap. 4).

Den Vertretern der Biophilie-Hypothese ist daran gelegen, sie empirisch zu untermauern. Allerdings gibt es kein *experimentum crucis*, das sie beweisen oder widerlegen könnte. Im besten Falle kann sie als so gut bewährt gelten, dass es sich lohnt, sie weiter zu verfolgen und ihre möglichen umweltethischen Konsequenzen ernsthaft zu bedenken. Es existieren viele interessante Studien, die die Hypothese stützen: Menschen unterschiedlicher Kulturen neigen dazu, einen Landschaftstypus zu bevorzugen, der der Savannenlandschaft Ostafrikas, der »Wiege der Menschheit«, entspricht. Heilerfolge stellen sich schneller ein, wenn Kliniken in »grünere« Umgebungen (Parke, Gärten) eingebettet sind.[14] Die Resozialisierung jugendlicher Straftäter verläuft erfolgreicher, wenn diese zur Auseinandersetzung mit sich selbst und anderen in freier Natur angehalten werden. Stressbewältigung gelingt Jugendlichen besser in ländlichen Milieus (Wells,

Evans 2003). Das Gärtnern bzw. der Kontakt mit Boden und Pflanzen trägt zur psychischen Stabilisierung von Migranten bei (Koschel 2005). Naturkontakte können den negativen psychischen und sozialen Folgen der Zumutungen und Versagungen des modernen Lebens entgegenwirken, wie dies schon am Ende des 19. Jahrhunderts geltend gemacht wurde. Dies führt zu einer Umweltethik, die den Naturschutz mit »psychohygienischen« Gründen rechtfertigt. Es wird eine mentale Angewiesenheit auf Naturgenuss geltend gemacht, deren Versagung zu Störungen der individuellen geistigen Gesundheit und zu sozialen Pathologien führt. Levy (2003) hat gezeigt, dass die Biophilie-Hypothese fünf unterschiedliche Hypothesen umfasst. Die empirisch gut belegten dieser Unterhypothesen beziehen sich auf naturästhethische und naturreligiöse Kontakte.

Edward O. Wilson versteht die Biophilie-Hypothese als Grundlage einer anthropozentrischen Umweltethik. Wenn Menschen biophile Wesen *sind*, so *soll(t)en* sie diesen Wesenszug (aus)leben (dürfen). Aus der Disposition zur Biophilie erwächst eine moralische Anspruchsberechtigung, der die soziale Ordnung Rechnung tragen können muss. Die von Wilson ins Auge gefasste Stärke erreicht eine Biophilie-basierte Umweltethik allerdings nur dann, wenn die Hypothese nicht nur *wissenschaftlich* belegt, sondern von vielen Menschen *performativ* bestätigt wird. Die wissenschaftlichen Befunde wären nur die szientifischen Belege für die Existenz einer in sich reichhaltigen Erfahrungswelt, deren Gehalte sich auf unterschiedliche Weise artikulieren lassen (Kap. 3). Wie biophil »wir« Menschen sein mögen, lässt sich in einer objektivierenden Einstellung nicht endgültig feststellen. Wir müssen es selbst performativ herausfinden. Performativ verstanden, bezieht sich die Biophilie-Hypothese *übergreifend* auf naturbezogene Artikulationen (Kapitel 3) und auf die eudämonistischen Werte der Naturbeziehungen (Kapitel 4). Die Biophilie-Hypothese ist zugleich ein eigenständiges umweltethisches Argument *und* eine anthropologische Erklärung für andere axiologische Argumente.

Ein misanthropisches Menschenbild und die Biophilie-Hypothese stehen in einem ungeklärten Verhältnis zueinander. Manche Naturschützer pendeln unsystematisch zwischen beiden Auffassungen und den entsprechenden narrativen Evidenzen hin und her.[15] An solchen Unklarheiten zeigt sich, dass die Umweltethik einer vertieften anthropologischen Besinnung bedarf. Wenn man die Naturkrise voraussetzt, kann man als Einstieg in solche Besinnung die Frage wählen, unter welchen anthropologischen Bedingungen sie möglich wurde.

2.3 Niemand bestreitet, dass die Spezies *Homo sapiens sapiens*, die als einzige aus der Hominidenfamilie überlebt hat, das Resultat bzw. Produkt eines evolutionären Geschehens ist (Foley 2000). Was ethisch daraus folgen soll, dass Homo wie alle anderen Spezies das Produkt eines naturgeschichtlichen Prozesses ist, den wir seit Darwin als »Evolution« bezeichnen, ist unklar. Es wäre ein naturalistischer Fehlschluss, aus dem deskriptiven All-Quantor (»Alle Spezies sind Produkte der Evolution.«) auf eine ethisch relevante Gleichheit zu folgern (»Alle Spezies sollen ethisch gleichgestellt werden!«). Aus All-Aussagen folgen keine Soll-Aussagen. Wenn alle Lebewesen ein Genom haben, so folgt nicht, dass alle Lebewesen wie Mitglieder einer Gemeinschaft behandelt werden sollten.

Die menschliche Lebensform ist evolutionsbiologisch spektakulär (Neuweiler 2008). Es lädt zu Missverständnissen ein, wenn diese Lebensform mit dem Begriff *Mängelwesen* charakterisiert wird (Gehlen 1986). Dieser Begriff beruht bei Arnold Gehlen auf der Prämisse, dass es eine Tendenz der Naturentwicklung hin zu einer immer perfekteren Einnischung insbesondere der Tiere gebe und Unangepasstheiten daher als sogenannte Primitivismen aufzufassen seien (1986, S. 33 f.). Dieser zoologischen Tendenz, so es sie gibt, entspricht der Mensch nun keineswegs. Menschen sind Generalisten, die in verschiedenen Lebensräumen überleben können. Darin aber liegt kein Mangel, sondern der Schlüssel zum Erfolg der Spezies. Die Fähigkeit, planetarisch zu siedeln, ist eine Bedingung dafür, dass diese Spezies zu einer Macht werden konnte, die das Gesicht des Planeten transformiert (»Anthropozän«) und die sich die selbst-induzierte Veränderung per Satellitenbild von »außen« ansehen kann.[16]

Die Lebensform des Menschen ist die Lebensform eines sozialen, tatkräftigen, findigen, sprachfähigen, Werkzeuge herstellenden und zur Besiedlung unterschiedlicher terrestrischer Lebensräume befähigten Wesens. Der Schlüssel zu dieser Lebensform ist ihre anatomische Gestalt: Der Mensch ist im Ausgang von seiner aufrechten Gestalt (»Bipedie«) zu denken. Dieser zuerst von Herder (1784) formulierte Ansatz erlaubt es, die Ursprünge und die wesentlichen Vollzugsformen des menschlichen Daseins zu erfassen sowie die Geistigkeit des Menschen zu würdigen. Die aufrechte Gestalt hatte in der durch Klimawandel veränderten Landschaft Ostafrikas wahrscheinlich den adaptiven Vorteil der energetisch effizienten Fortbewegung zwischen unterschiedlichen Plätzen der Nahrungsversorgung. Sie konstituiert zentrale Strukturmerkmale wie die Hand-Fuß-Differenzierung, das Auge-Hand-Feld, den Sitz des drehbaren Kopfes auf dem Leibrumpf, die dadurch eröffneten Möglichkeiten des Wachstums des Neokortex sowie die der Artikulation günstige Anordnung von Kehlkopf, Zunge und Kiefer (»Sprachwerkzeuge«).[17] Hinzu kommen der enge Geburtskanal, der Nachkommenschaft nur als extrem abhängige strukturelle Frühgeburten zulässt, denen ein reizintensives extrauterines erstes Lebensjahr zuteil wird, und die hieraus sich ergebende »Hypersozialität« und »Weltoffenheit«.

Das Erfordernis, das Überleben der Säuglinge und Kinder zu sichern, scheint mit der weiblichen Gattenwahl nach Kriterien wie Verlässlichkeit und mit dem Adaptionswert des Alters zusammenzuhängen (Tanner 1994).

2.3.1 Durch seine Gestalt ist der Mensch ein *handelndes* Wesen, Menschen sind auf Eingriffe in die Natur festgelegt; Interferenz mit Natur ist unhintergehbar. Es geht insofern umweltethisch nicht um das Ob, sondern um das Wie des Eingreifens in Natur und um die Bewertung bestimmter Eingriffsarten. Das Naturhandeln des Menschen ist anthropologisch unterdeterminiert. Es wäre daher irreführend, in vielen Hinsichten die Freiheit des Menschen zu betonen, ihn in seinem Naturhandeln hingegen mit vagen Hinweisen auf die Ursprünge der Menschwerdung auf eine zerstörerische Grundhaltung der Natur gegenüber festzulegen. Gerade hinsichtlich des Naturhandelns gilt, dass Menschen als die »ersten Freigelassenen der Schöpfung« (Herder) die »nicht festgestellten Tiere« (Nietzsche) sind. Die menschliche Lebensform steht daher umweltethisch in der Spannung zwischen Handeln-Müssen und Unterlassen-Sollen. Im Naturschutz setzt sich diese Spannung intern fort, da Naturschutz zu Handlungen führt *und* Unterlassungen fordert, wie etwa bei einzelnen naturschützerischen Maßnahmen (Entfernen nicht standortgerechter Bäume) und Projekten zur Renaturierung (Ott 2009). Der Naturschutz dürfte in einer aktionistisch-betriebsamen Kultur wie der unsrigen auch deshalb schwer zu vermitteln sein, weil er häufig Unterlassungen fordert. Einer Zivilisation, die ihren eigenen Mitgliedern kaum noch Ruhe, Muße und Erholung gönnt, dürfte es sozialpsychologisch nicht leichtfallen, von Eingriffen in die Natur Abstand zu nehmen.

Auch und gerade für die Umweltethik gilt, dass wir das Wesen des Handelns (und Unterlassens) genauer bedenken müssen

(Heidegger 1949). Das, was uns im Alltag das Nächste ist, nämlich Handeln und Sprechen, ist uns ethisch womöglich das Fernste. Die Frage nach dem Wesen des Handelns wurde in der heutigen Handlungstheorie durch ein abstraktes Schema verdrängt, in denen ein rationales Subjekt sich intentional ein beliebiges Ziel setzt und dann überlegt, mit welchen Mitteln es dieses Ziel effektiv und effizient, d.h. mit möglichst geringem Aufwand erreicht. Diesem Schema zufolge ist Naturhandeln dann erfolgreich, wenn Ziele effizient erreicht werden. Es ist fraglich, ob dieses Schema zweckrationalen Handelns als handlungstheoretische Grundlage der Umweltethik geeignet ist, selbst wenn man es nachträglich mit einer reflexiven Bewertung der Ziele und mit der Abschätzung langfristiger Nebenfolgen anreichert. Eine Alternative bietet der antike Begriff der *eupragie*, der einen Begriff gelingender Praxis darstellt. Einzelhandlungen sind nur transitorische Momente übergreifender praktischer Bewandtniszusammenhänge, deren Vernünftigkeit sich an den jeweiligen Maßstäben des Gelingens bemisst (Kaulbach 1982, passim; Ott 1997, Kap. 2). Wir müssen daher zunächst eine orientierende Vorstellung von gelingender Praxis des Mensch-Natur-Umgangs haben, um einzelne Handlungen angemessen beurteilen zu können. Eine gelingende Praxis des Naturumgangs ist daher nicht mit einer unendlichen Reihe erfolgreicher Manipulationen gleichzusetzen.

2.3.2 Aristoteles bestimmt das Wesen des Menschen als »ζῶον λογον εχον«, d.h. als Lebe- und Sinnenwesen, das des *logos* (Sprache, Vernunft, Gespräch) habhaft bzw. mächtig ist. Mit Blick auf die Umweltethik ist diese Wesensbestimmung »ζῶον λογον εχον« ein sinnvoller Ausgangspunkt weiterer Überlegungen. Sie darf jedoch weder *biologistisch* noch *spiritualistisch* interpretiert werden.

2.3.2.1 Der *Biologismus* erkennt der »logos«-Auszeichnung nur einen Adaptionswert zu. »Logos« ist in dieser Perspektive nur Intelligenz, die dem Überleben, der Fortpflanzung und dem Besiedeln unterschiedlicher Erdstriche dienlich ist. Die Soziobiologie und die sogenannte Evolutionäre Ethik, die auf dieser Naturalisierung des Logos beruhen, gelangen in der Umweltethik nur bis zu einer Klugheitslehre. Es ist für schlaue Tiere klug, Umwelten so zu gestalten, dass Nahrungsversorgung, Aufzuchtbedingungen, Schutz vor Krankheiten usw. optimiert werden. Manche Spezies werden gefördert und gezüchtet (Schweine, Hühner), andere dagegen zurückgedrängt und, falls möglich, als Schädlinge ausgerottet (Schlangen, Wölfe). Nichts ist natürlicher, als Konkurrenten und Schädlinge zu bekämpfen und sich von Mitgliedern anderer Spezies zu ernähren. Die Naturalisierung der Vernunft macht sie zu einem Instrument der Selbsterhaltung. Dies ist für die Umweltethik nicht weiterführend, sofern diese mehr als nur eine Klugheitslehre im Dienste intelligenter Selbsterhaltung und Proliferation sein möchte.

Naturalistische Umweltethiken, die die konzeptionellen Beschränkungen der Soziobiologie überwinden möchten, müssen moralische Rechte anderer Naturwesen auf ihre artspezifische Lebensform oder das moralische Anrecht anerkennen, ein jeweiliges genetisches Programm abzuspulen. Die Anerkennung der Rechte anderer Lebensformen oder die eines speziesübergreifenden Moralprinzips wie etwa »*Do no harm!*« ist mit einem konsequenten Naturalismus allerdings schwer vereinbar.

2.3.2.2 Der *Spiritualismus* versteht die Leiblichkeit und Sinnlichkeit als das *Niedere* und die Geistigkeit bzw. die Seele als das *Höhere* des Menschen.[18] Der Leib erscheint als triebhafter Gegenspieler des Geistes, der ihn niederhalten, disziplinieren und letztlich überwinden muss. In Platonismus und Christentum wurde hieraus ein wirkmächtiges Leibschema entwickelt, das eine unsterbliche Seele in den Kerker eines sterblichen Körpers verbannt. Dieses Leibschema ist tendenziell asketisch, und Aufgabe des Menschseins ist ihm zufolge, in der Lebensführung dem Höheren zum Durchbruch zu verhelfen. Für Augustinus gibt es nur zweierlei, das der Erkenntnis wert ist: Gott und die Seele. Leiblich vermittelter Naturgenuss bedeutet, sich vom Innerweltlichen affizieren zu lassen und sich damit von Gott abzuwenden. Diese Doktrin wird zwar dahingehend abgemildert, dass der Mensch die gute Schöpfung Gottes preisen darf. Diese Konzession ändert jedoch nichts am Kern des Spiritualismus, der kein freies Verhältnis zu der Natur eröffnet, die wir selbst sind, nämlich zur Leiblichkeit. Die Freuden der Sinnlichkeit, der Sexualität zumal, werden im Spiritualismus für niedrig und sündhaft erklärt. Zumindest bleibt ihnen ein schlechtes Gewissen beigemischt. Auf der Basis des Spiritualismus lässt sich die Axiologie der Umweltethik nicht angemessen explizieren (Kap. 4). Weder Naturalismus noch Spiritualismus können *beide* Bestimmungen des Menschseins (Logizität *und* Leiblichkeit) in ihrem Reichtum und in ihrer Fülle würdigen.[19] Eine Kultivierung der Leiblichkeit muss sich daher nicht, so als sei das Verhältnis von Leib und Geist ein Nullsummenspiel, gegen die Geistigkeit richten (Kap. 4).

2.4 Die Alternative zwischen Naturalismus und Spiritualismus ist unvollständig. Zwei bedeutende Entwürfe jenseits dieser Dichotomie wurden fast zeitgleich 1927 und 1928 vorgelegt: Martin Heideggers *Sein und Zeit* und Helmuth Plessners *Stufen des Organischen und der Mensch*. Heidegger hält im Begriff des Daseins den *Vollzugscharakter* der menschlichen Existenz fest, den auch Plessner betont, wenn er sagt, der Mensch müsse sein Leben *führen*. Heideggers Analysen des In-der-Welt-Seins, der Zuhandenheit, des Sorgecharakters, des Zeugs usw. zielen auf ein Verständnis menschlichen Lebensvollzugs in seiner Pragmatik und seiner Performativität. In *Sein und Zeit* kommt Natur allerdings kaum vor.[20] Dennoch kann der Vollzugssinn des Daseins auf den Naturumgang bezogen werden. Umweltethische Anthropologie sollte daher ein konzentriertes Aufmerken auf unsere Handlungs-, Praxis- und Daseins*vollzüge* im Naturumgang beinhalten, das sich vom Schema zweckrationalen Handelns zu distanzieren vermag. Zur performativen Struktur des Daseins (»Daseinsvollzug«) zählen immer auch Naturerfahrungen.

Plessner hat den Unterschied zwischen Menschen und anderen Lebewesen über organismische »Positionalitäten« bestimmt. Seine Lebensphilosophie hebt qualitative Unterschiede zwischen pflanzlicher, tierischer und menschlicher Seinsweise hervor. Im Unterschied zum Tier tritt der Mensch für Plessner zu seiner leiblichen Grenze in eine radikal reflexive Beziehung. Diese *exzentrische Positionalität* (Plessner) eröffnet drei Grundmodi des Daseins: *Subjektivität*, *Personalität* und *Individualität*, welche von Plessner mit drei formalen Welten (Außenwelt, Mitwelt, Innenwelt) und später von Habermas (1981) mit drei unterschiedlichen sprachlichen Geltungsansprüchen (Wahrheit, Richtigkeit, Wahrhaftigkeit) verknüpft werden. Grundmodi menschlichen Daseins, formale Welten und Geltungsdimensionen der menschlichen Rede stehen in intrinsischen Beziehungen zueinander und spannen ein Gerüst von Beziehungen zwischen Welt, Mensch und Sprache auf, das von Menschen performativ mit Leben und mit Geist gefüllt werden kann und soll.

Subjektivität ist ein *epistemischer* Begriff. Subjektivität ist die kognitive Fähigkeit, sich mit Wahrheitsansprüchen auf Gegenstände der Erkenntnis zu beziehen, seien es solche der Natur, der Gesellschaft oder der Geschichte. Subjektivität ist *eo ipso* intersubjektiv zu denken, da Wahrheitssuche nicht allein erfolgen kann. Der Begriff der Subjektivität bezieht sich auf wahres Wissen und auf dessen Bedingungen der Möglichkeit. Die Orientierung an Wahrheit ist vorgängig gegenüber bestimmten Wahrheitstheorien (Korrespondenz-, Kohärenz-, Konsens- und Evidenztheorie). Intersubjektivität führt u. a. zur wissenschaftlichen Naturerkenntnis und damit zu einer Wissensbasis, die auch zur Lösung von Umweltproblemen und zur Strategiebildung im Naturschutz herangezogen werden kann.

Subjektivität hat ihre leibliche Seite in der *Sinnlichkeit*. Die Sinne sollten dabei nicht als Einfallstore konzipiert werden, die Außenreize ins Gehirn transportieren, sondern als eine aktive organische Struktur, die sich schulen, üben und bilden lässt. So sind Augen (wundervolle) Produkte der Evolution, Sehen-Lernen ist auch eine subjektive Leistung (etwa in den Wissenschaften mit ihren okularen Gerätschaften). Die Sinnlichkeit vermittelt insofern zwischen Subjektivität und Individualität. Die Schulung der Sinnlichkeit im Umgang mit der äußeren Natur (*aisthesis*) ist eine wichtige Aufgabe, die in der Naturästhetik, der Umwelttugendethik und der Naturbildung diskutiert wird (Kap. 4).

Personalität ist ein normativer Begriff, der in den moralischen und rechtlichen Bereich der praktischen Vernunft führt. Wir sind als Menschen transzendental genötigt, erwachsene Mitglieder unserer Spezies *prima facie* als Personen, d. h. unter der Idee der Freiheit zu denken und unser Verhalten in Handlungs- und Verantwortungsbegriffen zu beschreiben. Da der Begriff der Verantwortung bedeutet, Rede und Antwort stehen zu können, und da der Begriff der Handlung sich auf die Unterstellung bezieht, dass Verhalten anders hätte ausfallen können (was wir aus der Binnenperspektive »wissen«), sind Personen einander Gründe für das schuldig, was getan und unterlassen wurde oder werden soll(te). Als Personen sind wir *moral agents*, die sich mit Gründen an Gründen orientieren können und sollen.

Personalität impliziert die Anerkennung von Ansprüchen, auf bestimmte Weise (nicht) behandelt werden zu sollen. Diese Ansprüche lassen sich als *Ansprüche des Zukommens* bezeichnen (Gewirth 1978) und zu einem System der moralischen Rechte (*moral rights*) ausdifferenzieren, denen entsprechende Pflichten auf Seiten anderer Personen korrespondieren. Das System der interpersonalen Ansprüche und Verpflichtungen zu explizieren zählt zum Kerngeschäft der normativen Ethik. Diese Explikationen, was wir als Personen einander schuldig sind, können von Bereichsethiken wie der Umweltethik nicht ignoriert werden. Auch im Naturumgang, wie problematisch auch immer er sei, behalten wir den Status von Personen. Naturethische Forderungen müssen den Personenstatus respektieren. Es wäre z. B. für die meisten intuitiv falsch, Personen zu enteignen, zu vertreiben oder gar zu töten, um besiedelte Natur wieder in Wildnis zu verwandeln. Diese Problematik spielt für den Naturschutz in tropischen Ländern eine wichtige Rolle, denn hier tobt eine heftige Debatte um »weißen« Naturschutz als einer möglicherweise neokolonialistischen Aktivität (Adams 2003). Der Personbegriff steht hinter der landläufigen Redeweise, Naturschutz dürfe nicht gegen die Menschen vorgehen. Der Schutz des Personenstatus definiert eine Grenze legitimen Naturschutzes, aber diese Grenze eröffnet zugleich den Spielraum des Naturschutzes innerhalb der Grenzen gegenseitiger personaler Achtung.

Umweltethisch zwingt der Status von Personalität auch, *erstens* nach den Ansprüchen zu fragen, die zukünftige Personen an unser jetziges Handeln stellen dürften, *zweitens* zu erörtern, wie viel Rücksichtnahme wir auf die naturbezogenen Wertvorstellungen anderer Personen nehmen sollten, und *drittens* zu überlegen, ob außermenschlichen Wesen (etwa Schimpansen oder Delphinen) der Personenstatus oder ein ähnlicher Status zukommen könnte. *Viertens* verlangt die Umweltethik Überlegungen der Art, welche Ansprüche auf Naturnutzung anerkennenswert sind, die nicht direkt mit dem Status von Personalität zusammenhängen. Der Anspruch, nicht gedemütigt und gefoltert zu werden, ist ein anderer als der Anspruch auf billige Flugreisen und auf fleischliche Nahrung. Inwieweit der Schutz persönlichen Eigentums mit dem Schutz kollektiver Naturgüter abzuwägen ist, ist ebenfalls offen. Der Respekt vor Personalität und die Forderungen nach Einschränkungen personaler Freiheit um bestimmter UTN-Ziele willen konstituieren eine spannungsreiche Grundkonstellation in der Umweltethik.

Individualität bedeutet, eine unverwechselbare Lebensgeschichte zu haben und in der Lage zu sein, eigene Interessen, Werte, Befindlichkeiten usw. zu artikulieren. Individuen sind Zufallsprodukte, die durch Sozialisationsprozesse individuiert werden. Heidegger prägt hierfür den Begriff des *geworfenen Entwurfs*. Der Sinn für Individualität wird, geistesgeschichtlich betrachtet, im Historismus nach der Seite der *Narrativität* und in der Romantik nach der Seite der *Expressivität* hin kultiviert. Zur historischen Seite hin bedeutet Individualität die Möglichkeit, (möglichst wahre) Geschichten über Lebenswege zu erzählen. Zur expressiven Seite gehört, Regungen, Erfahrungen und Erlebnisse, Stimmungen und Befindlichkeiten in ihrer jeweiligen Intensität und Qualität zu artikulieren.[21] Individualität ist insofern etwas qualitativ anderes als numerische Einzelheit. Es ist daher fraglich, ob einzelne Tiere als Individuen anzusehen sind, auch wenn höhere Tiere ihre Befindlichkeiten artikulieren können und es möglich ist, im Roman die Geschichte eines Pferdes zu erzählen (*Black Beauty*). Sofern nur Menschen in der Lage sind, *beide* Seiten (Narrativität und Expressivität) in der Perspektive der ersten Person (»ich selbst«) zu integrieren, kommt nur ihnen im strengen Sinne Individualität zu. Pointiert formuliert: Tiere haben eine Lebensgeschichte, aber sie kennen sie nicht selbst. Für Pflanzen gilt dies *a fortiori*. Daher ist die Lebensdauer einer Eiche von anderer Qualität als die Lebensgeschichte eines Menschen.

Da Individualität bedeutet, Wertvorstellungen und Haltungen im Verlauf des Lebens auszubilden, ist der Begriff der Individualität *axiologisch*. Damit fundiert er die Axiologie der Umweltethik (Kap. 4). In diesem Sinne trifft es zu, dass jedes Individuum eine eigentümliche Naturauffassung hat, da der jeweilige Lebensweg über besondere Orte führt und Natur in verschiedenen Lebensphasen anders erscheint. Die Umweltethik fordert deshalb auch keineswegs, dass alle Individuen alle Naturzustände gleich bewerten; sie begrüßt eine pluralistische, wechselseitig bereichernde Artikulation individueller Naturerfahrungen. Die Einheit naturethischer Bewertung ist demnach keine Homogenität, sondern manifestiert sich in der unzensierten Vielfalt möglichst authentischer individueller Stimmen, die einander interessiert zur Kenntnis nehmen. Diese Artikulation, der wir im nächsten Kapitel nachgehen, lässt die Frage nicht unberührt, wie viel Naturschutz wir einander schuldig sind, wenn wir uns zugleich als Personen und als naturverbundene, vielleicht gar bewusst biophile Individuen verstehen (Kap. 5.2).

2.5 Die triadische Struktur aus Subjektivität, Personalität und Individualität ist exklusiv dem Menschen vorbehalten – unabhängig von Einzelfragen wie etwa der nach den Unterschieden der menschlichen von der tierischen Sprache oder der Frage nach Werkzeuggebrauch und altruistischem Verhalten von Tieren. Sie eröffnet uns drei Wege sprachlicher Artikulation auch von Mensch-Natur-Verhältnissen (Kap. 3). In Verbindung mit der allgemeinen menschlichen Sprachkraft ist der Mensch der übrigen Natur darin überlegen, dass er die Welt der Natur und seine eigenen subjektiven und individuellen Naturverhältnisse sprachlich umfassend zu artikulieren vermag. Aufgrund dieser Überlegenheit ist der Unterschied zwischen Menschen und Tieren nicht nur ein Unterschied zwischen einzelnen Eigenschaften, sondern auch ein Unterschied der gesamten Lebens*form* (Hendrichs 1986, S. 193-203). Der Unterschied zwischen Mensch und Tier ist, wie Hubert Hendrichs sagt, gleichzeitig graduell in Bezug auf viele einzelne Eigenschaften *und* fundamental in Bezug auf eine überlegene Lebensform. Diese *Überlegenheit* konstituiert eine vielfältige Noosphäre (Hegel: *Geist*). Es wäre verfehlt, diese Sphäre nur als eine von vielen artspezifischen Umwelten aufzufassen. Der Unterschied zwischen den vielen artspezifischen Umwelten und der menschlichen Weise des In-der-Welt-Seins wurde von Heidegger, Scheler und Merleau-Ponty erörtert (Toadvine 2007).

Aufgrund der drei Aspekte des Daseins tritt uns jeder Mitmensch zudem immer zugleich als erkennendes Subjekt, geschützte Person und unverwechselbares Individuum entgegen. Menschen im umfassenden Sinne gerecht zu werden heißt, allen drei Grundmodi gerecht werden zu sollen (Forst 1996). Die Moral der Anerkennung des Anderen in seiner Integrität von Subjekt, Person und Individuum ist daher eine Moral des dreifachen Respekts. Diese Ansprüche unterscheiden sich aus der Binnenperspektive von Gattungsangehörigen notwendigerweise von Ansprüchen, mit denen uns Naturwesen konfrontieren.[22] Diese Unterschiede anzuerkennen bedeutet nicht, Ansprüche von Naturwesen gering zu schätzen (Kap. 3.3, 5.3).

2.6 Es dürften sich nun freilich massive Bedenken regen, ob hier nicht die anthropozentrische Position erneuert wird, mittels derer Menschen sich selbst gegenüber allen anderen Lebewesen privilegieren. Fallen wir mit dieser »starken« Anthropologie in Selbstüberheblichkeit und Speziesegoismus zurück? Für Tier- und Umweltethiker wie Peter Singer und Paul Taylor ist eine anthropologisch legitimierte Selbstprivilegierung Ausdruck von *Speziesismus*. Dieser abwertende Ausdruck bezieht sich auf eine unbegründete Privilegierung von Menschen gegenüber Nicht-Menschen. »Speziesismus« gehört für Singer zu Einstellungen wie Sexismus, Rassismus und Nationalchauvinismus, die moralisch unhaltbar sind. Vorausgesetzt wird dabei, dass die bloße Zugehörigkeit eines Wesens zu einer bestimmten Spezies keinen moralischen Unterschied in der Behandlung rechtfertigen kann. Abstrakt betrachtet trifft das zu. Propositionen wie »Dies ist ein Schimpanse« und »Dies ist eine Made« sind an sich lediglich Feststellungen. Nur in Verbindung mit Annahmen über Eigenschaften ergeben sich moralische Gesichtspunkte, die für die Frage relevant sind, wie Schimpansen, Maden oder Menschen behandelt werden sollen. Der Speziesismusvorwurf steht nicht über dem Austausch von Gründen. Es ist daher kein Speziesismus, wenn wir mit Gründen annehmen, dass wir Menschen *als solchen* mehr und anderes schuldig sind als Maden *als solchen*.

Freilich sind Selbstprivilegierungen suspekt. Das in der Umweltethik verbreitete Misstrauen gegen Geltungsansprüche wie »Menschen haben einen prinzipiell höheren Wert als Mitglieder anderer Spezies, weil sie über die Eigenschaft oder Fähigkeit X verfügen«, gründet nicht zuletzt darin, dass sie von Menschen formuliert wurden *und* ihnen selbst zugutekommen. Es muss also dargelegt werden, dass eine Privilegierung des Menschen nicht von vornherein genau so zu beurteilen ist wie eine Privilegierung einer adligen Schicht durch den Adel selbst. Nun *müssen* entsprechende Geltungsansprüche nicht bereits deshalb falsch sein, *weil* Menschen sie erheben. Der Grund für das Misstrauen gegen die Selbstprivilegierung des Menschen ist also moralpsychologischer, nicht geltungslogischer Natur. Wir thematisieren das Problem geltungslogisch.

Eine strikte Ablehnung jeglicher moralischer Superiorität (*superiority*) des Menschen findet sich bei Paul Taylor (1986, insb. S. 129-133). Der Ausdruck »superiority« scheint doppeldeutig zu sein und einmal »Überlegenheit« und zum anderen »Höherwertigkeit« zu bedeuten. Taylor möchte das Vorurteil widerlegen, Menschen lebten aufgrund von Vernunft und freiem Willen auf einer höheren Ebene der Existenz (*higher plane of existence*) und hätten deshalb einen höheren moralischen Wert als andere Lebewesen. Diese Ansicht von der überlegenen Existenz*form* menschlichen Daseins wird durch einen (fiktiven) Vergleich zwischen einzelnen Eigenschaften entkräftet, der aus den (vom Menschen hypothetisch eingenommenen) Perspektiven verschiedener Spezies vorgenommen wird. Das Problem der Existenzform wird dadurch in einen Paarvergleich von einzelnen Eigenschaften transformiert, die an bestimmte Lebensformen gebunden werden (tierischer Karnivore, Pflanze usw.). Taylor: »All we need to do is to look at the capacities of animals and plants from the standpoint of their good to find a contrary judgment of superiority« (1986, S. 130). Andere Lebewesen würden in einem solchen Vergleich ihre besonderen Eigenschaften als diejenigen bestimmen, die *ihre* Überlegenheit begründen wie etwa »the flight of birds, the speed of a cheetah, the power of photosynthesis in the leaves of plants, the craftmanship of spiders spinning their webs, the agility of monkeys in the tree tops« (1986, S. 129). Taylor bindet also alle Fähigkeiten und Eigenschaften direkt an artspezifische Lebensformen. Eigenschaften sind gut oder schlecht nur jeweils *für* eine bestimmte Art organismischen Daseins. Aus punktuellen Überlegenheiten einzelner Spezies über andere Spezies hinsichtlich einzelner Eigenschaften kann keine moralische Höherwertigkeit einer bestimmten Spezies abgeleitet werden. Auf diese Weise entwertet Taylor alle geistigen Eigenschaften des Menschen als mögliche *signs of superiority*.

Man könnte gegen Taylor zwar einwenden, dass wir aus der Binnenperspektive von Gattungsangehörigen die anderen Mitglieder unserer Spezies auf eine bestimmte Weise wahrnehmen müssen, die durch mehrfachen moralischen Respekt geprägt ist. Dies würde Taylor aber nicht gelten lassen. Diese Wahrnehmung ist einfach zu unseren Gunsten verzerrt und kann durch Einsicht korrigiert werden. Moralpsychologisch neigen wir zur Begünstigung von Mitgliedern der eigenen Spezies, was für Taylor evolutionär verständlich, aber ethisch nicht zu rechtfertigen ist. Die höhere Einsichtsfähigkeit und die Möglichkeit, kritisch auf kulturelle bzw. moralische Vorurteile reflektieren zu können, setzt sich für Taylor nicht mehr in die Auffassung um, Menschen komme ein höherer Wert zu als anderen Lebewesen, sondern in deren Gegenteil: Allen Lebewesen kommt *prima facie* der gleiche moralische Selbstwert zu.

In Taylors Auffassung liegt einmal das Problem, dass sie unwiderleglich (»immunisiert«) ist. Jeder Versuch, zugunsten der Superiorität des Menschen zu argumentieren, wird mit der monotonen Replik quittiert, andere Lebewesen dürften mit gleichem Recht ihre Eigenschaften zur Grundlage ihrer Höherwertigkeit erklären. Immunisierungsstrategien sind nicht nur in den Wissenschaften, sondern auch in der Ethik fragwürdig. Auch Taylors Geltungsanspruch *denial of human superiority* müsste widerlegt werden können. Auf der Grundlage des Paarvergleichs von speziesrelativen Eigenschaften ist dies jedoch unmöglich. Daher muss der entscheidende Schritt der Argumentation reiflich überlegt werden, in dem Taylor den Unterschied zwischen der überlegenen Existenzform des Menschen und einzelnen Eigenschaften verwischt, hinsichtlich derer Menschen gegenüber Tieren mal besser, mal schlechter abschneiden. Die in diesem Kapitel entwickelte Anthropologie ist mit diesem Schritt nicht vereinbar.

2.7 Aus dem in diesem Kapitel Gesagten folgt Misanthropie ebenso wenig wie eine bestimmte Schädlingsmetaphorik oder die mehrdeutige Phrase, der Mensch sei Teil der Natur. Heidegger hat im *Brief über den Humanismus* (1949) geschrieben, er wende sich gegen den üblichen Humanismus nur, weil dieser nicht hoch genug vom Menschen denke. Die Umweltethik sollte den Menschen in diesem Sinne so hoch schätzen, dass sie ihm zutraut, das Anthropozän nach Maßgabe umweltethischer Einsichten zu gestalten. Die abschließende These dieses Kapitels lautet, dass Menschen nicht als schlaue Tiere, sondern nur als umfassend »logische«, d. h. *geistige* Wesen, die sich ihrer Verantwortung für ihren Naturumgang vollauf bewusst werden, die Naturkrise bewältigen, vielleicht gar Frieden mit der Natur schließen und diesen Frieden werden halten können. Wir Menschen sind in unseren Beziehungen zur Natur gemäß dieser These noch längst nicht vernünftig genug. Wir dürfen unsere »sprach-logische« Überlegenheit daher nicht verleugnen, sondern müssen sie umweltethisch kultivieren. Damit verwandeln wir Natur nicht in Sprache, sondern würdigen sie *in* der Sprache *als* Natur.

3. Die Sprachphilosophie der Umweltethik

In sprachlicher Artikulation bekunden wir die Arten und Weisen, wie sich uns die reale Welt der Natur mitsamt ihren jeweiligen Organismen, Arten, Biozönosen, Landschaften usw. zeigt. Realistische Grundannahmen darüber, was es in der Welt der Natur gibt, und die Vielzahl sprachlicher Leistungen bei der Beschreibung, Erklärung, Schilderung etc. von Natur stehen nicht im Widerspruch zueinander (Evanoff 2005). Die Natur ist gegenüber möglichen Artikulationen unterdeterminiert. Die Artikulation vollzieht sich in den drei anthropologisch eröffneten *Bahnen* von Subjektivität, Personalität und Individualität und in den *Formen* von Sprachpflege, -kritik und -erneuerung, die zusammen eine umweltethisch motivierte Aufhebung unserer gegenwärtigen Natursprache ermöglichen könnten: bewahren, negieren, auf eine neue Stufe heben (Hegel). Die Arten und Weisen, in denen Natur für uns von Interesse und Bedeutung ist, verstehen wir besser, wenn wir sie in von uns selbst artikulierten Formen anderen zur Kenntnis- und Stellungnahme vorlegen. Auf diesem Wege werden wir selbst miteinander zu kompetenten »Natursprechern«. Je mehr uns Natur bedeutet, umso vielfältiger und präziser werden wir von ihr reden wollen. Von Natur *soll* daher in der Umweltethik die Rede sein.

Sprache ist das Medium, in dem sprachlich verfasstes Denken zur Wirklichkeit gelangen kann. Wirklichkeit ist nicht Realität, sondern die Wirksamkeit von vernünftiger Rede in der Gesellschaft. Der hier vertretene Ansatz gründet sprachtheoretisch in der *Theorie kommunikativen Handelns* (Habermas 1981), greift aber Motive aus den Sprachphilosophien von Johann Gottfried Herder und Wilhelm von Humboldt auf.[23] Humboldts zwischen 1820 und 1834 entwickelte Sprachphilosophie (Humboldt 1979) fokussiert die Konzepte des sprachlichen Weltbildes *und* der Wechselrede. Für Humboldt finden Menschen sich in *sprachlichen Weltbildern* vor und lernen allmählich, sich ihrer Sprachen zu bedienen, um sich in lebendigen Wechselreden mit anderen über etwas zu verständigen. In sprachlichen Weltbildern ist ein unausschöpflicher Reichtum an Möglichkeiten angelegt, Naturerfahrungen zu artikulieren. Dies impliziert pragmatisch, dass die Umweltethik *interkulturell* angelegt ist, da sie über den Horizont einzelner Sprachen und Sprachfamilien wie der indoeuropäischen hinausreichen können sollte. Die Sprachen konvergieren wie Strahlen auf das ihnen gemeinsame Gebiet der Natur. Für Humboldt konstituieren sich in der lebendigen *Wechselrede* zugleich eine intersubjektive *und* eine thematische Beziehung. Die Redenden sind füreinander anwesend und nehmen abwechselnd die Perspektive von Ich und Du ein. Sie verständigen sich miteinander über etwas. Dadurch machen sie *ipso facto* etwas geltend, d. h., sie erheben Geltungsansprüche.

In diesem Kapitel werden zunächst individuelle Artikulationen von Naturerfahrungen thematisiert (3.1). Zweitens werden Gründe genannt, warum die naturbezogenen Artikulationen anderer Personen zu achten sind und warum diejenigen Stimmen unser Gehör zu finden ein Recht haben, die für den globalen Süden sprechen (3.2). Drittens wird das Phänomen deontischer Erfahrungen mit Natur dargestellt (3.3). Zuletzt wird die Wegbahn der epistemischen Subjektivität zu einem ihrer Grenzprobleme geführt (3.4), dem Problem nämlich, dass zumindest einige nicht-menschliche Lebewesen in ihrem Verhalten eine artspezifische Subjektivität zeigen, die verstanden werden »will«.

3.1 Viele naturbezogene Artikulationen sind *expressiver* Natur. Expressivität ist individuell geprägt; sie sollte aber für andere nicht befremdlich und rätselhaft bleiben. Häufig bringen die anderen mit ihrer Artikulation in uns ähnliche Saiten zum Klingen und ermuntern uns, eigene Naturerfahrungen preiszugeben. Die Umweltethik interessiert sich weniger für Gedankenexperimente und *Science-fiction*-Beispiele als für Naturerfahrungen, die wirklich gemacht und sprachlich niedergelegt wurden. Naturerfahrungen, die der Artikulation wert sind, müssen wohl »draußen« in der Natur gemacht worden sein. Daher mag man vom Schreibtisch aus naturethische Reflexionen anstellen und in Hörsälen über Wildnis diskutieren; das Material der Artikulation jedoch entspringt in erster Linie dem Aufenthalt in der (nicht, wenig oder nur mäßig überformten) Natur. Daher vertragen sich Umweltethik und Stubengelehrsamkeit nicht besonders gut. Aus der auffälligen Diskrepanz, die darin liegt, dass häufig in den naturfernen Milieus von Hörsälen, Konferenzräumen und Büros über Natur und Landschaft gesprochen wird, folgt allerdings nicht, dass die diesbezüglichen Geltungsansprüche zuungunsten der Natur verzerrt sind. Naturschützer und Umweltethiker pendeln häufig zwischen der Welt der Erfahrungen von und mit Natur und den sozialen Milieus, in denen sie sich mit anderen über Natur und Naturerfahrungen zu verständigen suchen. Darin liegt kein Widerspruch; es ist eher ein »Geschick«.

3.1.1 Die Umgangssprache ist trotz ihres Gewichts (als letzte Meta- und erste Konstruktionssprache) nicht gegen *Sprachkritik* immun. In Umgangssprachen haben sich viele Denkmuster der Naturbeherrschung als Sprachgewohnheiten niedergeschlagen, die wir nicht unbesehen übernehmen sollten. Wörter wie »Bauerwartungsland«, »Wasserstraße«, »Veredelungsbetrieb«, »grüne

Wiese«, »Mobilisierung der Holzressourcen«, »Brechung des Raumwiderstands«, »Melioration«, »Flurbereinigung«, »Unkraut«, »Verhinderungsgetier«[24] usw. sind nicht wertneutral. In anderen westlichen Sprachen verhält es sich wohl ähnlich. Insofern bedürfte es eines umweltethisch motivierten Sprachkritikers in der Tradition von Karl Kraus, der uns versteckte Wertvorstellungen und stille Voraussetzungen in unseren eingeschliffenen Sprachgewohnheiten vor Augen und Ohren führt. Ob wir künftig weiterhin so reden mögen, lässt sich erst nach dem Durchlaufen des AR der Umweltethik, d. h. nur abschließend entscheiden.

Sprachkritik darf vor dem Jargon des Naturschutzes nicht haltmachen. So findet sich im frühen deutschen Naturschutz, insbesondere bei Ernst Rudorff (1897), eine Semantik der »jungfräulichen« Natur, die »prostituiert« und »geschändet« werde. Nationalsozialistische Naturschützer haben suggestive Analogien zwischen Bergwäldern nahe der Baumgrenze und angreifenden Truppen formuliert (Schoenichen 1934, S. 50 f.). Uta Eser (1999) hat nachgewiesen, dass die Redeweisen, in denen Biologen über Neobiota sprechen, Parallelen zu einer fremdenfeindlichen Semantik aufweisen: Aggressive Invasoren mit hoher Fertilität verdrängen bodenständige einheimische Arten. Derartige Diskurse zeigen, dass die Semantiken, in denen wir über Gesellschaft und über Natur sprechen, nicht gegeneinander abgeschottet sind, sondern sich gleichsam osmotisch zueinander verhalten, was zu Projektionen von Natur auf Gesellschaft und umgekehrt führt. Die Umweltethik verhält sich auch kritisch gegen »Öko-Slang« wie die Rede vom »Gleichgewicht der Natur«, von »intakten« bzw. »gesunden« Ökosystemen, vom Schutz »evolutionärer Potenziale« und der viel beschworenen »Ganzheitlichkeit«. Auch der apokalyptische Tonfall in manchen Verlautbarungen des Naturschutzes sollte kritisch reflektiert werden.

Ein ähnliches Problem der Sprachkritik entsteht, wenn sich in internationalen politischen Kontexten ein diffuser umweltethischer Jargon einnistet. So wurde die undefinierte Vokabel vom *intrinsic value* der Biodiversität, die sich in der Präambel der Biodiversitätskonvention findet, durch viele internationale Dokumente weitergereicht, bis sie schließlich sinngemäß im § 1 des BNatSchG auftauchte, in dem vom »eigenen Wert von Natur und Landschaft« die Rede ist. Was unter dem intrinsischen Wert von Vielfalt genauer zu verstehen ist, bleibt unklar. Thema von Sprachkritik kann auch der Umstand sein, dass das Umweltrecht und die Umweltpolitik auf bestimmte ökologische Termini zurückgreifen müssen, dies aber so tun, dass der präzise wissenschaftliche Sinn dieser Termini verändert wird, wodurch sogenannte Hybridbegriffe entstehen, die im Grenzgebiet von Naturwissenschaft und Politik eine eigentümliche Wirksamkeit entfalten (wie etwa »Naturhaushalt«).[25] Wie immer man über die erwähnten Beispielfälle denken mag, in jedem Fall ist *Sprachkritik*, die niemanden verschont, eine Daueraufgabe der Umweltethik.

3.1.2 Wir artikulieren Natur als »tönende Erdgeschöpfe« (Herder), die ihre Lautgaben bis zur Kunst verfeinern und steigern können. Naturbezogene Artikulation beginnt bei präpropositionalen Lauten, etwa einem »Oh!« beim Anblick einer sich öffnenden Aussicht. Artikulation geht mit leiblichen Verhaltensweisen einher. So konnte der Aufenthalt in der Natur sich in früheren Zeiten im Frühling als Singen *und* Springen vollziehen: »... heißa, nun ist uns Kindern ein End' all Wintersleid.« Viele Menschen beginnen in der Natur zu summen oder zu pfeifen. Der *Zupfgeigenhansel* der Wandervogelbewegung war gesanglicher Ausdruck einer »alternativen« Lebenseinstellung: »Aus grauer Städte Mauern ...«, »Im Frühtau zu Berge wir ziehn, fallera«.[26] Das Singen beim Wandern ist freilich im Niedergang begriffen, da es in Deutschland unweigerlich mit dem verordneten Gesang marschierender Truppen assoziiert wird. Es ist daher eine kompositorische Herausforderung für »neue Musik«, zeitgemäße Wanderlieder zu schaffen.

Axiologische Artikulation darf unterschiedliche sprachliche *Genres* annehmen: Schilderung, Bericht, Erzählung, *nature essay*, Gedicht, Brief, Lied, *ecomimesis*[27] usw. Diese Schilderungen sind niemals wertfrei, und es finden sich nicht selten Bemerkungen in sie eingestreut, die einen umweltethischen Gehalt andeuten. Alexander von Humboldt hat in seine Naturschilderungen immer Passagen integriert, die von Naturgenuss berichten. John Muir (1997) hat am Ende des 19. Jahrhunderts zugleich naturkundliche Schilderungen geliefert, Natur in ihrer Schönheit gepriesen, Ratschläge wie den gegeben, sich einen ganzen Sommer Zeit für Expeditionen in die Rocky Mountains zu nehmen, und dabei immer wieder den Schutz von »wilderness« gefordert. Aldo Leopolds berühmter *Sand County Almanach* (1949) enthält neben den Passagen, die von einer Landethik handeln, Abhandlungen in der US-Tradition des Naturessays. Das Textmaterial der naturethischen Traditionen ist in seiner Fülle und Schönheit beeindruckend, wie man bezüglich deutscher Autoren an der (leider im nationalistischen Geiste angelegten) Textsammlung durch Rudolf Borchardt (1925) studieren kann. Allein die Zuwendung zur Naturpoesie der Romantik würde unsere Artikulationen bereichern.

Überlieferungen können nun entweder auf die große Halde verflossener Texte wandern, für deren Erforschung sich nur noch Spezialistenkulturen interessieren, oder sie könnten neue Aneignungen erfahren und zu lebendigen Traditionen werden.[28] Die Fortbildung von Traditionen lässt sich nicht verordnen, sondern vollzieht sich im informellen Gewebe von kultureller Praxis.

3.1.3 Traditionen können durch neue Beiträge bereichert werden. Kreative und innovative Artikulationsformen könnten die Semantik, in der wir unseren Naturumgang artikulieren, wandeln. Nun darf, wer neue Wahrheiten entdeckt zu haben glaubt, zunächst stammeln (Nietzsche) und nach angemessenen Worten und Ausdrucksformen suchen. Deshalb lässt sich für einen *Schonraum* plädieren, der zwischen den Gewohnheiten des kommunikativen und den Anforderungen des diskursiven Sprachgebrauchs Möglichkeiten einräumt, Naturbeziehungen experimentell zu artikulieren. Dies besagt, dass in diesem Raum auf Artikulationsformen (noch) nicht der Rechtfertigungsdruck lastet, der für Argumente angemessen ist. Hierdurch eröffnen sich Gelegenheiten, ohne Scham neue Redeweisen sondierend auszuprobieren, d.h. gleichsam auf Probe zu reden. Wir lockern so präsumtiv das verklumpte und verkrustete Erdreich der Sprache auf und geben dem hartnäckig verhakten Mobile unserer Natursprache neue, individuelle Impulse.

Dieser Raum ist nicht mit dem Raum der Kunstproduktion und -kritik identisch, sondern ein Rede-Raum, in dem kognitive, expressive, narrative, axiologische und normative Momente der Rede sich noch eng und dicht aneinander lagern dürfen. Wahrnehmungen und Wertschätzungen, Schilderung, Darlegung und Erörterung von Naturerfahrungen unterschiedlicher Intensitätsgrade, Beschreibung von Atmosphären und Charakteren von Landschaften und den Gefühlen, die sie in uns hervorrufen, Propagierung von Einstellungen und nicht zuletzt auch Reden, die intuitiv moralische Signifikanz artikulieren, dürfen sich hier begegnen und als Texturen durchdringen. Im Schonraum naturethischer Rede ist die Beziehung zwischen Phänomenologie und Diskurstheorie noch gleichsam intim. Mag sein, dass den Romantikern und Hölderlin ein solcher Rede-Raum vorgeschwebt hat, in dem sich Natur »verkünden« (Novalis) und von Natur »singen« (Hölderlin) ließe. Es ist laut Novalis ein heiliges Amt, Verkünder der Natur zu sein. Schon in der Romantik geht allerdings der Sinn dafür verloren, dass solches Verkünden sich nur in der Wechselrede performativ vollziehen kann. Das romantische Ideal der Verkündigung von Natur muss daher in Sprachkonzepte eingebettet sein, in denen Dichter nicht zu Führern stilisiert werden. Nicht nur die Dichter und Denker, sondern wir alle können darüber wachen, in welchen Sprachformen Natur thematisiert wird.

3.2 Das Artikulationsspektrum der Umweltethik darf nicht auf ein »westliches« Konzept des moralisch-praktischen Argumentierens eingeschränkt werden.[29] Wenn alle Stimmen Gehör finden sollen und wenn viele nicht-westliche Kulturen ihre naturethischen Vorstellungen u. a. in Geschichten, Gesängen, Sprichwörtern aufbewahren, so liegt darin ein Argument, nicht nur Argumenten Gehör zu schenken. Gerade die axiologischen, phänomenalen, narrativen, expressiven und poetischen Zugänge zur Natur, die sich in unserer wie auch in nicht-westlichen Kulturen finden, sind *sui generis* artikuliert und sollen *als solche* Gehör finden.

Für die Umweltethik gilt insofern auch, was Enrico Dussel gegen eine häufig nur an westlichen Diskursen orientierte Diskursethik eingewendet hat. Die faktischen Diskurse werden vom Westen dominiert und gerahmt (*framing*), während die Stimmen aus den Ländern des Südens, darunter die Stimmen der indigenen Völker, der Frauen, der Landlosen usw. im Norden nur wenig Gehör finden. Diese Stimmen lassen sich unter der Bezeichnung *environmentalism of the poor* zusammenfassen (Martinez-Alier 2002, Kap. 5.2).

Diese Stimmen werden zudem aus religiösen und ethischen Kontexten heraus artikuliert, die uns teilweise fremd (geworden) sind wie etwa die Theologie der Befreiung in Südamerika, Bauernrebellionen und die an Gandhi anknüpfenden Protestbewegungen in Indien und die kulturellen Erneuerungsbewegungen der First Nations beider Amerikas. Aufgabe der westlichen Umweltethik ist es, diesen Stimmen Gehör zu verschaffen, die größtenteils von Laien und NGO-Aktivisten stammen. Teilweise werden sie mündlich artikuliert und müssen ihre Wege in die entsprechenden Kommunikationsmedien mühsam suchen. Viele Geschichten werden von Frauen erzählt (siehe die Beiträge in Rocheleau et al. 1996). Häufig sehen sich diese Artikulationsformen mit dem Problem konfrontiert, in der Sprache der Gegner (dem Englischen oder Französischen) verfasst werden zu müssen, weil nur dadurch überhaupt Aussicht besteht, Gehör zu finden. Diese Stimmen sind gewiss keine Folklore, und wir dürfen sie nicht in der Einstellung westlicher Touristen zur Kenntnis nehmen, die Exotik goutieren, bevor sie an der klimatisierten Hotelbar ihre Gespräche fortsetzen. Es sind Stimmen aus Kulturen, die über Jahrhunderte hinweg aus ihren Praktiken und Erfahrungen heraus komplexe Naturethiken entwickelt haben, die mündlich in Geschichten, Sprichwörtern, Gesängen und im Vollzug von Riten überliefert werden. Diese Erfahrungen sind nicht zuletzt Erfahrungen von Enteignung, Kolonialisierung, Missionierung und Unterdrückung. Diese Sprachwelten unterscheiden sich signifikant von den Diskursen, in denen wir »Weißen« seit den Zeiten Kolumbus' die Natur und die Menschen der südlichen Hemisphäre konstruieren.

Ein Beispiel für viele: In der umweltethischen Gedankenwelt der First Nations wird stets die enge Verbundenheit zwischen indigenen Gemeinschaften und ihrem Territorium betont, die durch das Erzählen von bestimmten Geschichten und den Vollzug von Ritualen immer wieder erneuert und bekräftigt werden muss (Armstrong 2010). So wurde der Stamm der Okanagan-Syilx, der an der (von Weißen gezogenen) Nordwestgrenze von USA und Kanada siedelt, früher als Stamm der *rope makers* bezeichnet. Die Selbstbezeichnung der Syilx bezog sich aber nicht auf das Herstellen von Stricken, sondern auf den naturethischen Auftrag, *to coil the strands of the land*. Dieser Auftrag, der deontologische Gehalte hat (»So soll ein Mitglied der Syilx leben!«), besagt, dass die einzelnen Fäden, aus denen sich das feine belebte Gewebe des Landes zusammenfügt, das von einer ungreifbaren Lebenskraft durchpulst ist, immer wieder neu geflochten und dadurch gestärkt werden müssen. Begründet wird dieser Auftrag unter Rekurs auf eine Geschichte, in der die Lebewesen des Landes sich selbst als Nahrung für die *people to be*, d.h. die Menschen darbieten (opfern), das Lied der Fliege das Opfer des Großen Bären tilgt und hierdurch das Leben bewahrt und erneuert wird (Armstrong 2010). Die Beschäftigung mit der Naturethik einzelner Stämme lässt keinen Zweifel daran, dass es sich um *reasonable comprehensive doctrines* (Rawls) handelt, von deren Ernst und Tiefe viel gelernt werden kann. So ist der Vorschlag hinsichtlich einer *ethics of place* für die westliche Zivilisation umweltethisch bedenkenswert, die unsere mobile und beschleunigte Ortlosigkeit korrigieren könnte. Das Konzept von *indigeneity* wird aus der Perspektive der First Nations als Aufforderung an uns herangetragen und verbindet sich auf eigentümliche Weise mit dem in unserer Tradition höchst ambivalenten Begriff der Heimat (hierzu siehe Ott 2007, Kap. 4). Aus solchen interkulturellen Dialogen könnenneue Formen der Artikulation erwachsen.

3.3 Als Personen drängt sich uns die Frage auf, ob eine moralische Perspektive auf Natur rational ist. Die Vertreter der Diskursethik waren an diesem Punkt ursprünglich skeptisch bis ablehnend eingestellt, obwohl ihnen die Intuitionen, die zugunsten einer »geschwisterlichen« Perspektive sprechen, nicht fremd waren (hierzu ausführlicher Hendlin, Ott 2016). Gleichwohl blieb im Schema der grundlegenden Welteinstellungen das entsprechende Feld unbestimmt (Habermas 1984, S. 508-514). Diese Unbestimmtheit kann durch eine Artikulation moralisch signifikanter Naturerfahrungen reduziert werden. Solche Erfahrungen wurden von Thomas Birch (1993) als *deontic experiences* bezeichnet. Vertreter physiozentrischer Umweltethiken haben derartige Erfahrungen geschildert, die für sie ethisch gehaltvolle Schlüsselerlebnisse waren. Bei Albert Schweitzer war es die langsame Fahrt entlang einer Herde von Nilpferden im Abendlicht Westafrikas; bei Aldo Leopold der Blick ins Auge einer erlegten Wölfin; bei Arne Naess der fixierte Blick durch das Mikroskop auf einen in Säure sterbenden Floh; bei David Abram ist es das Waten durch die schillernden Leiber von Lachsen bei Mondschein. Fast immer beziehen sich deontische Erfahrungen auf Tiere.[30] Im Kontext dieser Erfahrungen, die meist den Charakter von sich aufdrängenden Widerfahrnissen haben, werden moralische Begriffe eingeführt. Schweitzer wurde von der Formel »Ehrfurcht vor dem Leben« ergriffen, Naess identifizierte sich mit dem Floh in dessen Todeskampf und meinte, Mitleid sei abkünftig gegenüber dieser primären Identifikation. Leopold glaubte, im Auge der Wölfin zu erkennen, dass die Bergregion selbst ihm zu verstehen gebe, dass Wölfe ein elementares Anrecht darauf haben, hier zu leben.

Schilderungen deontischer Naturerfahrungen machen auf präsumtiv aufrichtige Weise etwas geltend, was von einer sich aufdrängenden moralischen Bedeutung ist, also in die Sphäre der Sollgeltung fällt. Was für den einen ein Schlüsselerlebnis war, sollte für alle anderen zu einer nachvollziehbaren Einsicht werden können. Die Bedeutung solcher Schlüsselerlebnisse richtet sich daher an alle moralischen Personen, die freilich das Recht haben, zu diesen Schilderungen kritisch Stellung zu nehmen.

Diese Stellungnahmen können mitunter dazu führen, dass der Sinn dieser Erfahrung auch von denen revidiert wird, die sie gemacht haben. So ist es nicht von vornherein auszuschließen, dass deontische zu axiologischen, etwa zu ästhetischen Erfahrungen korrigiert werden. Deontische Erfahrungen können eine physiozentrische Umweltethik nicht begründen, aber den Diskurs über das Inklusions- bzw. Selbstwertproblem heuristisch bereichern (Kap. 5.5).

3.4 Bislang war von menschlicher Artikulation die Rede. Menschen kommunizieren miteinander über Natur; diese selbst ist an der Kommunikation nicht beteiligt. Eine solche Beteiligung sei, so meinen viele, begrifflich ausgeschlossen, da Sprache exklusiv dem Menschen vorbehalten sei. Richtig ist, dass viele Philosophen den Begriff der Sprache so definiert haben, dass Naturwesen *ex definitione* nicht sprechen und daher nicht mitreden können. Niemand bestreitet die besonderen Qualitäten der menschlichen Sprache. Selbst Primaten können keine Sprechakte variieren, keine Geschichten erzählen, keine Argumente austauschen und keine Texte interpretieren. Dennoch sollte für die Definition von Sprache nicht ausschlaggebend sein, was Tiere im Unterschied zu Menschen sprachlich nicht können. Aus der spektakulären Sprachkraft des Menschen folgt nicht, dass Naturwesen sprachlos sind. Die Dichotomie, die eine sprachbegabte Menschheit von einer sprachlosen Natur trennt, ist nicht haltbar. Eine Theorie kommunikativen Handelns sollte daher von der Sprachbegabung des Menschen ausgehen und von dort aus (Schelling: »de-potenzierend«) die Unterschiede zu nicht-menschlicher Kommunikation und Lautgabe bestimmen. Dies tut der Logizität des Menschen keinerlei Abbruch, wertet aber die Kommunikation von Naturwesen auf. Geht man methodisch von der menschlichen Sprachkraft aus und nähert sich den Phänomenen der Artikulation von Naturwesen in depotenzierender Einstellung, so löst unsere Subjektivität die Formbestimmung ihrer Gegenüber als bloßer Objekte auf und lässt hypothetisch deren mögliche andersartige, artspezifische Subjektivität gelten. Tierische Subjektivität bedeutet, dass aus einer Binnenperspektive eine artspezifische Umwelt (Uexküll 1973) wahrgenommen (*prähendiert*), mental-neuronal verarbeitet (*repräsentiert*) wird und dass lautlich einzelne Aspekte von Prähension und Repräsentation *artikuliert* werden. Paradigmatisch für entsprechende Erkenntnisse ist die Phänomenologie der Tiere.

Die Annahme einer sprachlosen Natur ist in Bezug auf Primaten, Meeressäuger, Vögel, Bienen und andere höhere Tierarten biologisch widerlegt.[31] Lautgestik ist unter Primaten und anderen Säugetieren verbreitet. Die sprachlichen Fähigkeiten der Meeressäuger sind beeindruckend; einiges spricht dafür, dass Delphine einander als Individuen bestimmte Töne zuordnen, also einander beim Namen rufen. Die Gesänge der Wale haben kommunikative Aspekte. Dies gilt, *mutatis mutandis*, auch für den Gesang der Vögel (Rehmann-Sutter 1996). Bei Versuchen, Primaten die Taubstummensprache beizubringen, können Menschen und Tiere sprachdidaktische Interaktionsbeziehungen aufbauen. Wir kommen aufgrund vieler Experimente nicht umhin, höheren Tieren Intentionalität, Meinungen, Gedächtnis, performativen Selbstbezug und sprachanaloge Artikulationen zuzuerkennen, sobald wir die Abstraktionen des Behaviorismus aufgeben. Dadurch drängt sich die Frage auf, ob wir Naturwesen »verstehen« können (Krings 1982). Die Fähigkeit von Naturwesen zur (proto)sprachlichen Artikulation könnte eine moralisch relevante Eigenschaft und damit bei der Lösung des Inklusions- bzw. Selbstwertproblems beachtenswert sein (Kap. 5.5).

Ich darf an dieser Stelle an meinen (unbeholfenen) Versuch erinnern, die Kommunikationsgemeinschaft über den Menschen hinaus zu erweitern und vernehmbare lautliche, stimmliche und signalförmige Ausdrucksweisen von Naturwesen hypothetisch in menschliche Sprache zu übersetzen (Ott 1993). Der tierische Schmerzenslaut gilt in diesem Ansatz als Musterbeispiel für die Möglichkeit, Laute von Naturwesen als Nein-Stellungnahmen zu deuten. Ähnliches gilt für leibliches Sich-Sträuben. In diesem Zusammenhang habe ich sogar vorgeschlagen, sogenannte »Angsttriebe« von Bäumen pathognomisch zu deuten. Allerdings rutscht dieser Ansatz recht bald in Bereiche, in denen pathognomische Deutungen epistemisch unplausibel werden, so etwa bei ökosystemaren Veränderungen. Eine pathognomische Perspektive könnte gleichwohl für sprachliche Artikulationen, in denen wir Eingriffe in die Natur als zerstörerisch interpretieren, heuristisch durchaus fruchtbar sein.

Die Sprachphilosophie der Umweltethik gelangt hier offensichtlich an Grenzen, die sie überwinden möchte und zugleich respektieren muss. Der Ethnologe Claude Lévi-Strauss hat den Wunsch artikuliert, sich mit einem Tier zu verständigen und zugleich die Grenze der Verständigung mit Naturwesen als unüberwindlich anerkannt. Versuche, Naturwesen zu verstehen, werden immer spekulative Momente enthalten. Letztlich werden Menschen wohl nie verstehen können, wie es für eine Fledermaus ist, eine Fledermaus zu sein. Allenfalls dürfen wir hoffen, dass die voll entfaltete menschliche Artikulation von Naturerfahrungen die nur indirekt mögliche »Mit-Sprache« von Naturwesen einschließt, teils advokatorisch, teils mimetisch, teils poetisch.

3.5 Unregulierten Artikulationen haftet etwas Experimentelles an, das verloren geht, sobald etwas Bestimmtes mit dem Anspruch auf epistemische Wahrheit (*Subjektivität*), normative Richtigkeit (*Personalität*) oder axiologische Aufrichtigkeit (*Indi-

vidualität) geltend gemacht wird. Artikulationen müssen sich um der intersubjektiven Verbindlichkeit willen in die Geleise der unterschiedlichen Geltungsansprüche verzweigen und sollten die reglementierte Ebene diskursiver Auseinandersetzungen erreichen können. Darauf arbeiten die Artikulationsformen im Grunde selbst intrinsisch hin. Wird das naturbezogene Artikulationsspektrum geöffnet, so führt dies in der Wechselrede zwangsläufig zu Rückfragen und Repliken. Rück- und Verständnisfragen sind Aufforderungen zur sprachlichen Präzisierung: »Was willst du mir/uns damit sagen?« Erhält man auf diese Frage die Antwort »nichts von Bedeutung«, so ist die betreffende Artikulation intersubjektiv nichtig. In Beantwortung von Rückfragen können sich Geltungsansprüche klären und Hinweise darauf finden lassen, ob in der betreffenden Artikulation Angewiesenheit auf Natur, Klugheit im Umgang mit natürlichen Ressourcen, eudämonistische Werterfahrungen mit Natur, pantheistische Vergöttlichung oder moralische Signifikanz von Natur geltend gemacht werden soll. Daher ist im Medium der Wechselrede eine eigentümliche Kraft wirksam, die konkret lokalisierten und unreglementierten Artikulationen eine Bestimmtheit verschafft, die über den Kontext der Äußerung hinaus bis in das Gebiet von Diskursen reicht.

Die diskursive Disziplinierung der radikalen kommunikativen Freiheit ist ein Verlust der Unmittelbarkeit *und* ein Zugewinn an geteilter Vernunft. Dies führt dazu, dass wir Geltungsansprüche kategorial ordnen und diese Ordnung konzeptionell bestimmen. Dadurch bilden sich die bekannten ethischen Binnendifferenzierungen (Klugheit, Werte, Recht, Moral, Politik, Religion). Diese Konzeptionen und Kategorisierungen entstammen unserer »westlichen« ethischen Traditionen, die wir auch in der Umweltethik nicht beliebig ignorieren oder hinter uns lassen können. Wie problematisch diese Unterscheidungspraxis auch sein mag, sie kann uns dazu dienen, aus unserer ethischen Tradition heraus die axiologische (Kap. 4), deontologische (Kap. 5), spirituell-religiöse (Kap. 6) und politische (Kap. 7, 8) Sphäre der Umweltethik zu bestimmen.

Vielleicht fällt uns am Ende dieser Sprach-Reise die Natur in einer Art von zweiten Unmittelbarkeit wieder zu. Das Motiv aus Kleists *Marionettentheater*, durch die Welt hindurch zu müssen, um den Hintereingang zum Paradies zu finden, könnte auch ein Versprechen für die Umweltethik sein, am Ende der Sprachreise erneut in kindlicher Naivität vor Natur selbst zu stehen, staunend.

4. Die Axiologie der Umweltethik

Die umweltethische Wertlehre (Axiologie) wird folgendermaßen dargestellt. *Zuerst* werden allgemeine axiologische Probleme erörtert, wobei ein Seitenblick auf die Ökonomik geworfen wird (4.1). *Zweitens* wird die Konzeption eines »schwachen« umweltethischen Perfektionismus begründet (4.2). *Drittens* geht es darum, sich wesentliche *Werttypen* und entsprechende *Argumente* vor Augen zu führen (4.3). Dies ist der Mittelpunkt des Kapitels. In einem *vierten* Schritt können Wertschätzungen mit *Haltungen* bzw. *Tugenden* in Verbindung gebracht werden (4.4). Da Wertschätzungen von Natur sich auf schützenswerte Realien beziehen, muss *fünftens* in enger Anlehnung an die naturschutzfachlichen Einstufungsverfahren eine Auffassung hinsichtlich der *Schutzgüter* des Naturschutzes entwickelt werden (4.5).

4.1 Die Axiologie kennt drei *Paradigmata*: Wertidealismus, -realismus und -individualismus. Der *Wertidealismus* konzipiert Werte als ideale Geltungen (»Ideen«) in einem überzeitlichen, empirisch nicht zugänglichen Raum, einem *kosmos noetos* (Platon). Wertideen werden intuitiv geschaut oder durch das Gemüt erfasst.[32] Im *Wertrealismus* gelten Werte als Eigenschaften von Objekten oder Systemen. Die Natur »ist« im Wertrealismus voller Werte, die von wertenden Personen nachträglich entdeckt und anerkannt werden. Der Wertrealismus wird in der heutigen Umweltethik maßgeblich von Holmes Rolston vertreten (1988).[33] Der *Wertindividualismus* verankert Werte in Bewertungen, die von Individuen vorgenommen werden. Er schließt weder aus, dass manche Tiere werten können, noch dass sich unter Menschen kulturelle Wertgemeinschaften bilden können, deren Mitglieder bestimmte Werte teilen. Grundwerte sind demnach Bewertungen, die von der überwiegenden Mehrheit der Bevölkerung geteilt werden (Freiheit, Gesundheit, Frieden, Sicherheit usw.). Grundwerte können mit Normen und kollektiven Gütern in Verbindung gebracht werden. Die ersten zwei Paradigmata erlauben es, von einem dem Sein der Werte *adäquaten* Wertschätzen zu sprechen. Das Erfassen der Werte ist ein eher kognitives Geschäft. Der Wertindividualismus entzieht dagegen der Rede von einem adäquaten Werterleben den Boden. Versuche, Wertschätzungen in eine Rangordnung zu bringen, die uns belehrt, wie wir werten *sollten*, erscheinen im Wertindividualismus unstatthaft.

4.1.1 John Mackie (1981) hat zwei Argumente gegen den Wertidealismus vorgebracht: a) ontologische Absonderlichkeit und b) unnötige epistemische Kompliziertheit. Welche Seinsart kommt Wertideen zu, und warum sollte es sinnvoll sein, ein Vermögen der Schau (*intuitio*) einführen zu müssen, um erklären zu können, wie Wertideen erfasst werden? Diese Argumente haben dazu beigetragen, dass der Wertidealismus kaum noch vertreten wird.

Der Wertrealismus ist folgendem Einwand ausgesetzt. Naturgegenstände begegnen uns als identifizier- und abgrenzbare Entitäten mit bestimmbaren Eigenschaften,[34] die sich in *primäre* und *sekundäre* unterteilen lassen. Primäre Eigenschaften sind elementar gegeben und messbar (Atomgewicht), sekundäre Eigenschaften (Farben) sind von Wahrnehmungen abhängig.[35] (Ohne Augen »gibt« es Farben nicht.) Wenn Werte keine primären Eigenschaften sind, muss der Wertrealismus sie als *speziel-*

le sekundäre Eigenschaften auffassen. Aber auch diese Eigenschaften können unterschiedlich bewertet werden. Individuen haben unterschiedliche Lieblingsfarben. Werte sind daher, so der Kern des Arguments, durch empirisch fassbare Eigenschaften prinzipiell unterdeterminiert. Das Prädikat »gut« ist durch empirische Prädikate nicht zweifelsfrei definierbar (Moore 1903; hierzu Engels 1993). Wenn Beschreibung und Wertschätzung *kategorial* verschieden sind, scheitert der Wertrealismus. Der Wertrealismus muss daher zeigen, dass es empirische Phänomene gibt, die man nicht korrekt beschreiben kann, ohne *eo ipso* zu erkennen, dass etwas Wertvolles oder gar etwas Verpflichtendes vorliegt. Einige Philosophen haben dies geltend gemacht. Bei Hans Jonas (1973, 1979) sind diese Phänomene der Stoffwechsel von Organismen, in denen Leben sich selbst bejaht, und das neu geborene Menschenkind. Bei Holmes Rolston sind es das Genom, systemische Werte und die Natur als *projective nature* (Rolston 1988). Beide Positionen gründen nicht zufällig in »starken« Ontologien.

Wertidealismus und Wertrealismus beruhen insofern auf recht aufwändigen Voraussetzungen, ohne die die »festen Werte« nicht zu haben sind, die viele sich von der Umweltethik erhoffen. Tiefer gehende axiologische Reflexion zerstört diese Hoffnung, eröffnet aber im Paradigma des Wertindividualismus vielfältige Möglichkeiten einer authentischen und vielleicht sogar einer sich bildenden Naturbewertung. Das Anliegen, das Philosophen zu einem Wertrealismus geführt hat, nämlich die Unzufriedenheit mit der latenten Beliebigkeit des Wertindividualismus, müsste innerhalb dieses Paradigmas selbst »aufgehoben« werden können (vgl. unten).

4.1.2 Für den Wertindividualismus sind Wertschätzungen etwas Alltägliches und Vertrautes; Wertpluralismus und Wertewandel sind *per se* kein ethisches Problem. Unser Dasein vollzieht sich als Wertschätzen in Permanenz in dem Sinne, dass wir zwischen Optionen wählen (Tee oder Kaffee, Sauna oder Kino, Urlaub an der See oder im Gebirge usw.). Die allgemeine Struktur des Wertschätzens ist die des Vorziehens und Nachsetzens: Ein Individuum I zieht a gegenüber b vor, setzt also b gegenüber a nach. Die Axiologie des 19. Jahrhunderts hat dieses Schema »a besser als b (a > b)« eingeführt.[36] In der analytischen Philosophie ist ein ähnliches Schema gebräuchlich: Ein Individuum I glaubt, dass etwas gut für es ist: *I hält x für gut (bzgl. eines Standards S).*[37]

Jedes Individuum prägt im Verlauf des Lebens eine Ordnung seiner Vorlieben und Abneigungen aus.[38] Kulturelle Vielfalt beruht darauf, dass Individuen unterschiedlich werten und sich im Innern liberaler Kulturen distinkte kulturelle Milieus ausprägen. In jeder Kultur bilden sich aber auch allgemeine Wertstandards und eine Auffassung hinsichtlich bewahrenswerter Kulturgüter aus. Für die Kenntnis der tatsächlichen Wertschätzungen ist die Kultursoziologie zuständig, die sich auch der Naturbewertung in unterschiedlichen Epochen und Milieus zuwenden kann. Umfragen können uns informieren, wie Naturzustände und Naturschutzmaßnahmen faktisch bewertet wurden und werden. Das Milieu der Naturschützer ist in soziologischer Betrachtung dabei nur eines unter vielen, dem andere gegenüberstehen. So sind in den Sozialwissenschaften bspw. die diversen Akzeptanzdefizite des Naturschutzes erforscht worden (Stoll 1999).

Wertschätzungen artikulieren sich in *Werturteilen*: »Ich mag x (nicht).« Gewiss lässt sich still genießen und schweigend verabscheuen; sprachlich verfasste Werturteile bieten sich gleichwohl als axiologische Analyseeinheiten an. Die Analysen einzelner Werturteile sind gewiss abstrakt, in Wirklichkeit ist das Wertschätzen von Individuen und Gemeinschaften nur im Zusammenhang aller Wertschätzungen, d. h. konkret zu verstehen.

Wertschätzungen sind unterschiedlich *intensiv*. Intensitätsgrade reichen von überschäumendem Glück über Gleichgültigkeit bis zu tiefster Abscheu. Daher ist es möglich, Momente höchster Lust einer Reihe von seichten Spaßigkeiten vorzuziehen. Das Problem der Intensitätsgrade von Gefühlen wie Freude und Leid ist aus der utilitaristischen Ethik bekannt. Im Utilitarismus kann eine Handlung richtig sein, wenn sie wenigen Personen intensive Freude (Lust, Vergnügen) bereitet und die anderen Personen von dieser Handlung kaum negativ betroffen sind. Wenn z. B. eine Minderheit von Naturschützern beim Anblick der Zerfallsphase von Buchenwäldern intensiven Naturgenuss empfindet, während die Mehrheit diesem Anblick indifferent gegenübersteht, ist es *ceteris paribus* richtig, einige alte Wälder so zu schützen, dass die Zerfallsphase erlebbar bleibt. Allerdings sind im Utilitarismus auch intensive negative Präferenzen zu berücksichtigen (Angst vor Spinnen, Schlangen und Wölfen, Abneigung gegen Moore). Ängste und Abneigungen zählen zur Nutzensumme hinzu unabhängig davon, was Biologen über die Gefährlichkeit von Wölfen oder Moorforscher über die ökologische Produktivität der Moore sagen mögen. Gleichwohl könnte eine genaue Beschreibung der Intensitäten von positiven Naturbewertungen (etwa ästhetischer Art) den Naturschutz stärken. (Wie viele Vorabendserien wiegen den Anblick des Annapurna auf?)

4.1.3 Der Wertindividualismus schreibt nicht vor, wie Individuen Umweltqualitäten und Naturzustände bewerten sollen. Daher kann in diesem Paradigma nicht *garantiert* werden, dass die Natur aufgrund der *faktischen* Wertschätzungen der meisten Menschen so geschützt wird, wie es die Gruppe der Naturschützer aufgrund *ihrer* Werte fordert. Viele Naturschützer misstrauen dem Wertindividualismus, weil er die Praxis des Naturschutzes von kontingenten Bewertungen ökologisch unaufgeklärter Individuen abhängig zu machen scheint, die ihre Wertvorstellungen in artifiziellen urbanen Milieus ausbilden und Natur kaum noch kennengelernt haben. Wer die ökologischen Unterschiede zwischen Forsten und Wäldern, zwischen Intensivgrünland und Kalkmagerrasen nicht mehr sieht, der wird aus Sicht der Naturschützer borniert mit irgendwelchem »Grün-Zeug« zufrieden sein. Diese Möglichkeit lässt sich nicht von der Hand weisen. Gleichwohl eröffnet der Wertindividualismus eine unabsehbare Fülle von Möglichkeiten, umwelt- und naturbezogene Werturteile zu artikulieren. Von ihnen muss allerdings wirklich Gebrauch gemacht werden. Darin liegt, recht betrachtet, ein Vorzug des Wertindividualismus: Die Verantwortung für menschliche Naturbewertungen lässt sich nicht an einen Wertehimmel oder an die Natur selbst delegieren. Diese Einsicht sollte die naturverbundenen Individuen anspornen, ihre Wertungen zu versprachlichen und öffentlich zu artikulieren. Eine für Wertschätzungen sensible Öffentlichkeit ist das Medium, in dem sich die axiologischen Auseinandersetzungen konkreter Gesellschaften um die kulturelle Hegemonie bestimmter Wertvorstellungen vollziehen. Umwelt- und Naturschützer sollten daher die Chancen nutzen, die der Wertindividualismus im Rahmen einer kritischen Öffentlichkeit und einer demokratischen Kultur bietet. Sie sollten aber nicht darauf vertrauen, dass ein Übergang zu sogenannten postmaterialistischen Wertvorstellungen vorprogrammiert ist. Der Glaube, Wertewandel vollziehe sich von selbst, ist im Wertindividualismus bereits aus konzeptionellen Gründen unhaltbar. Wertvorstellungen kämpfen um Anerkennung und konkurrieren um kulturelle Hegemonie.

4.1.4 In der *Ökonomik* werden Wertungen unter der Kategorie der *Präferenz* zu einer Axiomatik entfaltet, die sich in eine individuelle Nutzenfunktion transformieren lässt. Es wird davon ausgegangen, dass die Realisierung einer Präferenz einem Individuum einen Nutzen bringt. Hieraus entwickelte sich das *rational-choice*-Paradigma, in dem gefragt wird, wie zu entscheiden für Individuen richtig ist, die ihren Nutzen maximieren möchten (und (nur) in diesem Sinne »rational« sind). In der Ökonomik werden Präferenzen als isolierte statische Gegebenheiten modelliert. Es wird vorausgesetzt, dass alle Individuen all ihre Präferenzen perfekt kennen. Von lebensweltlich geläufigen Phänomenen wie Selbsttäuschung, Manipulation durch Werbung, Sucht usw. wird in der reinen Modellökonomik abstrahiert. Für die Ökonomik und auch im Utilitarismus gilt, dass die Präferenzen zählen, die Personen faktisch haben, nicht die, die sie nach irgendwelchen ethischen Lehren haben sollten. Für viele Ökonomen gilt daher axiomatisch, dass Präferenzen *als solche* respektiert werden *sollen* (sogenannte »Konsumentensouveränität«). Wieso aber sollten einzelne Elemente einer unanalysierten Klasse mentaler Zustände, nämlich Präferenzen, als solche zu respektieren sein? Moralischer Respekt gebührt der Integrität einer Person auch dann, wenn wir deren Wertschätzungen ablehnen, aber nicht diesen selbst. Die Anwendung des Begriffs moralischen Respekts auf Präferenzen ist daher ein Kategorienfehler (Ott, Döring 2007).

Naturethische Axiologie und das *rational-choice*-Konzept haben zwar den gleichen wertindividualistischen *Ausgangspunkt*, sind aber konzeptionell keineswegs identisch. Vielmehr trennen sich die Wege der ethischen und der ökonomischen Axiologie bald. Dies liegt an den engen Grenzen des Präferenzkonzepts. In ihren fortschrittlichsten Formen gelangt die Umweltökonomik bis zur Anerkennung von Existenz-, Options- und Vermächtniswerten und *methodisch* bis zu Zahlungsbereitschaftsanalysen, in denen befragte Individuen mitteilen, wie viel Geldeinheiten sie aufgrund ihrer Präferenzen für den Erhalt von Streuobstwiesen, für eine artgerechte Rinderhaltung, für Bannwälder, Auenrenaturierung usw. zu zahlen bereit wären. *Inhaltlich* ergeben diese Studien, dass die Zahlungsbereitschaft für den Naturschutz in der deutschen Bevölkerung durchaus vorhanden ist und die Nachfrage nach Naturschutz höher ist als das derzeitige Angebot (Degenhardt et al. 1998). *Konzeptionell* lässt die Ökonomik in diesen Studien nur faktische Präferenzen gelten. Sofern die Feststellung der faktischen Präferenzen ergibt, dass mehr Präferenzen realisiert würden, wenn bspw. ein naturnahes Berggebiet in einen Skizirkus umgewandelt statt unter Schutz gestellt würde, so gibt es im Rahmen eines auf Präferenzen beruhenden Ansatzes keine axiologischen Gründe für die Unterschutzstellung. Man könnte dann höchstens noch argumentieren, dass die Intensität des Naturerlebnisses bei einer einsamen Bergwanderung die vielen Spaßerlebnisse im Skizirkus überwiegt, aber damit übernimmt man wohl eine Begründungslast. Unqualifizierte Präferenzen, deren Authentizität unterstellt wird, sind in einer mediatisierten »Spaßgesellschaft« bestenfalls eine schwankende Grundlage für den Naturschutz. Auch die Existenz- und Vermächtniswerte lösen dieses Problem nicht wirklich, da es zufällig bleibt, ob viele Personen sich darüber freuen, dass es Schneeleoparden und Alligatoren gibt (Existenzwert), oder ob sie die uneigennützige (altruistische) Präferenz verspüren, etwas für zukünftige Generationen zu hinterlassen. Das moralische Problem der Zukunftsverantwortung wird systematisch verzerrt, wenn man es über das Konzept altruistischer Präferenzen bzw. Vermächtniswerte zu fassen sucht. Zum Vergleich ökonomischer und ethischer Konzepte in der Umweltbewertung vgl. Ott, Reinmuth (2021).

4.2 Die hier vertretene umweltethische Axiologie möchte zum einen die basale Errungenschaft des *Liberalismus* beibehalten, die darin liegt, dass die Pluralität von kulturellen Werten und Lebensstilen nicht unnötig restringiert werden soll. Sie will Wertschätzungen nicht bevormunden oder unter ein doktrinäres Kuratel stellen, das sagt, wie zu werten »richtig« ist. Sie möchte andererseits das *Anliegen* von Wertidealismus und -realismus nicht negieren, dass es im Bereich des Wertschätzens so etwas wie, mit aller Vorsicht gesagt, Qualitäts- und Geschmacksunterschiede gibt. Viele Wertungen scheinen töricht, borniert, geschmacklos, vulgär, ja idiotisch zu sein. Die intuitive Erfahrung, dass viele Menschen »unaufgeklärt« werten und aufgrund dessen sogar ihr Leben verfehlen können, verträgt sich nicht mit der (pseudo-)liberalen Haltung der völligen ethischen Indifferenz gegenüber faktischen Wertungen.

In der Ethik werden Wertschätzungen üblicherweise unter das Ideal der *Authentizität* gestellt. Das Ideal der Authentizität gilt auch für die Umweltethik. Während die Ökonomik (kontrafaktisch) Authentizität als gegeben voraussetzt, sieht die Ethik ein authentisches Wertschätzen als dauernde Aufgabe an. Der Begriff der Authentizität hat nun zwei Momente: retrospektive Transparenz und prospektive Bildung. Jedes Individuum sollte retrospektiv seine Präferenzen *sub specie* dieses Ideals gleichsam existenziell durchforsten und sich fragen, warum es die Präferenzen verspürt, die es verspürt (und nicht vielmehr andere). Dies ist psychisch nicht immer angenehm, kommt aber der Authentizität (und indirekt wohl auch der moralischen Autonomie) zugute.[39] Prospektiv betrachtet, bedeutet Authentizität eine Kultivierung von Wertvorstellungen.

Daher läuft eine Reflexion auf die Defizite einer nur von unqualifizierten faktischen Präferenzen ausgehenden Axiologie und die Differenzierung im Ideal von Authentizität auf den zwar anfechtbaren, aber nicht abwegigen Versuch hinaus, im Rahmen des Wertindividualismus für einen *schwachen axiologischen Perfektionismus* zu argumentieren, für den die Axiologie der Umweltethik ein Musterbeispiel ist. In einem perfektionistischen Ansatz müssen Begriffe wie Geschmack, Kultivierung, Urteilskraft und Bildung eine Rolle spielen dürfen. Vorausgesetzt werden muss, dass man ein gebildetes, kultiviertes Wertschätzen von Umweltqualitäten und Naturzuständen lernen, einüben und schulen kann. Die Kultivierung der Naturbewertung dürfte sich ähnlich vollziehen wie die Kultivierung von Geschmack in anderen Bereichen (Kunst, Architektur, Wein). Ein umweltethischer Perfektionismus ist die Grundlage der Naturbildung.

Kant nennt in der *Metaphysik der Sitten* zwei Ziele, die zugleich Pflicht sind: *eigene Vollkommenheit* und *fremde Glückseligkeit*. Dieses Ziel fällt in den Bereich der Deontologie (Kap. 5). Was jenes Ziel anbetrifft, so beziehen sich die *eigenen* Anstrengungen zur *eigenen* Vervollkommnung auf Subjekt, Person und Individuum zugleich, weil sich der Prozess der Selbstvervollkommnung in der gelebten differenziellen Einheit von Subjektivität, Personalität und Individualität konkret vollziehen *muss*. Ohne Rekurs auf Wertschätzungen, ohne Reflexion auf Wertstandards und ohne Einübung von Einstellungen bliebe der Prozess der Selbstvervollkommnung unterbestimmt. Das gebotene Ziel lässt sich daher nicht ohne eine *Kultivierung des Wertschätzens* anstreben, die als Suchprozess *innerhalb* der Lebensführung zu verstehen ist.

Auf die Umweltethik übertragen vollzieht sich diese Kultivierungs- und Bildungspraxis als *performatives wertschätzendes Experimentieren mit Daseinsvollzügen im Naturumgang*. Es wird phänomenologisch verspürt und erfahren, wie Natur in ihren Realien (Bäume, Bäche, Wiesen usw.) sinnlich wirkt. Der Vorwurf der Bevormundung ist gegenstandslos, da es um ein einladendes Eröffnen von Bildungsprozessen geht. »Schwach« ist dieser Perfektionismus, weil er niemandem etwas aufnötigt, sondern zu sinnlichen Erfahrungen einlädt, die mit neuen Wertschätzungen und -standards sowie innovativen Urteilsarten (Kap. 3) verbunden sein *könnten*.

Während naturverbundene Individuen hier ihre Wertungen in begrifflicher Form vorfinden, werden naturfern lebende Personen mit diesen Wertungen zunächst nur *konfrontiert*. Sie sollten aber um ihrer selbst willen zu verstehen suchen, warum für viele Individuen die Natur so wertvoll ist. Auch Individuen, die den Wertschätzungen der Umwelt- und Naturschützer skeptisch, ablehnend oder desinteressiert gegenüberstehen, sind daher gehalten, sich mit den axiologischen Argumenten der Umweltethik näher zu befassen.

4.3 Die in der Einleitung eingeführte Grobgliederung unterteilt die Werte der Natur in *funktionale* und *eudämonistische* Werte. Jene beziehen sich auf Natur als auf etwas, worauf der Vollzug menschlichen Daseins funktional mehr oder weniger angewiesen ist, diese auf Natur als etwas, das den menschlichen Daseinsvollzug bereichert und beglückt, mithin Naturgenuss gewährt. Gesundheitsbezogene Argumente weisen beide Aspekte auf.

4.3.1 Unstreitig sind Wertschätzungen von Natur, die sich auf die Befriedigung grundlegender menschlicher Bedürfnisse beziehen (*basic-needs-Argumente*). Angewiesenheitsargumente richten den Blick auf die Schutzgüter der Atemluft, der fruchtbaren Böden und der Süßwasserressourcen. Philosophisch sind diese Argumente unspektakulär, da die elementare Angewiesenheit der menschlichen Leiber auf Wasser, Sauerstoff, Nahrung, Schutz vor Hitze und Kälte usw. lebensweltlich außer Frage steht. Der wohlhabende Philosoph kann diese Argumente »schenken«, für die Armen jedoch ist das, was in ihnen geltend gemacht wird, existenziell dringlich. Daher werden die Angewiesenheiten auf einen dauerhaft zuträglichen Stoffwechsel mit der Natur im sogenannten *environmentalism of the poor* besonders hervorgehoben. Die meisten Ethiker würden den dort vertretenen Grundsatz »abnicken«, dass die Naturausstattung auf allen größeren räumlichen Skalen in Zuständen erhalten werden sollte, die eine dauerhafte Befriedigung elementarer Bedürfnisse für alle dort lebende Menschen gewährleisten. Praktiken, die die Erfüllung dieses moralischen Anrechts erschweren oder verunmöglichen, wären dann allerdings als Formen von *victimization* zu begreifen. Es ist moralisch falsch, wenn durch die Gewinnung von Gold Flüsse mit Quecksilber belastet werden, dadurch die Gesundheit der Anwohner und ihre Nahrungsversorgung beeinträchtigt werden und das limnische Ökosystem des Flusses degradiert wird. Es ist generell falsch, für die Befriedigung von Luxusbedürfnissen das zu gefährden, worauf andere Personen existenziell angewiesen sind (Kap. 5.1). Die umweltethisch scheinbar trivialen Angewiesenheitsargumente könnten daher brisante Forderungen hinsichtlich der globalen politischen Ökonomie nach sich ziehen. Hier haben wir es mit einem Argumentationsmuster zu tun, das aus schwachen ethischen Annahmen in Verbindung mit empirischen Prämissen starke politische Konsequenzen ziehen kann. Kontrovers sind hier nicht die Grundsätze, sondern die Einschätzungen der ökonomischen, institutionellen und politischen Verhältnisse.

Im politischen Diskurs des Westens werden Angewiesenheiten primär unter dem Aspekt thematisiert, wie die kontinuierliche Versorgung mit Rohstoffen für die industrielle Produktion gesichert werden kann, während im Diskurs des Südens viel stärker thematisiert wird, wie arme Menschen durch Zugang zu natürlichen Ressourcen ihren Lebensunterhalt bestreiten können. Daher tendiert der westliche Diskurs in Verbindung mit Konzepten von »Sicherheit« in die (fatale) Richtung einer strategischen Geopolitik natürlicher Ressourcen, während es im Süden vor allem um Nahrungssicherheit, um ein Menschenrecht auf Wasser, um Landrechte für indigene Völker, um Protest gegen Staudämme, gegen die Patentierung genetischer Ressourcen, gegen »*landgrabbing*« geht (Voget-Kleschin/Ott 2013, s. auch Kap. 5.1).

4.3.2 Leibliche Gesundheit ist ein anerkannter Grundwert, da sie Voraussetzung für viele Aktivitäten ist, die Individuen aufgrund ihrer Wertschätzungen ausüben möchten. Das Prinzip, die Gesundheit der Bevölkerung vor Umweltgiften zu schützen, stand hinter der Umweltpolitik der 1970er Jahre. Trinkwasser, Nahrungsmittel, Atemluft und Arbeitsplätze sollen möglichst unbelastet von gesundheitsschädlichen und -gefährdenden Substanzen sein. Dadurch wurde im Norden eine recht hohe Sicherheitskultur erreicht.[40] Inwieweit diese Sicherheit durch Auslagerungen emissionsintensiver Industrien erreicht wurde, ist strittig. Der Industrialismus ist heute im globalen Süden eine Produktionsweise, in der eine Fülle von toxischen Stoffen verwendet wird. Während es sich beim Schutz der menschlichen Gesundheit vor Umweltgiften um eine gebotene Rücksichtnahme auf andere Personen in ihrer Leiblichkeit und somit einmal mehr um das Problem von *victimization* handelt (Kap. 5), ist in der Axiologie auch von Interesse, ob und inwieweit Naturqualitäten *positiv* mit menschlicher Gesundheit und ihrer Erhaltung zusammenhängen könnten.

Nun glauben viele Menschen zu verspüren, dass Aufenthalte in der Natur ihnen gesundheitlich »guttun«. Geschichtlich betrachtet, wurden die »Heilkräfte« der Natur in den USA im 19. Jahrhundert und in Deutschland in den 1920er Jahren als Naturschutzbegründung geltend gemacht. Die Heilkräfte der Natur wurden als Heilmittel gegen psychosomatische Krankheiten verstanden (Olmsted 1870). Naturschützer der 1920er Jahren meinten, der Aufenthalt in der Natur helfe gegen »Nervosität« und bei der Verarbeitung von Kriegserlebnissen.[41] Heute ist von Stressbewältigung, Stärkung des Immunsystems, »tiefer« Erholung oder (neudeutsch) von *wellness* die Rede.

Die heilsamen Wirkungen von Aufenthalten in der Natur auf den *gesamten* Organismus qua Leib können hinsichtlich ihrer physiologischen Basis von Labormedizin und Klinikforschung kaum exakt dingfest gemacht werden.[42] Es bietet sich deshalb umweltethisch an, die Heilkräfte der Natur als eine sinnvolle hypothetische Unterstellung zu betrachten, sie aber nicht objektivieren und messen zu wollen, sondern ihren Wirkungen *phänomenologisch* nachzuspüren. Methodisch bietet sich hierzu der Ansatz einer *Phänomenologie der Natur* an (Böhme 1997, 2016).[43] Die Binnenperspektive der leiblichen Erfahrung und die objektivierende Perspektive der Medizin sind demzufolge komplementär zu denken. Heilung, Genesung und Erholung sind Phänomene, die sich nicht nur in Kliniken beobachten lassen, sondern auch leiblich verspürt werden.

Geläufig sind Erfahrungen, wie etwa der Frühling neue Lebenskraft mit sich bringt. Andere Schilderungen betreffen die beruhigenden Wirkungen des Blicks auf das Meer, den schon die Stoa mit der Seelenruhe in Verbindung brachte. Das Liegen im warmen Sand tut der Leibgegend um Becken und Wirbelsäule gut; das Atmen klarer Gebirgs- oder Seeluft weitet die Herz- und Lungengegend; das Abgrasen von Löwenzahn, Scharfgarbe, Schnitt- und Bärlauch erleichtert die Magen- und Darmgegend, das Baden im Meer kräftigt die Haut usw. Die gesundheitsförderlichen Aktivitäten sind nicht auf Regionen majestätisch-wilder Natur beschränkt. Die Stärkung und Förderung leiblicher Gesundheit vollzieht sich auch in Kulturlandschaften.

Beim *Gärtnern* als einer gestaltenden Tätigkeit im Umfeld des Hauses, in deren Vollzug Arbeitsvorgänge, meditative Betrachtungen und Erholungsphasen abwechseln und ineinander übergehen, erfährt man die Heilkräfte der Natur in hohem Maße. Gartenarbeit nach eigenen Wertvorstellungen kann geradezu als utopischer Vorschein unentfremdeter Arbeit gesehen werden. Gärtnern steht in einer intrinsischen Beziehung zu den drei Aspekten naturästhetischer Erfahrung (s. u.), da es von kontemplativ-meditativen, korresponsiven und imaginativen Erlebnissen durchdrungen ist: der kontemplative Blick auf eine Rosenblüte, Gartengestaltung als Ausdruck eines Lebensstils, die Verbindung von Gärten mit Musik, Malerei und Tanz. Der Garten kann ein Stück Heimat sein. Das Gärtnern reicht bis in das Neolithikum zurück und verbindet mit der Phase der Sesshaftwerdung. Wenn man davon ausgeht, dass zwanglose Regressionen zu archaischen Erfahrungen menschlichen Daseins heilsam sein können, wird man das Gärtnern wertschätzen. Diese Wertschätzung wurde in der Gartenbewegung von Autoren wie Leberecht Migge (1932) betont und mit dem Konzept von Fruchtlandschaften verknüpft.[44]

Das Gärtnern ist *ipso facto* eine Tätigkeit, in der sich Fördern, Dulden und Hemmen von Kulturgewächsen und sich einfindenden »wilden« Pflanzen, Pilzen und Tieren vermitteln. Insofern hat das Gärtnern über seine gesundheitlichen Wirkungen hinaus eine genuin umweltethische Dimension. Diese ist überwiegend eudämonistisch, aber gewiss stellen sich auch moralische Fragen (wie bei der Bekämpfung von Schnecken, Ameisen und robusten, aber unerwünschten Pflanzen). Neben dem Verzicht auf den Einsatz von Giften, der das Gärtnern zu einem Vernichtungsfeldzug gegen angebliche »Schädlinge« macht, sollte es oberste Maxime der Gartengestaltung sein, den Garten gastfreundlich zu öffnen für »wilde« Spezies. Eine Verbindung aus standortgemäßen Kulturen und dieser Gastlichkeit erbringt selbst auf kleinen Flächen eine erstaunlich hohe Zahl von Arten.

Gärten sind in der Regel Privatbesitz, Parks sind öffentlich. Für den Städtebau bedeutet die Wertschätzung der Gärten, dass Grünflächen und Parkanlagen als öffentliche Stadtgärten zur Urbanität gehören. Frederick L. Olmsted (1870) hat diesen Zusammenhang schon 1870 betont. Er gilt im Zeitalter des Klimawandels *a fortiori*. Der Städtebau steht demnach vor der Aufgabe, *urban sprawl* wirksam zu unterbinden *und* Natur ins Innere der Städte eindringen zu lassen. Der zwanglose Aufenthalt in städtischen Anlagen zählt zur Idee der Urbanität hinzu. Der phänomenologisch bzw. physiologisch bestimmbare Wert der gesundheitsbezogenen Erholung in der Natur kann zwanglos als Grundwert anerkannt werden, der die Stadt-, Raum- und Landschaftsplanung in die Pflicht nimmt, geeignete Flächen auszuweisen (Freiflächen, Parke, Naturerlebnisräume, Naherholungsgebiete), die allen Bürgern zugänglich sind. Hierzu zählen insbesondere auch Wälder, deren Erholungsfunktion zu schützen ist (Ott 2021).

4.3.3 Erfahrungen des *Naturschönen* sind ein Musterbeispiel für naturbezogene Wertschätzungen. Sie wurden seit den romantischen Anfängen des deutschen Naturschutzes immer wieder geltend gemacht. Die Zerstörungen schöner Felsformationen durch Steinbrüche wurden schon vor 1850 beklagt. Rechtlich wurde das Landschaftsbild seit den preußischen Verunstaltungsgesetzen (1902, 1907) als schützenswertes Gut anerkannt. Die Naturästhetik der deutschen Tradition orientierte sich am Bild der kleinräumigen Kulturlandschaft, wie sie vor der Periode der Rationalisierung der Landnutzung existiert hatte. Dieses Bild der deutschen Heimatlandschaft wurde in der Landschaftsmalerei variiert. In Verbindung mit Konzepten von Heimatschutz und Naturdenkmalpflege, die einen retrospektiven Zeitbezug hatten (Ott et al. 1999), ergab sich eine nostalgische, kulturkonservative Ästhetik des Naturschutzes, die (leider) nie einen angemessenen Zugang zur ästhetischen Moderne des 20. Jahrhunderts fand.[45] Die romantischen Traditionen wurden verklärt und verkitscht.[46]

4.3.3.1 Das maßgebliche landschaftsästhetische Argument der Nachkriegszeit formulierte Joachim Ritter in seinem Aufsatz *Landschaft* (1963). Es knüpft an die nostalgische Gemütsverfassung vieler Naturschützer an und stellt diese in den Kontext einer politischen Theorie kompensatorischer Sittlichkeit. Die moderne Industriegesellschaft weist für Ritter eine Entzweiungsstruktur auf, aufgrund deren viele Sehnsüchte unbefriedigt bleiben müssen. Die Nüchternheit der Industriegesellschaft erheischt Inseln der Geborgenheit und Sinnstiftung. Historische Inszenierungen, Museen, Heimatfeste, restaurierte Altstädte und eben auch der Schutz wertgeschätzter Landschaftsbilder (Lüneburger Heide, Allgäu, Schwarzwald, Täler von Rhein und Mosel u.a.) zählen zu den Formen kompensatorischer Sittlichkeit. Naturschutz ist Schutz von Residuen. Dieses Argument wird aus der Perspektive eines Stadtmenschen formuliert, der aus den urbanen Zonen der Industriegesellschaft heraustritt, um jenseits der Arbeitswelt ästhetisch genießend in Natur und Landschaft zu sein. Diese urbane Perspektive verbindet Ritter mit der (falschen) These, dass sich der Sinn für Naturschönheit erst auf dem Boden der Moderne herausbilden könne. Ritters Argument ist nicht zynisch, sondern entspricht dem geistigen Klima des deutschen Naturschutzes in einer Zeit, in der dieser sich aus den Verstrickungen von »Blut und Boden« lösen und in der demokratischen Industriegesellschaft einen Platz finden wollte. Ritters Argument passte gut zur Ausweisung von Naherholungsgebieten und zur Einrichtung von Naturparken, wie sie in den 1960er Jahren in Westdeutschland vorgenommen wurde.

4.3.3.2 Ein weiterführendes Argument hat Martin Seel in seinem Buch *Eine Ästhetik der Natur* (1991) formuliert. Ausgehend von einer Analyse der Binnenstruktur ästhetischer Erfahrung (kontemplativ, korresponsiv, imaginativ) und deren Zusammenspiel in der Wahrnehmung von Natur und Landschaft schlägt Seel die Brücke von der eudämonistischen zur moralischen Dimension des Naturschönen. Seel erkennt naturästhetische Erfahrungen als eine Formbestimmung guten menschlichen Lebens an, die nicht an bestimmte kulturelle Milieus gebunden ist. Diese Auffassung ist mit einem schwachen Perfektionismus kohärent. In Verbindung mit dem moralischen Grundsatz der Rücksichtnahme auf wesentliche Momente guten Lebens gelangt Seel bis zu dem Geltungsanspruch, dass der Schutz »freier« Natur aus der Perspektive einer modernen Moralauffassung eine berechtigte Forderung sei (Seel 1991, S. 342). Seels Argument verknüpft Naturästhetik und Umweltethik kohärent und konsistent. Hinter dieses Argument sollte nicht zurückgegangen werden. Aufgrund der differenzierten Binnenstruktur erweist sich Seels Ansatz zudem als kompatibel mit den naturschutzfachlichen Einstufungskonzepten, in denen Naturnähe ein zentrales Kriterium für Schutzwürdigkeit ist (s. u.). Die Frage ist, ob und inwieweit man über Seels Argument hinausgehen kann.

4.3.3.3 Theodor W. Adorno hat in seiner *Ästhetischen Theorie* (1970) formuliert, das Naturschöne sei begrifflich unbestimmbar, aber diese Unbestimmtheit manifestiere sich darin, dass jegliche Natur »schön zu werden vermag, von innen her leuchtend« (1970, S. 110). Allen Carlson (1984) hat (unabhängig von Adorno) ebenfalls die These zu begründen versucht, dass, recht betrachtet, alles in der Natur schön sei (*positive aesthetics*). Diese These scheint im Wertindividualismus zunächst abwegig, könnte im Konzept des umweltethischen Perfektionismus aber sinnvoll sein. Dass viele Biologen ihre jeweiligen Forschungsgegenstände schön finden (Entomologen finden »ihre« Laufkäfer schön, Botaniker »ihre« Schleimpilze), reicht zur Begründung dieser These nicht aus. Die Logik des Bewertens scheint es zunächst zu implizieren, dass etwas als gut *oder* schlecht bewertet werden kann und dies auch für Naturbewertungen gilt. Viele Wertschätzungen von Natur sind *faktisch* negativ. Carson glaubt, dass es ökologische Konzepte seien, mit deren Hilfe sich diese These begründe ließe. Dieser ökologische Begründungsversuch erwies sich jedoch als unhaltbar. Das Scheitern von Carsons Versuch impliziert jedoch nicht, dass sich die These, letztlich sei alles und jedes in der Natur schön, nicht auf anderen Wegen begründen ließe.

Diese These lässt sich m. E. nicht *szientifisch*, sondern *imaginativ* begründen. Moderne Kunst ist keine bloße Nachahmung der Natur, sondern bringt individuelle Erfahrungen mit Natur zum Ausdruck. Weil alles in der Natur poetisch transformiert werden kann, fällt von Kunstwerken ein Licht auf die mögliche Wahrnehmung von Natur selbst. Im Lichte der Kunst erscheint tendenziell alles Natürliche schön: Bilder machen den Anblick einer Geröllhalde im Gebirge schön, die Musik Messiaens macht Krähenlaute schön. In einer am Pointillismus orientierten Sichtweise wird Schneegestöber intensiv schön. Mit poetischen Augen betrachtet, wird die gesamte Natur »zauberhaft« schön; genau darin lag ja die Auffassung der Romantik (Korff 1962).

Biologisch-ökologisches Wissen mag zur Bereicherung dieser Erfahrung hinzutreten. Wahrscheinlich ist es ein Zusammenspiel von Kunsterfahrung und ökologischem Wissen, also von Poesie und Ökologie, das sich zur Einstellung generalisieren lässt, dass in der ökologisch gebildeten Imagination alles in der Natur als schön zu erscheinen vermag. Möglich ist auch, dass intensive ästhetische Naturerfahrungen (etwa von Korallenriffen und Vollmondnächten an schwedischen Seen) auch Nebelschwaden und

Schlammpfützen verschöne(r)n. Dies führt dazu, dass man im Rahmen des Perfektionismus propositional widersprüchliche Sätze als axiologisch »richtig« annehmen kann: »Alles in der Natur ist schön, sei es gleich hässlich oder schön.«

4.3.3.4 Jürgen Habermas hat am Ende seiner *Erläuterungen zur Diskursethik* (1991) eine eigentümliche Erfahrung im Grenzgebiet von ästhetischer und moralischer Wahrnehmung folgendermaßen zur Sprache gebracht: »In der ästhetischen Erfahrung ziehen sich die Dinge gleichsam in eine unnahbare Autonomie und Unberührbarkeit zurück; sie kehren dann ihre versehrbare Integrität so deutlich hervor, dass sie uns um ihrer selbst willen – und nicht bloß als erwünschter Bestandteil einer präferierten Lebensform – unantastbar erscheinen.« (1991, S. 226) Habermas lässt die ethische Bedeutung solcher Erfahrungen geschickt in der Schwebe (»gleichsam«, »erscheinen«). Seel würde an dieser Stelle wohl geltend machen, man müsse der Versuchung widerstehen, aufgrund solcher Erfahrungen von der Naturästhetik in die Naturphilosophie zu wechseln.

Derartige Erfahrungen lassen sich als *transästhetisch* bezeichnen (Ott 2011). Mit diesem Begriff ist gemeint, dass intensive naturästhetische Erfahrungen den Eindruck erwecken, als blitze in ihnen etwas auf, das in ästhetischen Kategorien nicht mehr angemessen beschrieben werden kann. In der Erfahrung des Naturschönen scheint die Natur *mehr zu sein als nur schön*.[47] Dieses intuitiv sich aufdrängende »Mehr-als-nur-schön« ist unbestimmt, und es fällt (zu) leicht, an dieser Stelle vor Metaphysik zu warnen. Der Versuch einer Erläuterung dieser eigentümlichen Erfahrung führt zu folgenden Optionen (hierzu ausführlich Ott 2013):

- Man sollte an dieser Stelle lieber schweigen als schwafeln (Wittgenstein). Das Mehr ist *ineffabile*. Wir sollten es als unmittelbares Gefühl bewahren. Gegen diese Option wurde im vorigen Kapitel zugunsten der Artikulationsbemühungen argumentiert. Das Mehr kann nicht schweigend zur Sprache gebracht werden.

- In der ästhetischen Erfahrung wird von Seiten der Natur her deutlich, dass der Gegensatz von schön und hässlich aufzuheben sei in eine Ansicht der »großen« Schönheit der Natur jenseits von schön und hässlich (*positive aesthetics;* vgl. oben). Die Erfahrung bekräftigt die *positive aesthetics*, fügt ihr aber nichts Wesentliches hinzu. Das »Mehr« ist gewissermaßen nur der All-Quantor.
- Dieses Mehr betrifft die elementare Erfahrung des Daseins als sterbliches In-der-Welt-Sein. Die Natur ist gleichsam *so* schön, dass man heulen könnte, sie nicht in »ewiger Wiederkehr« (Nietzsche) unaufhörlich genießen zu können. Die Rede von der ewigen Wiederkehr hat dabei keinerlei ontologischen Sinn, sondern bezieht sich nur auf das schier unstillbare Verlangen nach »noch einmal, noch mehr«.
- Dieses Mehr verweist auf das Problem eines möglichen moralischen Selbstwerts von Naturwesen (vgl. Kap. 5.5). Die Schönheit einer wilden Blume, deren Details sich botanisch präzise bestimmen lassen, kann so intensiv erlebt werden, dass es unmöglich wird, sie abzubrechen. Die spontane Regung, eine mögliche Handlung zu unterlassen, erklärt sich aus der ästhetischen Einstellung allein nicht.
- Dieses Mehr ist nur naturreligiös bestimmbar. Das Mehr verweist auf das Phänomen des Heiligen bzw. der Schöpfung (vgl. Kap. 6).

An der Grenze der Naturästhetik kommt es zu Verzweigungen von Wegen, die in andere Bereiche der Umweltethik führen. Ungeachtet dessen, welche Wege man hier einschlagen möchte, ist festzuhalten, dass die umweltethische Bedeutung naturästhetischer Erfahrungen kaum überschätzt werden kann. Seit Kant und Hegel bestreitet niemand, dass ästhetische Urteile solche des Geschmacks sind. Daraus darf angesichts des phänomenalen Bestands naturästhetischer Erfahrung kein platter Kulturrelativismus gefolgert werden, sondern es muss gefragt werden, was es in umweltethischer Hinsicht bedeuten könnte, naturästhetischen Geschmack zu kultivieren. Hier bieten sich neue Koalitionen aus Ökologie und Ästhetik an, wie sie Gernot Böhme einfordert. (Sinnvoll wäre sicherlich auch eine kritische Wendung der Naturästhetik gegen die Vermarktung des Naturschönen durch die globale Touristikindustrie.)

4.3.4 *Heimatargumente* wurden im frühen deutschen Naturschutz häufig geltend gemacht. Unterstellt wurde, dass das Heimatgefühl zu einer naturschützerischen Einstellung führen müsse, denn was man liebe, das wolle man möglichst unversehrt bewahren. Von Ernst Rudorff (1840-1916) stammt der Satz, dass jeder Mensch lernen solle, sich irgendwo zu Hause zu fühlen (1880, S. 272). Rudorff bindet Heimatliebe also nicht an die Herkunftsheimat (und eine naturwüchsig bodenständige Heimatliebe), sondern an einen Lernprozess, der sich im Prinzip überall vollziehen kann. Die Bildung des Daseinsgefühls der Beheimatung in besonderen naturräumlichen Gegenden muss daher nicht notwendig zu Heimatschutzkonzepten führen, die nahe bei Lokal-, Regional-, und Nationalchauvinismen liegen. Die deutsche Naturschutzgeschichte hat sich allerdings als anfällig für derartige Konzepte erwiesen (Oberkrome 2004). Daher war Heimat nach 1945 lange Zeit ein Tabuthema. Heimatargumente sind mittlerweile naturschutzgeschichtlich aufgearbeitet und umweltethisch reflektiert worden (siehe die Beiträge in Piechocki, Wiersbinski 2007). Mein eigener Versuch einer »rettenden Kritik« von

Heimatargumenten beruht auf der Aufstufung unterschiedlicher Formen der Beheimatung, in denen der Anteil des Geistigen kontinuierlich anwächst und der des Natürlichen allmählich zurückgeht (Ott 2007). Wenn diese naturfremden geistigen Stufen durchlaufen und angeeignet worden sind, ist es moralisch zulässig und eudämonistisch ratsam, das Gefühl der Beheimatung, das etwas mit Beständigkeit, Vertrautheit, Verlässlichkeit, Geborgenheit usw. zu tun hat, an Orten einzuüben, die mit der eigenen Lebensführung positiv korrespondieren.[48] Man muss seiner geistigen Beheimatungen sicher geworden sein, um seine irdische Heimat frei wählen oder dankbar annehmen zu können. Daraus erwächst dann ein Bestreben, die naturräumliche Ausstattung eines als heimatlich erlebten Erdstriches in einem umfassend guten ökologischen Zustand zu erhalten oder diesen wieder herzustellen. Soziologisch ist bekannt, dass Personen, für die eine bestimmte Gegend zur Wahlheimat geworden ist, sich im Durchschnitt stärker für den lokalen Umwelt- und Naturschutz einsetzen als alteingesessene Personen. Die Motivationsquelle der Heimatliebe für den Umwelt- und Naturschutz kann also umweltethisch so fundiert werden, dass die Schatten des Heimatbegriffs, derer man sich bewusst bleiben soll, nicht virulent werden müssen. Heimatliche Landschaften können unter dieser Perspektive als gemeinschaftliche Werte anerkannt werden. Vielleicht lässt sich dadurch die Intuition einholen, dass die austauschbaren urbanen Siedlungsstrukturen trotz aller fabrizierten *events* eigentlich langweilig, öde und trist sind.

4.3.5 Bryan Norton (1987) hat die Kategorie der sogenannten *Transformationswerte* in die umweltethische Axiologie eingeführt. Manche Werterfahrungen verändern, so Norton, unser übriges Wertsystem auf begrüßenswerte Weise. Sie stiften nicht nur einen Nutzen bezüglich vorhandener Präferenzen, sondern transformieren uns in allen drei Grundmodi zugleich, d.h. im interessierten Naturerkennen, in moralischen Rücksichtnahmen und in Wertschätzungen. Naturerfahrungen sind, worin Norton recht zu geben ist, Transformationswerte *par excellence*. Norton verdeutlicht dies am Beispiel eines Jungen, der am Strand mutwillig Vogeleier zerstört. Zur Rede gestellt, antwortet er, er empfinde einfach Spaß bei dieser Tätigkeit. Wird diese Präferenz im Medium des Gesprächs in ihrer Fragwürdigkeit durchschaut, so kann hierdurch eine Veränderung eingeleitet werden, die über ein ornithologisches Interesse bis hin zu einer naturschützerischen Einstellung führt. Transformative Naturerfahrungen führen zu Tugenden des Naturumgangs. Norton muss allerdings im Sinne des Perfektionismus voraussetzen, dass bestimmte Lebensstile im Umgang mit Natur besser sind als andere. Daher führt sein Ansatz bis an den Rand einer Umwelttugendlehre.

4.4 Prominent wird eine Umwelttugendethik von Philipp Cafaro (2003) vertreten. Cafaro entwickelt eine Klassifikation von Tugenden und identifiziert in pädagogischer Absicht einige US-amerikanische Vorbilder des Naturschutzes (Henry David Thoreau, Aldo Leopold, Rachel Carson). Es wäre leicht, aber ethisch unergiebig, eine Galerie europäischer Vorbilder anzufügen. Die Klassifikation der Tugenden durch Cafaro ist interessanter. Sie umfasst die leibbezogene *Ertüchtigung* als Voraussetzung auch für strapaziöse Erkundungen abgelegener Gebiete, eine unstillbare *Neugier* auf Natur, die sich von der Naturkunde bis zur -wissenschaft erstreckt, die Tugend der *Einfachheit* der äußerlichen Lebensführung (*voluntary simplicity*), die zur persönlichen Unabhängigkeit beiträgt, und zuletzt persönliche *Ernsthaftigkeit* hinsichtlich der Frage nach möglichen Selbstwerten in der Natur. Aus der Perspektive von Axiologie und Tugendethik lässt sich das Selbstwertproblem nicht lösen, aber der Durchgang durch

Axiologie und Tugendlehre weckt ein tieferes Verständnis dafür, worum es bei dieser Problematik moralisch geht (vgl. Kap. 5.5).

Von Haltungen (*attitudes*) zu reden ist beliebter als von Tugenden (*virtues*), aber in der Sache macht diese terminologische Differenz kaum einen Unterschied. Deontologische Ethiken sind vornehmlich an Regelbegründungen interessiert; sie begreifen Tugenden als internalisiertes Regelbewusstsein. Die Begründung, warum die Ausbildung bestimmter Tugenden sozial wünschenswert ist, erfolgt daher über die Rechtfertigung der betreffenden Werte und Normen und ihrer generellen Befolgung. Haltungen sind, metaethisch betrachtet, abgeleitet. Diese systematische Abkünftigkeit schmälert die existenzielle Bedeutsamkeit von Haltungen nicht. Haltungen, Wahrnehmungsweisen und Praktiken sind im Lebensvollzug ineinander verschränkt und prägen Lebensformen intrinsisch. Sie sind mit sozialen Anerkennungsverhältnissen vermittelt. Über die generelle Achtung hinaus, die wir jeder Person schuldig sind, würdigen wir bestimmte Haltungen im Lichte unserer Wertvorstellungen. In diesem Sinne verdienen die Tugenden, die Cafaro nennt, unsere Anerkennung; ihre Gegensätze nicht.

Tugendethiken widersprechen dem Grundsatz von gleichen Rechten nicht, da dieser Grundsatz sich auf Personalität, eine Tugendethik sich dagegen perfektionistisch und gradierend (also nicht-egalitär) auf Individualität bezieht. Die Ausbildung von Tugenden des Naturumgangs, wie sie Cafaro fordert, führt zu Graden der Tugendhaftigkeit (Tüchtigkeit, *areté*, *virtus*). Manche Individuen sind anderen an bestimmten Tugenden über- oder unterlegen. Dieses Moment der Vortrefflichkeit wird häufig als moralischer Makel der Tugendethik betrachtet, da die Graduation der Gleichheit der Menschen zuwider sei. Diese Ansicht ist allerdings verfehlt. Der gleiche Respekt, den wir allen Personen schuldig sind, und die Anerkennung, die wir bestimmten

Individuen in Bezug auf ihre Tugenden zollen, können widerspruchsfrei miteinander bestehen. Wenn uns axiologisch das Bewerten von Natur freigestellt ist, so ist es uns auch erlaubt, unter Voraussetzung des personalen Respekts den Naturumgang anderer Individuen tugendethisch zu beurteilen. Umgekehrt gilt Gleiches. Wer von Tugenden redet, darf von Lastern nicht schweigen. Wir sollten daher sogar den Mut finden, von Lastern zu reden. Die tugendethische Semantik kann das umweltethische Sprachspiel bereichern, wenn taktvoll und mit einem Wissen darum, wie polemogen diese Semantik wirkt, auf sie zurückgegriffen wird.

Axiologische und tugendethische Geringschätzung bei gleichzeitigem Respekt vor Personen konstituiert den Bereich, in dem wir zur gegenseitigen Toleranz verpflichtet sind. Somit ist man auch zur Toleranz gegenüber Lebensstilen verpflichtet, deren kulturelle Hegemonie man aus der Perspektive der hier vertretenen umweltethischen Axiologie nicht wünschen *kann*. Toleranz bedeutet nicht Billigung, sondern gegenseitige Duldung bei bestehender Nicht-Übereinstimmung (Habermas 2003). Duldung ist häufig geboten angesichts des Umstands, dass Unduldsamkeit ihrerseits moralisch prekäre Folgen haben kann. Wo die Grenzen des zu Tolerierenden liegen, ist in der Ethik strittig. Das Toleranzgebot schließt eine politisch offensive Kritik von Lebensstilen nicht aus, die der hier entwickelten umweltethischen Axiologie widersprechen und deren Globalisierung aufgrund der erwartbaren Konsequenzen aus axiologischen und deontologischen Gründen nicht wünschenswert ist.

Zurückhaltung hinsichtlich der Moralisierung von Lebensstilen ist eine Errungenschaft des Liberalismus. Andererseits lässt sich nicht leugnen, dass in der Umweltethik die Grenze zwischen den Fragen des guten Lebens und den Fragen des moralisch Richtigen nicht so eindeutig gezogen werden kann wie im klassischen

Liberalismus. Für diesen waren es Privatangelegenheiten, was man aß und trank, wie man sich kleidete, seinen Garten anlegt, wohin man wie oft womit reist usw. Derartige eudämonistisch motivierte Aktivitäten haben aber in ihren industrialisierten Formen erhebliche Auswirkungen auf Natur, Landschaft und nicht zuletzt auch auf die Lebensaussichten anderer Personen. Konsumstile und Landnutzungspraktiken sind aneinander gekoppelt: Der Fleischkonsum erfordert Anbau von Viehfutter (Brasilien); die Kleidermode erfordert den Anbau von Baumwolle (Turkmenistan); unveränderte Mobilitätsformen bei schwindenden Ölvorräten führen zur Anlage von Palmöl-Plantagen und damit zur Zerstörung von Primärwald (Indonesien); die Garnelenzucht reduziert die Mangrovenwälder (Malaysia, Ecuador), der industrielle Tourismus erfordert fast überall die »Erschließung« immer neuer Gebiete. Diese Kopplungen werfen ein moralisches Licht auf konsumistische Lebensstile, die, wie viele ahnen, letztlich auch eudämonistisch nicht wirklich befriedigend oder beglückend sind (Reisch 1995). Aus umweltethischer Sicht liegen hier Grenzzonen zwischen Axiologie und Deontologie vor. Einerseits bleiben Fragen der Ernährung, der Kleidung, des Reisens usw. aus der Binnenperspektive von Individuen axiologisch relevant, andererseits können sie umweltethisch nicht mehr ins Belieben gestellt und der Privatsphäre zugeordnet werden. Hier eröffnen sich Übergänge zu deontologischen Debatten und ein weites Feld für umweltethische Forschungen, in denen strukturelle Kopplungen von Lebensstilen und Landnutzungspraktiken konkret analysiert werden. Ernährung, Kleidung, Wohnen und Tourismus sind paradigmatisch hierfür.

4.5 Jede Gesellschaft ist verpflichtet, mindestens so viel Naturschutz zu betreiben, dass die Wertschätzungen ihrer Bürger sich angemessen in einem System der Naturschutzgebiete widerspiegeln. Dies entspricht der Einsicht von Rawls (1975, § 43), der zu jeder gerechten Grundordnung eine Kammer rechnet, in der über den Schutz kollektiver Güter politisch verhandelt werden soll. Diese Verhandlungen gründen bei Rawls allerdings nur in Präferenzen, hier dagegen gründen sie in axiologisch gebildeten Wertungen. Unbestreitbar kann auch im Rahmen einer anthropozentrischen Umweltethik aufgrund axiologischer Gründe viel Natur und Landschaft rechtlich unter Schutz gestellt werden; als Naturdenkmal, Wasserschutzgebiet, Biosphärenreservat, FFH-Gebiet, Nationalpark usw. Die Ausweisungen von Naturschutzgebieten erfolgen anhand von naturschutzfachlichen Einstufungskonzepten (Usher, Erz 1986). Diese Konzepte dienen dem Zweck, aus naturschutzfachlicher Sicht möglichst »objektiv« den »Wert« eines Gebietes festzustellen. Naturschutzfachliche Einstufungen beanspruchen, »fachlich objektiv« in dem Sinne zu sein, dass die Einstufung anhand von Kriterien erfolgt und insofern nachvollziehbar ist. Die Kriterien selbst beruhen freilich auf Werten, nicht auf Tatsachen. Zentral sind bei diesen Einstufungen die Kriterien *Diversität, Natürlichkeit, Gefährdetheit, Seltenheit, Artenreichtum, Repräsentativität*. Es ist kein naturalistischer Fehlschluss, wenn aufgrund von kulturellen Wertvorstellungen Kriterien wie »Naturnähe« oder »Natürlichkeit« in diese Einstufungskonzepte aufgenommen werden. Zwar ist weder das Natürliche, das vom Aussterben Gefährdete noch das Seltene *per se* immer gut, da auch Krankheitserreger vom Aussterben bedroht sein können und es seltene und bösartige Tumore gibt. Für die naturschutzfachliche Einstufung spielt diese Problematik jedoch keine entscheidende Rolle. Harald Plachter (1992, 1994) hat ein Konzept entwickelt, um die *Typusebene* (z.B. Kalkmagerrasen, Durchströmungsmoor) mit der *Objektebene* (Qualität der Ausprägung des Typus) zu einer Gesamtbewertung von einzelnen Naturobjekten zu verbinden. Plachters Konzept führt zu Berechnungsregeln, auf deren Grundlage Zahlenwerte generiert werden können, anhand deren über Schutzwürdigkeit befunden werden kann (weiterführend hierzu Romahn 2003). Allerdings sind die Berechnungen mathematisch nicht zulässig, da, wie Plachter zugibt, ordinale Zahlen nicht miteinander multipliziert werden dürfen. Der Druck, »objektive« Zahlenwerte für die politischen »Entscheidungsträger« zu generieren, macht daher auch vor dem Naturschutz nicht Halt. Es wäre sinnvoll, solche Einstufungen durch diskursive Formen der Bürgerbeteiligung zu ergänzen. Diese Einstufungskonzepte könnten zudem zu dem Resultat führen, dass (zu) kleine isolierte Gebiete inmitten einer nivellierten Nutzlandschaft streng geschützt werden. Die naturschutzfachlichen Einstufungskonzepte sollten daher eingebettet bleiben in übergreifende Naturschutzstrategien (SRU 2002b), die die gesamte Landschaft betreffen.

5. Die Deontologie der Umweltethik

»Deontologie« bedeutet Pflichtenlehre. Moralische Pflichten setzen Wesen voraus, die *um ihrer selbst willen* respektiert werden sollen. Die Formulierung »um ihrer selbst willen« bezieht sich auf die Kategorie des moralischen Selbstwertes (synonym: Eigenwert). Wesen, denen wir Selbstwert zuerkennen, sind um ihrer selbst willen zu berücksichtigen. Diese Zuerkennung impliziert, dass alle *moral agents* gegenüber jedem einzelnen dieser Wesen mindestens eine (oder mehrere) direkte moralische Pflicht(en) haben. Selbstwert zu haben bedeutet für das betreffende Wesen, dass es nicht durchgängig als Instrument behandelt werden darf. Die Gruppe der Wesen, denen Selbstwert zuerkannt wird, bezeichnet man als *moral community*. Das »Haben« von Selbstwert bedeutet, dass Selbstwert vom moralischen Standpunkt aus zuerkannt wird. (Ein metaethischer Realismus ist also nicht nötig, um die Bedeutung dieses »Habens« zu erklären.)

Selbstwert ist begrifflich von Würde zu unterscheiden. Der Begriff der Würde kann als Einheitsfokus hinter einem System von Rechten verstanden werden. Einem Wesen, dem Würde zukommt, kommen immer auch Rechte und auch Selbstwert zu, aber das Umgekehrte gilt nicht. Es ist daher begrifflich zulässig, einem Wesen Selbstwert zuzuerkennen und ihm Rechte und Würde abzusprechen. Würde sollten wir nur Personen zusprechen, da und sofern diese als freie Wesen in der Lage sind, ihr Verhalten an Gründen zu orientieren, wobei Gründe von Kausalfaktoren zu unterscheiden sind.

Das für die Deontologie der Umweltethik zentrale Problem, die Kategorie des Selbstwertes auf Naturwesen zu beziehen, wird zumeist als Inklusions- oder Demarkationsproblem bezeichnet (Sober 1995). Im Folgenden wird es als *Selbstwertproblem* bezeichnet. Es sollte nicht mit der Frage verwechselt werden, auf welche Naturwesen menschliche Gesellschaften angewiesen sind. Es gibt starke Belege dafür, dass die Menschheit besonders auf Wesen angewiesen ist (photosynthetisierende Pflanzen, Mikroorganismen in Böden, Plankton), die sich von den Naturwesen unterscheiden, welche unseren Intuitionen zufolge Kandidaten für die Mitgliedschaft in der *moral community* sind (Wale, Delphine, Schimpansen, Elefanten). Menschen sind essenziell auf autotrophe Pflanzen, nicht aber auf Geparden angewiesen; aber daran bemisst sich das Selbstwertproblem nicht. Folgende Lösungen des Selbstwertproblems werden in der Literatur vorgeschlagen: Selbstwert für alle Personen *(Personalismus)*, alle Menschen *(Humanismus)* einschließlich aller Mitglieder zukünftiger Generationen *(intergenerationeller Humanismus)*, für alle empfindungsfähigen Wesen *(Sentientismus)*, für alle Organismen *(Biozentrik)*, für alle Ökosysteme *(Ökozentrik)* oder für alle realen Wesen *(Holismus)*. Die ersten drei Positionen sind *anthropozentrisch*, die übrigen *physiozentrisch*.[49] Generell gilt, dass die Ausweitung der Menge der Mitglieder der *moral community* die Menge moralischer Konflikte und womöglich auch die Teilmenge moralischer Konflikte erhöht, die aufgrund ihrer Unauflösbarkeit als Dilemmata bezeichnet werden.

Zudem ist zwischen zwei Kategorien des moralischen Status von Naturwesen zu unterscheiden: a) *Selbstwert* und b) *Schutzgut*. Schutzgüter sind Naturwesen und -zustände, die aufgrund der Wertschätzungen von Personen geschützt (bewahrt, wiederhergestellt) werden sollten. Naturwesen, denen Selbstwert abgesprochen wird, sind daher keineswegs schutzlos. Es ist nicht *per se* eine unfaire Diskriminierung natürlicher Wesen, sie in die Kategorie der Schutzgüter einzuordnen; ihnen also einen Schutzstatus zuzuerkennen, der mit dem von Kunstwerken, Schmuckstücken und Baudenkmälern vergleichbar ist. Unbestreitbar sind in beiden Kategorien Unterschiede inbegriffen. Schutzgüter können eingestuft, verglichen, gegeneinander substituiert und mit anderen Zielen abgewogen werden (vgl. Kap. 4.5), während Selbstwert eine »starke« normative Stellung begründet, die alle Personen direkt in die Pflicht nimmt.

Viele Verpflichtungen bestehen *in Ansehung von* Schutzgütern, aber *gegenüber* Wesen, denen mindestens Selbstwert zuerkannt wird. Mithilfe dieser Unterscheidung lassen sich auch Verpflichtungen *gegenüber* einem nicht-menschlichen Wesen, dem Selbstwert zuerkannt wird, *in Ansehung* seiner natürlichen Umwelt begründen. So kann etwa ein Sentientist geltend machen, dass Verpflichtungen *gegenüber* Eisbären, Löwen und Schwarzstörchen *in Ansehung* ihrer natürlichen Lebensräume bestehen. Alle Variationen des Arguments, Pflichten gegenüber Naturwesen in Ansehung ihrer artspezifischen Angewiesenheiten (Habitatansprüche, Brutverhalten, Nahrung) zu begründen, setzen voraus, dass einigen Naturwesen Selbstwert zuerkannt wird.

Die letzte Unterscheidung, die in einer umweltethischen Deontologie zu beachten ist, ist die zwischen *vollkommenen* und *unvollkommenen* Pflichten. Bei vollkommenen Pflichten ist der Handlungsbezug klar; man weiß *ceteris paribus*, was man tun soll, wenn man nicht stehlen darf oder ein Versprechen halten soll. Bei unvollkommenen Pflichten hat man es hingegen eher mit orientierenden Aufforderungen zu tun, die Spielräume des Verhaltens belassen. Dies betrifft insbesondere Hilfs-, Beistands- und Solidaritätsverpflichtungen sowie Verpflichtungen, die auf dem Grundsatz der Rücksichtnahme beruhen. Nun ist es gerade im Umwelt- und Naturschutzbereich so, dass Rücksichtnahme zwar moralisch geboten ist, deren Ausmaß jedoch durch Zusatzannahmen bestimmt werden muss. Verpflichtungen, die wir *gegenüber* Personen und Naturwesen *in Ansehung* von Umwelt und Natur haben, sind daher häufig unvollkommene Verpflichtungen. Der Verpflichtungsgrund ist in diesen Fällen zwar eindeutig moralisch, wohingegen das Profil der geforderten Handlungsweisen durch diesen Verpflichtungsgrund unterdeterminiert ist. Dieser normlogische Umstand darf allerdings nicht so interpretiert werden, als dürften diese Verpflichtungen gleichsam auf die leichte Schulter genommen werden.

Diese Unterscheidungen lassen sich zur Gliederung dieses Kapitels nutzen. So ist erstens zu erörtern, wie viel Rücksichtnahme *gegenüber* Personen, denen wir Rechte und Würde zusprechen, *in Ansehung* von Natur geboten bzw. angemessen ist. Solche Rücksichtnahme kann geboten sein im Hinblick auf deren Gesundheit (5.1), im Hinblick auf ihren Zugang zu natürlichen Ressourcen (5.2) oder im Hinblick auf die Werte naturverbundener Individuen (5.3). Viertens geht es um mögliche Verpflichtungen gegenüber zukünftigen Generationen in Ansehung von Natur und Umwelt (5.4). Eine Lösung des Selbstwertproblems wird im letzten Abschnitt versucht (5.5).

5.1 Zu kollektiven Rücksichtnahmen bzw. Verpflichtungen zählt das Gebot, die *Gesundheit* anderer Personen vor Umweltgiften und -schadstoffen zu schützen. Dieser Schutz gründet in dem Umstand, dass Personen ein moralisches Anrecht darauf haben, ihren leiblichen Stoffwechsel (möglichst) unbeeinträchtigt vom Kontakt mit schädlichen und giftigen Stoffen zu vollziehen (Schäfer 1993). Die berechtigte Forderung Lothar Schäfers, Giftstoffe aus Umwelten zu entfernen, sagt noch wenig über spezifische Grenzwerte bezüglich bestimmter (mutagener, kanzerogener, akkumulierender usw.) Schadstoffe und kann daher nur zur Orientierung dienen. Der menschliche Körper ist in gesundheitsphysiologischer Hinsicht als allgemeiner Körper zu betrachten, da nur dadurch eine Festlegung von verbindlichen Grenzwerten erfolgen kann. Dies schließt es nicht aus, Grenzwerte nicht mit Blick auf gesunde Erwachsene, sondern mit Blick auf ältere, kranke, schwangere oder vorgeschädigte Personen zu formulieren. Bei Debatten um Grenzwerte spielen allerdings unterschiedliche Argumente eine Rolle: epistemische Annahmen über Stoffeigenschaften, Expositionsprofile, Wirkungspfade, Risikobetrachtungen, Annahmen über Substitutionsoptionen, Kosten usw. Grenzwerte sind insofern immer umweltpolitische Festlegungen und müssen daher politisch verhandelt werden. Damit ist eine Daueraufgabe der staatlichen Chemie-, Stoff- und Risikopolitik gesetzt (SRU 2008, S. 383).

Unabhängig von einzelnen derartigen Festlegungen lässt sich sagen, dass die Rücksichtnahme auf die Gesundheit der Gesamtbevölkerung ein zentrales Argumentationsmuster des Umweltschutzes war und ist, mit dem sich Luftreinhaltung, Grundwasserschutz, sichere Abfallbeseitigung und vorsorgende Chemikalienpolitik begründen lassen. Geschichtlich betrachtet, etablierte sich um 1970 in Westdeutschland das Paradigma des Umweltschutzes mit einem Fokus auf die Umweltmedien von Wasser, Boden und Luft. Auf diesen Gebieten wurden in der Folgezeit umweltpolitische Erfolge durch technische Maßnahmen erzielt. Der Industrialismus wurde hierzulande gleichsam humanökologisch gezähmt. Dabei lässt sich geltend machen, dass die erfolgreiche Umweltpolitik zugleich auch Gesundheits- und Sozialpolitik war und ist. Aufgrund steigender Ungleichheiten der Lebensverhältnisse werden in Deutschland die Umweltbelastungen verschiedener Bevölkerungsgruppen, insbesondere was Lärm und Luftschadstoffe anbetrifft, mittlerweile wieder als Gerechtigkeitsfragen thematisiert (Schultz 2009).

Die Rücksichtnahme auf die Gesundheit anderer Personen ist vom Prinzip her nicht auf uns und unsere Mitbürger beschränkt. So wäre es falsch, unsere Gesundheit zu schützen, indem wir Giftmüll in arme Länder exportieren und ihre Bewohner entsprechenden Gefahren aussetzen. Rücksichtnahme erfordert daher immer auch einen kritischen Blick auf die gesundheitsrelevanten Verhältnisse, unter denen unsere Konsumgüter erzeugt werden. Dieser Blick fällt auf Schnittblumen und Kakao aus Afrika ebenso wie auf Goldschmuck oder Zuchtgarnelen. Der Grundsatz der Rücksichtnahme führt angesichts vieler humanökologisch unakzeptabler Produktionsverhältnisse fast zwangsläufig zu einem Konsumstil, der naturgerecht und »fair« erzeugte Produkte bevorzugt.

5.2 Häufig werden von Personen aus den Ländern des Südens Formen elementarer Angewiesenheit auf Natur geltend gemacht. Es geht umweltethisch an diesem Punkt also um Verpflichtungen gegenüber Personen in Ansehung der natürlichen Ressourcen, auf die sie im Kontext ihrer Lebensform angewiesen sind. Angewiesenheit auf Natur ist, wie aus den Fallstudien von Joan Martinez-Alier (2002) deutlich wird, niemals nur unmittelbar auf die Versorgung mit Luft, Wasser und Nahrung bezogen, sondern vielfältig vermittelt mit natürlichen Gegebenheiten, kulturellen Traditionen, alltäglichen Praktiken (etwa dem Sammeln und Jagen), Grenzziehungen, dem Wechsel politischer Regime u.v.a.m. Aus der Perspektive der Betroffenen werden (häufig in mündlicher Form) dichte Beschreibungen angefertigt, die prudentielle, axiologische, normative und politische Aspekte umfassen. Geltend gemacht wird in diesen Beschreibungen, dass Nutzen, Risiken und Schäden bestimmter Naturnutzungen auf ungerechte Weise asymmetrisch zugunsten ökonomisch und politisch privilegierter Gruppen verteilt werden. Durch diese Verteilungsmuster werden die ohnehin schlecht gestellten und verwundbaren Gruppen weiter benachteiligt. Als titelartige Überschrift für derartige Praktiken hat sich der Ausdruck *victimization* etabliert.

Victimization ist, ähnlich wie »Umweltherrschaft« (Scholtes 2007), ein Konzept, das sich kaum eindeutig definieren lässt. Hier kann es nur darum gehen, das Konzept von *victimization* in seiner Vielschichtigkeit zu erkennen. *Victimization* bezieht sich auf eine Vielzahl von Handlungsweisen, die die Lebensaussichten von Menschen so verschlechtern, dass existenzielle Übel wie Verlust des Zugangs zu natürlichen Ressourcen, Armut, Verschuldung, Abhängigkeit, unfreiwillige Migration, Krankheit und Tod wahrscheinlicher werden. *Victimization* widerspricht der Idee der Gerechtigkeit bei John Rawls, die besagt, dass Ungleichheiten in der Verteilung der Güter und Lebensaussichten nur dann gerechtfertigt werden können, wenn sie zum Vorteil aller, insbesondere der schlechtgestellten Personen sind (Rawls 1975). Rücksichtnahme und *victimization* sind begrifflich konträr.

Es handelt sich bei *victimization* um Formen von Ungerechtigkeit, Rücksichtslosigkeit und struktureller Gewalt, die sich häufig im jeweiligen Rahmen der Legalität bewegen und bei denen die Verantwortlichen unsichtbar bleiben. Die kausalen Kopplungen zu verminderten Lebensaussichten sind nicht immer so direkt wie etwa zwischen Goldgewinnung und der Verschmutzung von Flüssen mit Quecksilber. Der Nachweis von *victimization* führt in der Regel in den Bereich der politischen Ökonomie. In der Debatte sind derzeit insbesondere die Auslagerung von schmutzigen Industrien, die Produktion von Shrimps in Mangrovenwäldern, die Etablierung von westlich dominierten Landnutzungssystemen, durch die traditionelle Landnutzungsformen gefährdet und natürliche Systeme mit hohem Naturschutzwert zerstört werden (z. B. Palmöl-Plantagen in Indonesien), die industrielle Fischerei vor den Küsten Westafrikas, die über Patentierungen bewirkte Kontrolle von Saatgut und der Ankauf von fruchtbarem Land durch ausländische Investoren (sogenanntes *landgrab*). *Victimization* kann allerdings auch vorliegen, wenn durch die Einrichtung von Naturschutzgebieten indigene Bewohner gegen ihren Willen umgesiedelt werden (Prabhu 2001; Adams 2003).

Hier ist nicht der Ort, diese Konflikte im Detail zu analysieren, sondern es geht lediglich darum, eine auf den Grundsätzen der Rücksichtnahme und der Gerechtigkeit beruhende umweltethische Perspektive global auszuweisen, die *victimization* als solche zunächst zu identifizieren und letztlich zu beseitigen beabsichtigt. Diese Perspektive wirft eine Fülle von Fragen auf: Warum ist Rohstoffreichtum für etliche Länder des Südens eher ein Fluch als ein Segen? Was wird der Ankauf großer Flächen fruchtbaren Landes durch global agierende Investoren für die Nahrungssicherheit bedeuten? Welche Schäden verursacht der maßgeblich vom Norden verursachte Klimawandel in den Tropen und Subtropen und wie können dortige verwundbare Bevölkerungsgruppen geschützt werden? Wie sind Formen der Privatisierung der Trinkwasserversorgung zu beurteilen? Welche Formen von *property rights* wären geeignet, der Naturzerstörung entgegenzuwirken? Welche Rolle spielen die politischen Eliten vieler Länder (Nepotismus, Beutepolitik, Korruption)? Was bedeuten die zentralen Privilegien schwacher Staaten des Südens, nämlich die Kreditaufnahme und das Recht zur Vergabe von Konzessionen zum Ressourcenabbau (Pogge 2001), für die Naturnutzung dieser Länder und für die ärmeren Bevölkerungsschichten. Wenn das Fragen die Frömmigkeit des Denkens ist (Heidegger), so liegt die Frömmigkeit der Umweltethik, was die gebotene Rücksichtnahme auf andere in Ansehung ihrer Angewiesenheiten auf Natur anbetrifft, in Fragestellungen der politischen Ökonomie. Zu Grundsätzen der Umweltgerechtigkeit siehe auch Ott (2020a).

5.3 Rücksichtnahme auf die moralisch unverächtlichen Wertvorstellungen anderer ist, wie gesagt, ein Grundsatz der Moralität. Diesem Grundsatz wird in unserer Gesellschaft in Bezug auf die Werte der Natur, die im vorigen Kapitel dargelegt wurden, nur bedingt entsprochen. Da diese Rücksichtnahme nur eine unvollkommene Verpflichtung begründet, stellt sich die Frage, wie viel Rücksicht wir einander in Ansehung von Natur schuldig sind, die für manche von uns mehr eben mehr ist als nur eine grüne Kulisse von Ich-Inszenierungen am Wochenende. Wenn Natur für A nur eine Kulisse ist, vor der er sich »fit« hält, während die Natur für B ein Ort spiritueller, andächtiger Kontemplation ist, wird sich B von A stärker gestört fühlen als umgekehrt. Die Polemik, die Naturschützer bereits um 1880 gegen die »Ströme von Touristen« und 1920 gegen das Grammophonspiel in der Natur formulierten, enthalten insofern ein Wahrheitsmoment, als in dicht besiedelten Regionen leise und ungestörte Arten der Naturerfahrung, wie sie Naturschützer schätzen, kaum noch mögich sind. Was aber soll aus diesem Umstand folgen? Soll die Rücksichtnahme so weit gehen, dass Gebiete der Stille eingerichtet werden, in denen die Geräusche der Zivilisation nicht mehr an die Ohren der Naturliebhaber dringen können? Oder sollten durch Biotoppflege (fast) überall Möglichkeiten geschaffen werden, Unken und Störche, Habichte und Dachse zu beobachten? Sollten in der Umgebung von waldarmen Großstädten wie Hannover und Leipzig Wälder gepflanzt werden? Welche Ansprüche können Naturschützer also in dicht besiedelten, urbanisierten Räumen berechtigterweise stellen? Das genaue Ausmaß von Naturschutzmaßnahmen, die aufgrund von Rücksichtnahme auf die Wertvorstellungen naturverbundener Personen erfolgen sollen, muss, ähnlich wie bei Grenzwertdebatten, *naturschutzpolitisch verhandelt* werden. Es ist bei diesen Debatten und im Lichte der umweltethischen Axiologie (Kap. 4) allerdings unstatthaft, naturverbundene Wertschätzungen als »romantisch«, »versponnen«, »vormodern« usw. zu diskreditieren oder lapidar zu sagen, Deutschland sei nun einmal ein Industrieland. Andererseits müssten auch die Naturschützer selbst in Anbetracht bestimmter Ausmaße des Naturschutzes anerkennen, dass der kollektiven Verpflichtung zur Rücksichtnahme auf ihre Wertvorstellungen Genüge getan wurde und das Naturschutzniveau zufriedenstellend ist. Ist dies derzeit der Fall?

Zur Beantwortung dieser Frage kann auf die Erkenntnisse der Naturschutzökonomik zurückgegriffen werden. Es liegen etliche Studien vor, die belegen, dass in Deutschland aufgrund der Wertvorstellungen der Bevölkerung die gesellschaftliche Nachfrage nach Natur(erfahrungen) höher ist als das derzeitige Angebot (Degenhardt et al. 1998). In wohlfahrtsökonomischer Perspektive liegt daher eine Unterversorgung der hiesigen Bevölkerung mit Naturgütern vor, die zu korrigieren wäre. Der Umweltökonom Ulrich Hampicke hält diese Unterversorgung der Bevölkerung für eine Rücksichtslosigkeit, die in der Regel kaum zum Bewusstsein komme (Hampicke 2011). Diese Unterversorgung liegt somit bereits dann vor, wenn nur der präferenzbasierte Ansatz der Ökonomik zugrunde gelegt wird. Unter den Voraussetzungen der hier vertretenen Axiologie (Kap. 4) erweist sich diese Unterversorgung als eklatant. Daher sind kollektive Anstrengungen geboten, dieser Unterversorgung entgegenzuwirken.

Möglichkeiten hierzu bestehen, da die Siedlungsstruktur Deutschlands und der gesamten EU durch gegenläufige Trends gekennzeichnet ist. Neben den Ballungsräumen existieren etliche großräumige periphere Regionen innerhalb der EU, in denen Ziele des Naturschutzes, des Naturtourismus und einer ökologischen Landnutzung Priorität genießen könnten (Baltikum, Skandinavien, Ostdeutschland, Rumänien u.a.). Es wäre umweltethisch vernünftig, d.h. im Sinne der gebotenen Rücksichtnahme, die humanökologische Optimierung der urbanen Ballungsgebiete durch eine anspruchsvolle Naturschutzpolitik für periphere Regionen zu ergänzen (Ott, Döring 2008, Kap. 6 zu einem System differenzierter Landnutzung). Dies würde auf kontrastreiche statt auf nivellierte Landschaften hinauslaufen, aber nicht darauf, dass periphere Regionen zu Wildnisgebieten würden. Diese Regionen wären natürlich auch Schutzzonen für bedrohte Arten und Biotope, Orte der Erholung und Experimentierräume für naturverbundene Lebensstile. Ein auf Deutschland bezogenes Zielsystem, das dieser unvollkommenen Verpflichtung Genüge tun dürfte, wurde vom SRU vorgelegt (SRU 2002b). Auch die Umsetzung der nationalen Biodiversitätsstrategie könnte hierzu beitragen (BMU 2007).

5.4 Die Herrschaft der Gegenwart über die Zukunft ist der Ausgangspunkt der Debatte um eine *Zukunftsethik*. Diese Herrschaft ist durch die Gerichtetheit und Irreversibilität des Verlaufs von Zeit, also durch eine basale außermoralische Struktur des In-der-Welt-Seins (Heidegger 1927) bedingt. Zukünftige Generationen sind von uns in prinzipiell anderer Weise abhängig als wir von ihnen. Die jeweils Lebenden überführen im Verlauf ihrer Lebenszeit heutige Möglichkeiten in zukünftige Wirklichkeit und verändern dadurch die Beschaffenheit der zukünftigen Welt zum Guten oder zum Schlechten. Besser oder schlechter ist eine zukünftige Welt, die jenseits der je unsrigen Lebenserwartung liegt, nicht mehr für uns, sondern für andere Menschen, über deren Wertvorstellungen, Lebenspläne und

Überzeugungen wir jenseits elementarer Angewiesenheiten nur mehr oder minder plausible Vermutungen anstellen können. Wir können angesichts unseres heutigen Wissens über die tiefen Eingriffe in natürliche Systeme nicht mehr (wie der »klassische« Fortschrittsglaube) naiv davon ausgehen, dass die modale Transformation von heutigen Möglichkeiten in zukünftige Wirklichkeiten gleichsam automatisch den zukünftigen Generationen zugutekommen wird.

Die Zukunftsethik differenziert sich anhand folgender vier Fragen (Krebs 2000):

1. Bestehen überhaupt Verpflichtungen gegenüber nicht existierenden Personen, deren zukünftige Individualität unbestimmbar ist?
2. Soll die Zukunftsverantwortung auf einem absoluten oder auf einem komparativen Standard beruhen?
3. Ist eine Diskontierung zukünftiger Schäden und Nutzen, wie sie in der Ökonomie üblich ist, umweltethisch zulässig?
4. Welche Hinterlassenschaften an Naturgütern sind wir zukünftigen Generationen schuldig?

5.4.1 Die erste Frage bezieht sich auf die Nicht-Existenz zukünftiger Personen im Unterschied zu lebenden Kindern, denen unbestreitbar Rechte zukommen. Es mag durchaus sein, dass bereits eine ernsthafte Berücksichtigung der Rechte von heutigen Kindern, deren durchschnittliche Lebenserwartung bis ans Ende des 21. Jahrhunderts reicht, zu einem verstärkten Umwelt-, Natur- und vor allem Klimaschutz führen müsste. Dies gilt *a fortiori* dann, wenn wir ein moralisches Anrecht heutiger Kinder anerkennen, ihre (möglichen) Kinder, also unsere Enkelgeneration in guten Lebensumständen aufwachsen zu sehen. Das Problem von Verpflichtungen gegenüber Kindern in Ansehung von Natur wurde in der Umweltethik gegenüber der Frage nach den moralischen Ansprüchen der Ungeborenen bislang leider vernachlässigt (siehe aber Stefanovic 2004). Dieses Desiderat kann hier nicht behoben werden.

Herwig Unnerstall (1999) hat in Bezug auf zukünftige Personen argumentiert, dass die Vorwirkungen der Rechte zukünftiger Personen ausreichend sind, um heutigen Personen Verpflichtungen aufzuerlegen. Weiterhin wurde gezeigt, dass sämtliche Argumente, die Verpflichtungen gegenüber nicht-existenten Personen bestreiten (sogenannte *no-obligation*-Argumente), widerlegt oder entkräftet werden können (Ott 2003a). Insofern lassen sich unsere Intuitionen, die Entkräftung von Gegenargumenten und positive Argumente zugunsten von Zukunftsverantwortung in ein plausibles Überlegungsgleichgewicht bringen. Als Menschen existieren wir in einer Abfolge von Generationen, und es liegt kein guter Grund vor, eine Generation gegenüber anderen zu bevorzugen.

5.4.2 Was die Frage nach den Standards der Zukunftsethik anbetrifft, so verpflichtet ein *absoluter* Standard, allen zukünftigen Personen ein bestimmtes Niveau an Lebensqualität zu ermöglichen bzw. die entsprechenden Optionen nicht zu gefährden (zu beeinträchtigen, zu schmälern). Dieser absolute Standard muss auch auf alle gegenwärtigen Personen bezogen werden, da es ethisch inkonsistent wäre, gegenwärtige Lebensbedingungen zu ignorieren, die unterhalb des Standards der Zukunftsverantwortung liegen. In diesem Sinne ist ein absoluter Standard unteilbar. Dieser Standard kann unterschiedlich anspruchsvoll konzipiert werden. Ein *basic-needs*-Standard ist anspruchslos und würde der Zukunftsverantwortung den Wind aus den Segeln nehmen, da er den heutigen Generationen reicher Gesellschaften erlaubt, viel gesellschaftlichen Reichtum zu

»verpulvern«. Ein anspruchsvoller absoluter Standard lässt sich anhand des sogenannten Fähigkeitenansatzes entwickeln, wie ihn Martha Nussbaum vertritt (Nussbaum 2003). Er besagt, dass alle Personen ein moralisches Anrecht darauf haben, im Verlauf des Lebens eine Reihe genuin menschlicher Fähigkeiten ausbilden und ausüben zu können, die in einer Liste zusammengefasst werden können. In diesem Standard liegt die »Minima Moralia« der Zukunftsethik mitsamt den besagten Implikationen für die Wahrnehmung heutiger Armut und Not. Dieser so bestimmte absolute Standard ist, wohlgemerkt, kein egalitärer Standard. Er ist daher vereinbar mit einem Abbau heutigen gesellschaftlichen Reichtums in entwickelten Industrienationen. Dieser Standard kann allerdings durch einen komparativen Standard erweitert werden. Ein *komparativer* Standard beruht auf einer vergleichenden Bewertung der Art, dass es durchschnittlichen zukünftigen Personen alles in allem nicht schlechter (also mindestens ebenso gut) gehen sollte als »uns«. Ein komparativer Standard deckt sich mit lebensweltlichen Überzeugungen, die in familiären Generationenfolgen wirksam sind (»Den Kindern soll es nicht schlechter gehen«). Das Problem des Vergleichsmaßstabs ist in diesen einfachen Fällen durch die Stellung und Lebensqualität der Elterngeneration gelöst. Selbst auf der Ebene von Nationalstaaten kann man entsprechende Vergleichsmaßstäbe formulieren (»nicht schlechter als einem durchschnittlichen heutigen Schweden, Ungarn, Schweizer«). Bei der Erweiterung des Vergleichs auf die Menschheit wird das Problem eines komparativen Maßstabs angesichts der enormen Ungleichheiten der Lebensverhältnisse scheinbar unlösbar. Soll es allen zukünftigen Personen nicht schlechter gehen als heutigen EU-Bürgern? Wenn nicht die wohlhabenden Nationen als Maßstab gelten sollen, welche dann? Schwellenländer wie Uruguay, Thailand, Mexiko oder Länder wie Bhutan, die das Glück ihrer Bürger und nicht deren äußerlichen Lebensstandard in den Mittelpunkt rücken?

Diese Schwierigkeiten können dazu führen, dass man die lebensweltlichen Intuitionen, die zugunsten eines komparativen Standards sprechen, für den moralischen Nahbereich reserviert, während man auf der globalen Ebene die Dringlichkeit geltend macht, zunächst allen Menschen ein menschenwürdiges Dasein bei möglichst guten Umweltbedingungen im Sinne eines absoluten Standards zu sichern. Wenn man zudem den komparativen Standard auf der nationalen Ebene am Konzept der Lebensqualität definiert, ergibt sich hieraus folgende tragfähige Lösung des Standardproblems: Der absolute Standard im Sinne des Fähigkeitenansatzes gilt generell; zukünftigen Mitgliedern unserer eigenen Gesellschaft sind wir eine Lebensqualität schuldig, die der unsrigen im Durchschnitt entspricht; unseren Kindern dürfen wir eine bessere Zukunft zu verschaffen suchen. Diese Ziele und die aus ihnen erwachsenen Verpflichtungen stehen allerdings nicht so zueinander, wie dies Anhänger eines *concentric-circle*-Modells moralischer Verpflichtungen geltend machen: Zuerst kommt die Familie, dann die Mitbürger, danach die Mitmenschen. Vom moralischen Standpunkt aus sollten Verpflichtungen anders (und nicht einfach umgekehrt) angeordnet werden (hierzu Brock 2005).

Das Erbe, das uns durch die Praktiken vergangener Generationen zugefallen ist, muss nicht unbedingt hinsichtlich seiner Quantität weiter erhöht werden (bspw. Geldvermögen), sondern sollte hinsichtlich seiner Qualitäten optimiert werden (Umweltqualität, Infrastrukturen, Bildungschancen, Gesundheitswesen usw.). Es könnte auch sein, dass bestimmte Praktiken vergangener Zeiten wie die Emissionen von Treibhausgasen seit der Industrialisierung eine Erbschaft sind, die uns zu Hilfeleistungen gegenüber den Personen verpflichtet, die heute und in Zukunft unter den Folgen des Klimawandels leiden werden (hierzu siehe Caney 2009). Politisch von großer Bedeutung ist, wie das Verhältnis zwischen privaten Erbgängen und kollektiven Hinterlassenschaften bestimmt wird. Hier spricht die Debatte um den Schutz der Gemeinschaftsgüter (siehe die Beiträge in Helfrich 2009) für eine Politik, die auch private Erbgänge steuerlich heranzieht, um die gesamte kollektive Infrastruktur einschließlich der Naturgüter umfassend erhalten zu können.

5.4.3 Die Bedeutsamkeit des Diskontierens für die Umweltpolitik hat sich anhand des sogenannten Stern-Reports zur Klimaökonomik einmal mehr herausgestellt, da die politischen Empfehlungen des Stern-Reports im Wesentlichen auf die Wahl einer sehr niedrigen Diskontrate (0,1 % p.a.) zurückgeführt werden können (Stern 2009, Kap. 5). Die ethischen Fragen nach der Legitimität des Diskontierens wurden allerdings bereits vor dem Stern-Report ausführlich und systematisch behandelt (siehe die Beiträge in Hampicke, Ott 2003). In aller Kürze lässt sich geltend machen, dass eine Diskontierung zukünftiger Ereignisse nur dann zulässig ist, wenn davon ausgegangen werden kann, dass Güter in Zukunft reichlicher vorhanden und Probleme in Zukunft leichter lösbarer sein werden (Hampicke 2003). Ökonomen gehen aufgrund des langfristigen Wirtschaftswachstums häufig einfach davon aus, dass zukünftige Generationen reicher und damit auch besser mit Ressourcen und Kapazitäten ausgestattet sein werden. Warum sollen die heutigen Armen sich um die zukünftigen Reichen sorgen? Diese Auffassung beruht auf einer Abstraktion von allen langfristigen ökologischen Gefährdungen und lässt sich aus umweltethischer Sicht nicht aufrechterhalten. Eine pauschale und von allen Problemlagen abstrahierende Diskontierung der Zukunft ist eine Art der Kolonialisierung der Lebenswelt, die mit Blick auf den Umgang mit Naturgütern nicht zu rechtfertigen ist (Ott 2003b). Der Umstand, dass viele Menschen sich myopisch verhalten, d.h. zukünftigen Nutzen und Schaden geringer veranschlagen als jetzigen, kann die Anwendung der Diskontierungstechnik auf sämtliche zukünftige Weltzustände ethisch nicht rechtfertigen.

Die vierte Frage führt in die Debatten um unterschiedliche Konzeptionen von Nachhaltigkeit und wird im siebten Kapitel ausführlich behandelt.

5.5 In Anbetracht einer Jahrzehnte dauernden Debatte macht sich in der Umweltethik eine gewisse resignative Skepsis dahingehend breit, ob das Selbstwertproblem überhaupt gelöst werden kann. Gegen diese Skepsis werden im Folgenden Lösungswege, Hilfsmittel und Argumente vorgestellt, mit deren Hilfe wir einer moralisch vernünftigen Lösung nahekommen dürften.

Zwei Fehler stehen einer Lösung des Selbstwertproblems im Wege. Falsch ist einmal die Auffassung, dass aus dem Umstand, dass jegliche Ethik *formal* anthropozentrisch in dem Sinne ist, dass nur Menschen miteinander moralisch kommunizieren können, ein *inhaltlicher* Anthropozentrismus folgen müsse. Jede physiozentrische Auffassung ist mit der formalen Anthropozentrik verträglich. Falsch ist auch die in der sogenannten Tiefenökologie (Naess 1973) verbreitete Auffassung, Anthropozentrik sei *per se* philosophisch »flach«, Physiozentrik dagegen *per se* »tief«. Die beiden Unterscheidungen zwischen Anthropozentrik und Physiozentrik einerseits, philosophischer Tiefe und Flachheit (Seichtigkeit) andererseits sind begrifflich voneinander unabhängig, so dass eine »tiefe« Anthropozentrik ebenso gut möglich ist wie eine »flache« Physiozentrik. Der Glaube, man sei philosophisch »tief« immer dann, wenn man eine Variante der Physiozentrik vertritt, oder gar, diese Tiefe nehme auf dem Weg vom Sentientismus zum Holismus automatisch zu, ist irrig und anmaßend.⁵⁰

Auch das verbreitete Bild einer generell anthropozentrisch verbohrten Ethik hält näherer Betrachtung nicht stand. Jeremy Bentham, Arthur Schopenhauer, Charles Darwin und auch heute weniger bekannten Philosophen wie Leonard Nelson sprachen Selbstwert allen Wesen zu, die in der Lage sind, Zustände von Freude und Schmerz zu erfahren (Sentientismus). Utilitaristen haben seit Bentham den Sentientismus vertreten. Albert Schweitzers philosophisch eher unter- als überschätzte Ethik der Ehrfurcht vor dem Leben ist biozentrisch (Schweitzer 1926, siehe hierzu Günzler 2016). Historisch betrachtet war also nur das ethische Paradigma des Kantianismus anthropozentrisch fixiert. Systematisch betrachtet bestehen Möglichkeiten, diese Fixierung zu lockern (s.u.).

5.5.1 Es trifft auch nicht zu, dass die Diskursethik auf eine anthropozentrische Lösung des Selbstwertproblems festgelegt ist (so Krebs 1997). Angelika Krebs stützt sich bei dieser Diagnose auf eine von Jürgen Habermas (1986) stammende anthropozentrische Definition von Moralität, die aus einer evolutionär-anthropologischen Perspektive heraus formuliert wurde. Diese genealogische Definition ist jedoch keine endgültige Position der Diskursethik zum Selbstwertproblem. Anthropozentrisch fixiert wäre die Diskursethik nur dann, wenn das Selbstwertproblem mit genau der Sorte von transzendentalen Argumenten gelöst werden müsste, die die Diskursethik heranzieht, um ihre obersten Moralprinzipien zu begründen. Diese Auffassung ist jedoch irreführend, da die Diskursethik für die Lösung unterschiedlicher moralischer Probleme unterschiedliche Gründe heranziehen darf. Der theoretische Kern der Diskursethik ist daher kompatibel mit nicht-anthropozentrischen Lösungen des Selbstwertproblems (Ott 2008d).

Habermas selbst hat seine Position in den letzten Jahren deutlich abgewandelt. Am Ende seiner *Erläuterungen zur Diskursethik* (1991) argumentiert er, dass Gewalt gegenüber Tieren moralisch falsch ist und dass Menschen mit höheren Tieren in Formen interagieren können, die moralische Implikationen haben. In seiner Schrift zur *Zukunft der menschlichen Natur* argumentiert Habermas, dass autopoietische Systeme, darunter vor allem Organismen, eine rücksichtsvolle Behandlung verdienen (2001, S. 83). Je näher ein Organismus der menschlichen Lebensform kommt, desto mehr Empathie mit der Verwundbarkeit der Organismen rege sich und es entstehe eine gewisse Art von Respekt. Diese »Art von Respekt« (Habermas) ergibt eine Hemmschwelle im praktischen Verhältnis zu Organismen, ist also offenbar deontologisch relevant. Diese Einschätzung ändert jedoch nichts daran, dass sich Habermas nie systematisch zum Selbstwertproblem geäußert hat (ausführlich hierzu Hendlin, Ott 2016).

Micha Werner (2003, S. 54-77) hat ein nuanciertes Argument vorgestellt, um den vermeintlichen Anthropozentrismus der Diskursethik zu überwinden, welches sich in Kurzform folgendermaßen darstellen lässt: Wenn Personen im Diskurs übereinstimmen, dass sie einander weiterhin mit Sorgfalt und Respekt behandeln sollten, selbst wenn einige von ihnen etwa durch Krankheit oder Unfall alle Merkmale verlieren sollten, die für den Personenstatus konstitutiv sind, aber empfindungsfähig bleiben, dann gibt es keine gültigen moralischen Gründe, natürliche Wesen, die ebenfalls empfindungsfähig sind, aber niemals Personen werden können, ohne diese Sorgfalt und entsprechenden Respekt zu behandeln. Wenn man diesem Argument zustimmt, bleibt die Frage offen, ob es nicht sogar bis auf den Biozentrismus ausgedehnt werden kann. Warum sollten Personen keine ähnliche Übereinkunft in solchen Fällen treffen, wo sie unfähig sein mögen, Freude und Schmerz zu empfinden, aber lebendig und noch in der Lage sind, etwas in ihrer Umgebung wahrzunehmen (etwa im Falle des sogenannten Wachkomas). Gemäß einer solchen Übereinkunft gilt Werners Argument für alle Lebewesen, die, um einen Begriff des Philosophen Alfred North Whitehead zu benutzen, *prehensions* haben. Diskursethiker sind insofern bis an den Rand zur Biozentrik gekommen, ohne sich in Widersprüche mit Auffassungen verstrickt zu haben, die konstitutiv für die Diskursethik sind.

5.5.2 Das Selbstwertproblem ist, systematisch betrachtet, ein relationales Problem: Auf der einen Seite gibt es (»existieren«) verschiedene Arten von Entitäten (erwachsene Menschen, menschliche Föten, Gene, Organe, Arten, Ökosysteme, Felsen, Moleküle, Regentropfen, Wolken usw.). Einige existierende Wesen haben klar konturierte (Organismen), andere dagegen verschwommene Grenzen (Ökosysteme, Wolken, Sanddünen, Schneefelder). Einem Wesen Existenz zuzuschreiben unterscheidet sich logisch davon, ihm spezifische Merkmale zuzuschreiben. Existenz wird als E dargestellt. Ein Merkmal (feature) wird als f dargestellt. Die Behauptung: »Es existiert ein Wesen X mit Merkmalen f« wird dargestellt als »EXf(a,b,c, ...)«. Einander ähnliche Wesen können zu Sets, Klassen, Typen oder Gruppen zusammengefasst werden. Die Type-Token-Beziehung trifft auf das Selbstwertproblem zu: Wenn Selbstwert einer bestimmten Klasse existierender Wesen zugeschrieben wird, muss er *ceteris paribus* auf alle Angehörigen dieser Klasse angewandt werden. Diese Type-Token-Beziehung kann als praktischer Syllogismus formalisiert werden: Alle X haben Selbstwert. Dies ist ein X-Wesen. Also hat es Selbstwert.

Auf der anderen Seite der Beziehung finden wir die ethische Vorstellung von Selbstwert, die Teil unseres moralischen Sprachspiels ist. Diese Vorstellung bedeutet, dass jedes Wesen X, dem Selbstwert zuerkannt wird, moralisch um seiner selbst willen, d.h. direkt respektiert werden muss. Solche direkten Verpflichtungen können Verpflichtungen gegen das Verursachen von Schäden, das Zufügen von Leiden, Töten, Beeinträchtigung von Interessen und Ähnliches sein.

Beide Seiten dieser Beziehung können zu moralischen Geltungsansprüchen verbunden werden. Die Ausgangsformel (Schema) ist: EXf(a,b,c, ...) ! SW.

In diesem Schema bedeutet das Ausrufezeichen: »X sollte vom moralischen Standpunkt aus Selbstwert zugesprochen werden«. Moralische Ansprüche können akzeptiert oder abgelehnt werden. Der Kern des Selbstwertproblems besteht darin, wie solche Beziehungen mit Gründen zu rechtfertigen sind. Daher muss die Formel um Gründe G erweitert werden, die die gemachten Ansprüche rechtfertigen können:

(1)   G(q, r, s, t, ...) → (EXf(a,b,c, ...) ! SW)

Da wir die Zuschreibung von Selbstwert nie aus empirischen Merkmalen ableiten können, ohne einen naturalistischen Fehlschluss zu begehen, müssen Gründe Annahmen über moralisch relevante Merkmale mit sich bringen. Die Gründe müssen sich auf die Menge der empirischen Merkmale f(a,b,c...) argumentativ so beziehen, dass die Lücke zwischen diesen und der Zuerkennung von Selbstwert geschlossen wird. Folgendes Argument kann hierzu beitragen: Wenn es, erstens, eine moralische Norm gibt, die in der allgemeinen Ethik als gültig angesehen wird und auf Naturwesen mit bestimmten Eigenschaften sinnvollerweise angewandt werden kann, gibt es Grund zu der Annahme, dass diesen Wesen Selbstwert zuerkannt werden sollte. Da nun einige moralische Normen auf Naturwesen angewandt werden können

(Normen gegen Töten und Verursachen von Schmerzen), gibt es offenkundig eine mögliche moralische Berücksichtigungswürdigkeit über Menschen hinaus. Warum sollte etwa die Norm, nicht grundlos Schmerzen zufügen zu dürfen, nicht auf alle schmerzempfindlichen Wesen angewendet werden? Das für jede Moral zentrale Tötungsverbot kann (maximal) auf alle Wesen ausgeweitet werden, die getötet werden *können*. Eine Norm wie »Füge keinen Schaden zu!« hat einen weiten Anwendungsbereich, da man auch niedere Tiere und Pflanzen schädigen kann. Da in Moralnormen keine Eigennamen auftauchen dürfen, fragt sich, ob in ihnen Speziesbezeichnungen auftauchen dürfen. Moralischer Fortschritt besteht im Allgemeinen weniger in der Entdeckung oder Erfindung neuer Prinzipien und Regeln, sondern führt zu einer immer weniger exklusiven Anwendung und sensibleren Interpretation anerkannter moralischer Maßstäbe. Die Begründungslasten scheinen *in the longer run* denen zuzufallen, die für einschränkende Interpretationen einer anerkannten Moralnorm argumentieren möchten, also etwa das Verbot, Schmerzen zuzufügen, *nicht* auf höhere Tiere anwenden möchte. In dieser Verschiebung der Begründungslasten ist die Überwindung der Anthropozentrik der Möglichkeit nach angelegt.

Die Formel (1) kann noch erweitert werden. Das ausführliche Schema (2), anhand dessen die Lösung des Selbstwertproblems methodisch angegangen werden kann, stellt sich wie folgt dar:

(2) $G(r, s, t \ldots) \rightarrow K \rightarrow (EXf(a,b,c \ldots)\,!\,SW)$

Die Formel (2) besagt, dass Gründe G zu einem Kriterium K führen und dass aufgrund dieses Kriteriums bestimmten Wesen Selbstwert zu- und anderen Wesen abgesprochen wird. Da K nicht willkürlich eingeführt werden soll, muss K aus Gründen gewonnen worden sein. Die Begründungen moralisch relevanter Merkmale sind demnach entscheidend, während das von den Gründen etablierte Kriterium nicht mehr ist als eine Abkürzung. Wenn die Gründe schlüssig (plausibel, überzeugend, triftig) sind, kann K so funktionieren, wie es Kriterien tun sollen, nämlich *diskriminierend*. Jedes Kriterium hat die Funktion, in einem logischen Sinn zu diskriminieren (lat. *discrimen*). Mit Blick auf diese Funktion führen wir Kriterien üblicherweise ein. Wenn man zwischen logischer und moralischer Diskriminierung unterscheidet, ist ein Kriterium nicht *per se* moralisch diskriminierend. In Fällen moralischer Diskriminierung beruht ein Unterschied in der Behandlung auf Unterschieden in Merkmalen (etwa Hautfarbe, Geschlecht, Alter, Religion), die eine unterschiedliche Behandlung vom moralischen Standpunkt aus nicht rechtfertigen. Dass es moralisch zu beanstandende Formen der Diskriminierung wie Rassismus und Sexismus gibt, impliziert nicht, dass die Einführung von Kriterien zur Lösung des Selbstwertproblems *per se* moralisch zu beanstanden ist. Es gibt viele moralische und rechtliche Regeln sowie Standards distributiver Gerechtigkeit, die zwischen Personengruppen auf eine Art diskriminieren, die vom moralischen Standpunkt aus angemessen ist (etwa besondere Fürsorge für behinderte Personen). Wenn dem so ist, ist der auf ein Kriterium gestützte Ausschluss von Wesen aus der *moral community* nicht *per se* moralisch verwerflich.

Kriterien können nicht aus empirischen Eigenschaften deduziert werden, rein definitorische Lösungen sind unbefriedigend und kein Kriterium ist selbstevident. Daraus folgt nicht, dass jegliches Kriterium *willkürlich* ist. Mit dem Begriff der Willkür wird eine letztlich von (bewussten oder unbewussten) egoistischen Motiven geleitete Festlegung verbunden. Nun wollen Ethiker nichts weniger sein als willkürlich in diesem Sinne. Sowohl der praktische Diskurs im Sinne der Diskursethik als auch der

»Schleier der Unwissenheit« in der Gerechtigkeitstheorie von Rawls sind als ethische »devices« (Rawls) zu deuten, die gegen Egoismus, Willkür, Vorurteile, Befangenheit etc. zum Einsatz kommen sollen. Der Austausch von Argumenten hat in der Diskursethik den Sinn, Willkür bei der Lösung moralischer Probleme möglichst auszuschließen. Aber kann dies gelingen? Wie mag man erkennen, ob Lösungsvorschläge des Selbstwertproblems, die beanspruchen dürfen, auf argumentativem Wege zu erfolgen, nicht doch insgeheim willkürlich, also egoistisch motiviert sind? Andererseits ist ein pauschaler Willkürvorwurf ethisch dann wenig ergiebig, wenn er sich nicht ausräumen lässt. Der Holismus schlägt an diesem wichtigen Punkt ein epistemisches Metakriterium zur Beurteilung von Kriterien, nämlich das Kriterium der größtmöglichen ontologischen Sparsamkeit vor (Gorke 2007), worauf zurückzukommen ist.

5.5.3 Probleme sind etwas, wofür *Lösungen* gefunden werden können. Andernfalls redet man nur noch von *Themata*. Wissenschaftliche Disziplinen spezialisieren sich auf Problemlösungen. Ein wissenschaftliches Problem kann die einzig richtige Lösung (*one best solution*) finden, oder es kann, wie in der Technologie und der Hermeneutik, mehrere zufriedenstellende Lösungen geben. Die Rede von einer *one best solution* impliziert, dass andere Vorschläge falsch (irreführend) sind, während die *first best solution* impliziert, dass andere Vorschläge weniger gut sind. Ich nehme nur an, dass es eine *first-best*-Lösung für das Selbstwertproblem gibt, die von anderen zufriedenstellenden Lösungen umgeben sein könnte.

Unter Experten in Wissenschaft und Technologie gibt es anerkannte Standards, die gute oder zufriedenstellende Lösungen definieren. Die Standards zur Lösung ethischer Probleme sind weniger klar. Wenn Standards unklar und entsprechend umstritten sind, kann man sich auf Musterbeispiele vernünftiger Problemlösung in Philosophie und Ethik stützen. Musterbeispiele in der Geschichte der ethischen Begründung sind Kants Begründung der Würde von Personen, Argumente gegen Folter und Sklaverei, Argumente für ein *ius in bello*, Argumente gegen die Diskriminierung von Frauen, Argumente zur Einverständniserklärung bei Humanexperimenten und Ähnliches. Wenn wir eine Menge exemplarischer ethischer Argumentationen akzeptieren, dürfen wir hoffen, dass das gelöste Selbstwertproblem ein neues Element diese Menge sein könnte. Nur wenn eine große Zahl ernsthafter Versuche zur Lösung dieses Problems scheitert, darf man sich berechtigt sehen, das Problem als unlösbare Thematik zu verstehen, die von verschiedenen Personen und Kulturen unterschiedlich beurteilt werden darf. Das wäre allerdings eine *anything-goes*-Resignationslösung, die noch unterhalb von *second-best*-Lösungen liegt.

Problemlösung wird in den Wissenschaften *methodisch* durchgeführt. In Bezug auf das Selbstwertproblem gibt es zwei Lösungswege. Der erste ist der *Weg der Ausweitung von innen*. Dieser Standardweg beginnt bei einer Klasse von Wesen, von denen allgemein angenommen wird, dass ihnen mindestens Selbstwert zukommt, und es wird anschließend versucht, die *moral community* schrittweise zu vergrößern und dabei womöglich kategoriale Unterscheidungen einzuführen (Würde, Rechte, Selbstwert) und ggf. Grade von Selbstwert abzustufen. Der andere Weg wurde von Umweltethikern wie Thomas Birch und Martin Gorke vorgeschlagen. Es ist der *Weg der Einschränkung von außen*, da man hier argumentieren muss, warum Entitäten *nicht* als Mitglieder der *moral community* betrachtet, also ausgeschlossen werden sollten.

Methoden sollten inhaltlich nichts präjudizieren. Wenn es eine schlüssige *first-best*-Lösung des Selbstwertproblems gibt, sollte man sie auf beiden Wegen erreichen. Beide Wege müssen allerdings diskursiv gangbar sein, denn sonst kann von einer Methode nicht die Rede sein. Wenn beide Wege auf bestimmte Kristallisationspunkte zulaufen, haben wir Grund zu der Annahme, dass wir uns zufriedenstellenden Lösungen des Problems nähern.

Auf beiden Wegen können wir gedankliche Hilfsmittel (*tools*) mitnehmen. Gedankenexperimente der »letzten Person« und zur Frage »Welche Wesen würdest du in einer Notsituation retten?« sowie das Konzept der deontischen Erfahrung (Kap. 3) sind hilfreiche Tools. Das Hilfsmittel der *»letzten Person«* fragt, ob eine definitiv letzte Person, mit deren Tod die Menschheit erlischt, berechtigt wäre, Naturwesen nach Gutdünken zu behandeln. Man muss sich hier in die Perspektive der fiktiven letzten Person hineinversetzen. Wenn man etwa glaubt, dass man selbst als letzte Person keine Pflanzen und Pilze mutwillig zerstören sollte, hat man eine biozentrische Lösung des Selbstwertproblems gewählt. In *Rettungsdilemmata* wird bezüglich fiktiver Rettungssituationen danach gefragt, welche Wesen vor anderen Wesen gerettet werden *sollten*. Wenn man glaubt, dass ein menschliches Baby und nicht fünf Welpen aus einem brennenden Haus gerettet werden sollte, hat man implizit die Position abgelehnt, dass das Leben aller empfindungsfähigen Wesen von gleich hohem moralischen Wert ist, denn wäre dem so, so müsste die Anzahl der zu rettenden Wesen den Ausschlag geben.[51] Beide Werkzeuge sind nützliche Prüfsteine für die Kohärenz einer Position zum Selbstwertproblem. Wir projizieren unsere Vorstellungen immer in die letzte Person hinein und müssen in Rettungsdilemmata nur fragen, ob wir eine gewählte Position konsequent durchzuhalten bereit wären, also wie wir uns gegenüber anderen Personen rechtfertigen würden, wenn wir mit den geretteten fünf Welpen aus dem brennenden Haus kämen. Für sich betrachtet, können das Gedankenexperiment der »letzten Person« und fiktive Rettungsdilemmata nur verdeutlichen, welche Lösung des Selbstwertproblems man favorisiert. Keines dieser Werkzeuge ist entscheidend für dessen Lösung.

Ähnliches gilt für mutmaßliche *deontische Erfahrungen* (Kap. 3). Es handelt sich hierbei um solche Erfahrungen, in denen der Vollzug der Erfahrung uns gleichsam die Augen für den Selbstwert von Naturwesen öffnet. Ob deontische Erfahrungen in ihrer moralischen Substanz für alle *moral agents* Gültigkeit gewinnen können, bleibt allerdings eine offene Frage. Auch hier führt kein Weg an einer diskursiven Erörterung von Erfahrungen vorbei.[52] In diese Erörterungen müssen die deontischen Erfahrungen zunächst *unzensiert als solche* eingespeist werden. Die Schilderungen deontischer Erfahrung sind hilfreich, aber verbürgen keine Lösung.

Diese Prüfsteine können zusätzlich zu moralischen Alltagsintuitionen und dem erwähnten Begründungsmuster der Anwendungsbereiche von Moralnormen auf beiden Wegen benutzt werden, um ein reflexives Überlegungsgleichgewicht in unserem umweltethischen Überzeugungssystem zu erreichen. Bevor wir beide Wege beschreiben, fassen wir unsere Ausrüstung zusammen:

– Intuitionen
– Anwendbarkeit etablierter moralischer Regeln auf bestimmte Wesen
– Gedankenexperiment der letzten Person
– Interpretationen der Rettungssituationen
– Geschichten über deontische Naturerfahrungen.

5.5.4 Beginnen wir nun den *Weg von innen* mit dem bekannten kantschen Argument zugunsten der menschlichen Würde, welche von Kant in der *Grundlegung zur Metaphysik der Sitten* mit innerem Wert gleichgesetzt wird. Kants Argument setzt den kategorischen Imperativ voraus. Für Kant ist der kategorische Imperativ das Einzige, das an sich selbst Würde hat. Menschen, als natürliche Wesen betrachtet, haben für Kant keine Würde. Nur weil Menschen in der Lage sind, den kategorischen Imperativ zu benutzen, indem sie sich fragen, ob ihre Maximen geeignet sind, um auf ihrer Grundlage allgemeine moralische und rechtliche Institutionen zu begründen, sind sie Personen, und als solche jenseits der Kausalketten der Natur. Würde ist für Kant daher abgeleitet aus dem möglichen Gebrauch des kategorischen Imperativs durch Personen, durch den diese zu Selbstgesetzgebern im Reich praktischer Vernunft, d.h. autonom werden. Diskursethisch formuliert besagt Kants Argument: Nur weil Personen Zugang zum Reich der moralischen Argumentation haben, partizipieren sie als *moral agents* an der Würde des kategorischen Imperativs. Daher kann der Würdebegriff nur auf Personen angewandt werden. Da Kant Würde mit innerem Wert gleichsetzt, scheint seine Position mit jeder Lösung des Selbstwertproblems außer striktem Anthropozentrismus unvereinbar zu sein.

In der *Metaphysik der Sitten* (Tugendlehre, § 17) spricht Kant das Problem der Zerstörung der Naturschönheit und die Frage an, wie empfindungsfähige Tiere zu behandeln sind. Bekanntermaßen argumentiert Kant, dass Zerstörungslust gegenüber Naturschönem und Grausamkeit gegen Tiere moralisch falsch sind, da sie den moralischen Charakter von Personen zum Schlechten beeinflussen. Dies wird in der Umweltethik als sogenanntes »Verrohungsargument« bezeichnet, das, so die Kritik, auf fragwürdigen psychologischen Annahmen beruhe. Heike Barantzke (2005) hat dagegen gezeigt, dass Kants Argument nicht psychologistisch ist. Eine nicht-grausame Behandlung von Tieren ist eine Verpflichtung, die eine moralische Person sich selbst gegenüber hat. Eine vertiefte Behandlung von Kants Position führt damit in die Problematik der Pflichten gegen sich selbst in Ansehung anderer Wesen. Vorausgesetzt werden muss dabei natürlich, dass Verpflichtungen sich selbst gegenüber bestehen, was ethisch strittig ist. Für Kant kann man die Menschheit in der eigenen Person erniedrigen, wodurch man in den Augen anderer verächtlich wird. Die Verpflichtungen sich selbst gegenüber beziehen sich auf diese Möglichkeit (Horster 2009, S. 27-29). Gibt man dies zu, so bedeuten die Zerstörung des Naturschönen und Grausamkeit gegen Tiere eine Art der Entehrung bzw. eine Selbstherabwürdigung der Menschheit in der eigenen Person. So gesehen erlegt Kants Anthropozentrismus jeder Person Verpflichtungen gegen sich selbst in Ansehung von Natur auf. Dies dürfte mit einer Umwelttugendethik (Kap. 4) konsistent verknüpft werden können. Für Kant ist man diese Unterlassungen zerstörerischer und grausamer Handlungen letztlich sich selbst schuldig.

Entscheidend für Kants Anthropozentrismus ist seine Behauptung im § 16 der Tugendlehre, dass jeder, der glaubt, es bestünden moralische Verpflichtungen gegenüber Nicht-Menschen, einem Fehlschluss, nämlich einer *Amphibolie* aufsitzt. In der *Kritik der reinen Vernunft* definiert Kant eine Amphibolie als eine Verwirrung zwischen dem transzendentalen und dem empirischen Gebrauch der Vernunft. Verpflichtungen gegen Naturwesen müssten daher auf einer solchen Verwirrung im Bereich der moralisch-praktischen Vernunft beruhen. Dieses Argument verdient Beachtung, denn wenn es scheitert, ist der »Weg von innen« in einem kantischen Paradigma der Ethik begehbar. Kantianer wären dann nicht länger auf den Anthropozentrismus festgelegt.

Kant eröffnet § 16 damit, dass Menschen »nach der bloßen Vernunft zu urteilen« moralische Pflichten nur gegenüber Menschen (oder anderen Vernunftwesen) haben. Unter Kants Prämissen trifft dies zu. Jedes Argument zugunsten moralischer Pflichten gegenüber Naturwesen kann nicht auf *reiner* praktischer Vernunft beruhen. Aber warum sollte es auf reiner Vernunft beruhen, d. h. *a priori* sein *müssen*? Wenn ein Argument zugunsten moralischer Pflichten gegenüber Naturwesen nicht auf *reiner* praktischer Vernunft beruhen kann, folgt nicht, dass jedes derartige Argument auf Verwirrung zwischen empirischem und transzendentalem Vernunftgebrauch beruhen muss. Daher darf man bei der Lösung des Selbstwertproblems Argumenten, die auf Annahmen *a posteriori* beruhen, mehr Spielraum geben. Solche Argumente beschädigen Kants Argument zugunsten der Würde von Personen nicht im Geringsten. Daher ist ein Argument zugunsten einer physiozentrischen Lösung des Selbstwertproblems als Argument über moralisch relevante Merkmale von Naturwesen in Reichweite. Somit können Kantianer moralisch relevante Merkmale befürworten, die zwar nicht hinreichen, um einem Wesen Würde zuzuschreiben, aber für die Zuerkennung von Selbstwert genügen. Auf diesem Weg kann der Weg »von innen« über die Anthropozentrik hinaus geöffnet werden.

5.5.5 Dieser Weg führt direkt zum Sentientismus. Dieser ist die am häufigsten vertretene Lösung des Selbstwertproblems. Die Fähigkeit, Freude und Leid empfinden zu können, wird hier als moralisch relevante Eigenschaft anerkannt. Freude bzw. Lust sind für empfindungsfähige Wesen »gut«, Schmerz bzw. Leid dagegen »schlecht«, d. h. von Übel. Moralisch betrachtet sind unsere Verpflichtungen, keine Übel zuzufügen, stärker als unsere Verpflichtungen, Freude zu bereiten. Daher hat der Sentientismus die Übel, die wir Nutz- und auch Wildtieren zufügen, stärker fokussiert als die Freuden, die wir Haustieren bereiten mögen. In praktischer Hinsicht war der Sentientismus eher am Leiden, d. h. *patho*zentriert. Ein systematisch überzeugendes Argument zugunsten des Sentientismus findet sich bei Angelika Krebs (1999, S. 91-98). Die kontroversen Fragen des Sentientismus lauten wie folgt:

- Welche Tiere haben überhaupt Bewusstsein und Empfindungen?
- Wie werden Selbstwert, Rechte und Würde konzeptionell gefasst und auf unterschiedliche Tiere bezogen?
- Soll das Tötungsverbot auf alle empfindungsfähigen Tiere angewandt werden (Ott 1999)?
- Welche Grundsätze der Behandlung empfindungsfähiger Naturwesen sollen gelten?
- Welche Konsequenzen hat der Sentientismus für wild lebende Tiere (etwa hinsichtlich der Jagd)?
- Welche Konsequenzen hat der Sentientismus für domestizierte Tiere und für Praktiken in zoologischen Gärten, im Zirkus und im Reitsport (hierzu nun Kunde, Ott 2020)?

Die erste Frage ist empirischer Natur. Als sicher kann gelten, dass alle Wirbeltiere empfindungsfähig sind. Ob Insekten und Spinnen ein Bewusstsein haben, ist strittig und hängt teilweise vom jeweils vorausgesetzten Begriff des Bewusstseins ab. Von organismischen Vermeidungsreaktionen, die schon bei Einzellern zu beobachten sind, kann nicht auf Bewusstsein geschlossen werden. Manche niederen Tiere (wie Muscheln und Quallen) scheinen hinsichtlich ihrer Wahrnehmungsfähigkeit eher Pflanzen zu ähneln.

In einem sentientistisch erweiterten kantianischen Paradigma kommt man nicht umhin, die *moral community* in Unterklassen zu gliedern: a) *moral agents* mit Würde, b) Menschen ohne Personenstatus, c) nicht-menschliche Wesen, denen aufgrund von Empfindungsfähigkeit Selbstwert zuerkannt wird. Hinzu kommen diverse Schutzgüter unterschiedlichen Ranges. Ein weiteres Problem liegt darin, ob Tiere nicht nur Selbstwert, sondern auch Rechte haben, wie dies Tom Regan geltend macht (Regan 1997).

Eine tierrechtliche Position impliziert ein Tötungsverbot und zwingt zur Abschaffung der Praxis der Tiernutzung in ihrer heutigen Form. Peter Singer erkennt dagegen den Tieren Rechte nur zu, sofern man ihnen den Status von Personen zubilligt. Der Status einer Person ist für Singer anspruchsloser definiert, als dies bei Kant der Fall ist: Das Vorliegen von Bewusstheit, Interessen, Formen von Erinnerung und Zukunftsgerichtetheit ist ausreichend. Demzufolge wären Primaten und vielleicht auch Wale und Delphine als Personen zu betrachten. Ihnen gegenüber, nicht aber gegenüber allen empfindungsfähigen Naturwesen, würde dann ein Tötungsverbot gelten. Singer (1994) erlaubt es, Tiere (Fische, Hühner) zu töten und sie durch andere Tiere zu ersetzen. Die Unterscheidung zwischen Personen und Nicht-Personen impliziert einen Gradualismus.

Was die Frage nach Grundsätzen anbetrifft, so unterscheidet man drei Gleichheitsgrundsätze:

- Gleiche Behandlung aller empfindungsfähigen Wesen
- Gleich hoher Wert jedes empfindungsfähigen Wesens
- Gleiche Berücksichtigung aller empfindungsfähigen Wesen

Der erste Grundsatz ist unhaltbar, da wir Schweine nicht wie Menschen behandeln müssen. Der zweite Grundsatz führt, wenn man ihn anhand von Rettungsdilemmata testet, in stark kontraintuitive Konsequenzen. Jeder wäre moralisch verpflichtet, fünf Mäuse statt einen Menschen zu retten. Selbst wenn man von diesem Grundsatz ausgeht, müsste man in Rechnung stellen, dass ein Mäuseleben nur wenige Jahre währt, also die Rettung eines Menschen mehr Lebensjahre rettet als jene von zehn Mäusen. Der Grundsatz gleicher Berücksichtigungswürdigkeit, den Singer vertritt (1996), lässt sich so verstehen, dass wir bestimmte Wesen *als solche* gleich berücksichtigen sollen, also Schaben *als* Schaben, Mäuse *als* Mäuse und Menschen *als* Menschen. Diese Lesart lässt Ungleichbehandlung und unterschiedlichen Lebenswert zu. Diese Auffassung zieht natürlich viele Fragen nach sich, was es z. B. genau bedeutet, einer Ziege, einer Robbe usw. *als solcher* gerecht zu werden. Dies führt dann in die Kasuistik der letzten drei Fragen.

Im Sentientismus ergeben sich eine Vielzahl von Konflikten innerhalb der *moral community* und ein Konfliktfeld zwischen Schutzgütern und Naturwesen mit Selbstwert. Ob man ein Pferd für ein Meisterwerk der Kunst opfern darf, bleibt offen. Dürfen wir Tauben in Städten töten, um Fassaden gotischer Dome zu schützen? Dürfen wir höhere Tiere »stressfrei« töten, nachdem wir ihnen ein artgerechtes Leben einer gewissen Dauer gewährt haben? Dürfen Mitglieder indigener Völker ihr Recht auf Subsistenzjagd an westliche Jagdtouristen verkaufen? Der mit diesen Fragen angedeutete kasuistische Preis einer Untergliederung der *moral community* erscheint akzeptabel, da erstens keine Umweltethik eine breit gefächerte Kasuistik vermeiden kann. Die Konflikte werden jenseits der Anthropozentrik reichhaltiger und vielschichtiger. Die hier vorgenommene Gliederung (Würde, Rechte, Selbstwert, Schutzgut) dürfte sowohl kontraintuitive Konsequenzen verhindern als auch die moralische Sensibilität für Konflikte schärfen. Eine gründliche Behandlung tierethischer Fragen findet sich bei David DeGrazia (1996).

Zuletzt ist zu betonen, dass der Sentientismus nicht nur auf Haus- und Nutztiere anwendbar ist. Es bestehen im Sentientismus unvollkommene Verpflichtungen gegenüber wildlebenden empfindungsfähigen Wesen in Ansehung ihrer natürlichen Lebensräume. Diese Verpflichtung kann natürlich nicht die Forderung nach einer Abschaffung des Ackerbaus zugunsten der Habitate von Mäusen nach sich ziehen. Sie kann aber dazu führen, dass die gesamte Landschaft immer auch als Lebensraum für hoch entwickelte nicht-menschliche Wesen betrachtet und anerkannt wird (zur Wildtierethik siehe Palmer 2010).

5.5.6 Die Begehbarkeit des kantschen Weges über den Anthropozentrismus hinaus wurde demonstriert. Daher sollte der zweite Weg nicht weniger begehbar sein. Stellen wir uns nun vor, dass moralische Personen, die den ersten Weg bis zum Sentientismus gegangen sind, nun versuchsweise den Weg *von außen* einschlagen. Diese Personen nehmen nunmehr eine Perspektive der universellen Berücksichtigung an, wie sie Thomas Birch (1993) vorgeschlagen hat, d.h. sie beurteilen *alle* ihnen auf dieser Route begegnenden Naturwesen unter der Frage, ob ihnen Selbstwert zukommen *könnte*. Sie nehmen dabei eine Einstellung großherziger Aufgeschlossenheit an, der es allen Wesen erlaubt, ihre Selbstwerthaftigkeit phänomenal an den Tag zu legen. Dies bedeutet, dass universelle Berücksichtigung eine reich strukturierte Ontologie voraussetzt. Ein Stein präsentiert sich uns *als* Stein, ein Pferd *als* Pferd, eine Rose *als* Rose usw. – und nicht nur als abstrakte Entität ohne Eigenschaften. Birchs Unterscheidung zwischen Berücksichtigung *(consideration)* und Berücksichtigungs*würdigkeit (considerability)* wird ebenfalls vorausgesetzt. Jene impliziert für Birch nicht, dass man jedem Wesen Selbstwert zuschreiben muss. Das Absprechen bleibt im Bereich des moralisch Zulässigen.

Der zweite Weg kann im Unterschied zu Birchs Ansatz auch so konzipiert werden, dass er zu einer holistischen Umweltethik führt, in der allen Entitäten Selbstwert zugesprochen werden muss (Gorke 2003, 2007). Die *moral community* umfasst für den Holismus alles, was überhaupt existiert. Der Holismus ist in diesem rein extensionalen Sinn die umfassendste Lösung des Selbstwertproblems. Der Holismus führt zur obersten Pflicht, alles Existierende auch um seiner selbst willen zu achten. Er erlegt jeder Person eine Pflicht auf, Eingriffe in Natur auf ein Minimum zu beschränken. Für Gorke *müssen* moralische Personen den »Weg von außen« einschlagen und sich hierbei auf den moralischen Standpunkt stellen, der Willkür ausschließt. Dieser Weg beginnt mit einer Verschiebung der Begründungslast: Alle Wesen haben Selbstwert, bis überzeugende Gründe den Ausschluss bestimmter Wesen aus der *moral community* erlauben. Die Begründungslast fällt also Personen zu, die Wesen ausschließen möchten. Diese müssen zeigen, dass ihr jeweiliges Kriterium nicht willkürlich gewählt wurde.

Das Metakriterium, nach dem Kriterien hinsichtlich ihrer Willkür beurteilt werden sollen, ist für Gorke das Prinzip der *größtmöglichen ontologischen Sparsamkeit*. Gorke behauptet, dass dieses Prinzip eine basale Diskursregel für das Selbstwertproblem ist. Dieses Metakriterium lautet: Je ontologisch aufwendiger eine Position ist, als desto willkürlicher (und damit egoistischer) darf sie *prima facie* gelten. Unter diesem Metakriterium sieht jeder substanzielle Grund und jedes Kriterium freilich willkürlicher aus als das Prinzip des Holismus, alle Entitäten in die *moral community* aufzunehmen. Wer eine Einschränkung vornehmen möchte, muss sich ja auf die Formel (2) beziehen und diese inhaltlich füllen, also Gründe, Kriterien und Eigenschaften miteinander korrelieren. Alles, was sich unter Rekurs auf (2) geltend machen lässt, ist ontologisch gehaltvoller, damit aufwendiger und gilt mithin als willkürlicher (egoistischer) als das Prinzip des Holismus, das einfach allen Entitäten Selbstwert zuschreibt. Die moralische Proposition: »Alle Entitäten haben Selbstwert« ist einfacher als sämtliche Propositionen, in denen einigen Entitäten Selbstwert zu-, anderen hingegen abgesprochen wird. Bei gegebener Begründungslast und unter diesem Metakriterium ist es damit (schier) unmöglich geworden, den Willkürverdacht durch sprachliche Bemühungen zu entkräften oder auszuräumen. Der Holist gewinnt aufgrund seines geschickten Arrangements der Diskursregeln immer gegen alle Opponenten, die er monoton der Willkür bezichtigen kann, ohne selbst ein substanzielles Argument vorbringen zu müssen. Anhänger des Holismus brauchen daher nicht viel von Ethik und Umweltethik zu verstehen; sie müssen nur lernen, an den passenden Stellen »Willkür!« zu rufen. Diese Diskursregel macht den Diskurs für alle Nicht-Holisten natürlich unattraktiv, unergiebig und letztlich sinnlos.

Diese Gewinnstrategie erbringt in Gorkes Konzeption eine Verschiebung aller lebenspraktischen Probleme des Naturhandelns auf eine zweite Ebene der umweltethischen Betrachtung. Auf dieser relativen Ebene werden ontologische Differenzierungen wieder eingeführt, aber dies hat nur noch den Zweck, das genaue Ausmaß an moralischer Schuld zu bestimmen, das durch Naturhandeln notwendigerweise entsteht. Genau diese Verschiebung empfinden Holisten als Vorzug ihrer Theorie, in der, wie bei Albert Schweitzer, ein gutes Gewissen und ein richtiges Handeln ausgeschlossen sind. Hier taucht möglicherweise ein Problem auf, das Kant in Bezug auf die in Ansehung der Moral gleichgültigen Handlungen *(adiaphora)* angesprochen hat. Kant meint, dass eine Moralauffassung, die keine *adiaphora* zugibt und deren Vertreter »sich alle seine Schritte und Tritte mit Fußangeln bestreut« (*Werke* Bd. VI, S. 409), zugleich fantastisch und tyrannisch werden würde. Im Holismus verbleibt nur die Möglichkeit, die je eigene Schuld gegenüber der Natur, ohne die der Lebensvollzug nicht möglich ist, möglichst gering zu halten.

Zugunsten des Kriteriums der größtmöglichen ontologischen Sparsamkeit kann sich Gorke nicht auf neue wissenschaftsphilosophische Arbeiten zu *parsimony* stützen (Baker 2006). In der Wissenschaftstheorie gilt *Ockham's razor* nur als ein *ceteris-paribus*-Kriterium für die Wahl einer Erklärung oder einer Theorie. Nur wenn keine Gründe vorliegen, eine Erklärung oder

Theorie gegenüber einer anderen zu bevorzugen, sollte man das Sparsamkeitskriterium zur Entscheidung heranziehen. Der sinnvolle Grundsatz, unter schwachen Voraussetzungen zu argumentieren, darf nicht ins Extrem gesteigert (»hypostasiert«) werden. Schon Kant hatte dem Sparsamkeitsprinzip ein gegenläufiges Prinzip beigegeben (*Kritik der reinen Vernunft*, B 684-687). Der Grundsatz der *größtmöglichen* Sparsamkeit der Annahmen ist für Ethik und Umweltethik ein verfehltes Ideal. Was bliebe vom Argumentationsraum der Umweltethik unter diesem Ideal übrig? Dieser ist, wie gezeigt, so reich an Annahmen wie das menschliche Leben inmitten der vielfältigen Natur voll von ethischen Bezügen ist.

Es ist im Kontext der hier vertretenen Konzeption von Umweltethik inkohärent mit der Behandlung des Argumentationsraumes, nur das Selbstwertproblem unter das Kriterium der größtmöglichen ontologischen Sparsamkeit zu stellen. Würde man dieses Kriterium jedoch durchgängig in die Ethik einführen, so hätte dies desaströse Folgen für die gesamte praktische Philosophie. Gorke behauptet daher eine Sonderstellung des Selbstwertproblems. Weil das Selbstwertproblem eine Voraussetzung für viele andere moralische Probleme sei, müsse man seine Diskussion unter besonders strikte Regeln stellen. Dies aber würde bedeuten, dass Diskurse über sehr grundlegende philosophische Fragen, die Voraussetzung vieler anderer Fragen sind, unter derartige Sonderregeln gestellt werden müssten. Dem können Diskursethiker nicht zustimmen.

Zusammenfassend gesagt: Das Metakriterium der größtmöglichen ontologischen Sparsamkeit liegt im Kernbereich einer epistemologisch unplausiblen, dem Opponenten gegenüber unfairen und mit Blick auf den gesamten Argumentationsraum der Umweltethik inkohärenten Begründung des Holismus.

5.5.7 Diese Kritik spricht nicht gegen den »Weg von außen«, sondern nur gegen konzeptionelle Reglements, die ihn verstellen. Der »Weg von außen« kann, sofern das Reglement gelockert wird, beschritten, und darf sogar mit einer moderaten Begründungslast verbunden werden. Die Begründungslast pendelt dann unterwegs zwischen Proponenten und Opponenten hin und her (Räikkä 2005).

Wenn man unter ermäßigten Konditionen den »Weg von außen« geht, steht man erstens vor dem Problem, ob es legitim ist, technische Geräte aus der *moral community* auszuschließen. Wenn ich meine Intuitionen mit der gewählten Ausrüstung abgleiche, zeichnet sich folgendes Resultat ab: Mich würde es nicht stören, wenn die letzte Person Automobile und Computer zerstört.[53] Artefakte haben keine Interessen, die berücksichtigt werden müssten. Keine moralische Norm kann auf Artefakte angewandt werden. Es gibt keine Moralnorm, die fordert, nie etwas kaputt zu machen. Der Abriss alter Scheunen ist moralisch nicht falsch, und es ist auch nicht verwerflich, alte Schuhe der Müllverbrennung zuzuführen. Es macht einen deutlichen Unterschied, ob man ein Transistorradio auseinanderbaut oder einer Spinne die Beine ausreißt. Aufgrund dessen scheint der Ausschluss technischer Artefakte aus der *moral community* gerechtfertigt. Im Holismus dagegen haben auch technische Geräte einen moralischen Selbstwert.

Auf dem Weg von außen nach innen begegnet man anschließend Entitäten wie Sand, Felsen, Vogelfedern, Knochen, Klumpen von Seegras, abgeworfenen Blättern, Baumrinde, Tierhaaren usw. Geschichten, die deontische Erfahrungen mit solchen Entitäten beinhalten, kenne ich nicht. Welche moralisch relevanten Merkmale könnten bspw. ein abgefallenes Blatt oder tierische Exkremente besitzen? Meine Intuitionen sprechen dagegen, einem Kothaufen Selbstwert zuzusprechen, und bei reiflicher

Selbstprüfung glaube ich nicht, dass ich hier nur in Ekelgefühlen befangen bin, die meine moralische Urteilskraft trüben. Ich als letzte Person würde mir einen Herbstspaziergang durch herabgefallenes Laub gestatten, auch wenn ich dabei viele Blätter »zermalmte«. Daher sollten derartige Entitäten aus der *moral community* ausgeschlossen werden. Das Gleiche gilt für Gene und für einzelne Organe. (Bereits der ontologische und epistemische Status von Genen ist viel zu unklar, als dass man ihnen Interessen zusprechen könnte. Eine Umweltethik, in der wir Pflichten gegenüber Genen in Ansehung ihrer organismischen Träger hätten, dürfte zu sehr eigenartigen Konsequenzen führen. Zu einem solchen Ansatz siehe Dierks 2014.)

Im nächsten Schritt auf dem Weg von außen begegnet man biotischen Gemeinschaften, die als »Ökosysteme« bezeichnet werden. Ökosysteme sind teils von Wissenschaftlern konstruiert und teils real (Haber 2004). In einigen Ökosystemen, wie Mooren, scheint der Realitätsaspekt zu dominieren, während in anderen Systemen, wie Wiesen und Graslandern, der konstruktive Aspekt stärker ist. Moralisch relevante Merkmale von Ökosystemen müssen im Realitätsaspekt von Ökosystemen zu finden sein. Andernfalls könnte jedes Subjekt unabzählbar viele Ökosysteme konstruieren (Kopfhaut, Pfützen, das Innere von Biotonnen, alte Teppiche usw.) und ihnen ausnahmslos Selbstwert zuschreiben, was wir als stark kontraintuitiv empfinden würden.

Ökosysteme sind relationale Gefüge. Ihnen Selbstwert zuzuerkennen bedeutet, Beziehungsgeflechte moralisch höher zu bewerten als einzelne Entitäten, die in ihnen vorkommen. Einzelwesen sind nur vergängliche Knoten in Netzen, denen *als solchen* Selbstwert zugeschrieben wird. Meinen moralischen Intuitionen zufolge haben wir moralische Pflichten nicht primär gegenüber Ganzheiten *als solchen* (also auch nicht gegenüber dem Volk, der Kirche, der Familie, dem Verein), sondern gegenüber Einzelwesen. Erst abgeleitet kommen Ganzheiten in das moralische Blickfeld. Ökologen scheinen hier andere Intuitionen als Ethiker zu haben. Auch andere *tools* erbringen hier kein klares Ergebnis. Daher ist ein kurzer Blick in die wohl interessanteste Begründung der Ökozentrik sinnvoll.

L.E. Johnsons (1991) Argument zur Rechtfertigung des Ökozentrismus nimmt an, a) dass eine Unterscheidung zwischen »starken« und »schwachen« Interessen getroffen werden kann, b) dass alle Organismen schwache Interessen haben, c) dass schwache Interessen für die Zuschreibung von Selbstwert ausreichend sind und d) dass Ökosysteme mit symbiotischen Lebensformen verglichen werden können. Die Prämissen a) und b) scheinen akzeptabel; c) ist problematisch, aber wir setzen diese Annahme *for the sake of argument* einmal voraus. Auch dann bleibt der entscheidende Schritt d) biologietheoretisch fragwürdig. Für Johnson sind Flechten »something like a small closely knit ecosystem« (1991, S. 163). Diese Behauptung wurde von A. Theler vertreten (1996, S. 217): »Lichens are not organisms. Lichens are small ecosystems.« Thelers Behauptung wurde von Heribert Schöller (1997, S. 69 ff.) abgelehnt, da bei Flechten die organismischen gegenüber den ökologischen Aspekten dominant seien. Selbst wenn man Theler folgt, bleibt die Frage, ob die ökologische Interpretation der eigentümlichen Lebensform der Flechten hinreicht, Ökosystemen generell schwache Interessen und damit Selbstwert zuzusprechen. Johnson konstruiert einen Grenzfall, um von der Biozentrik zur Ökozentrik übergehen zu können. Wenn man aber die Biozentrik für dieses Argument voraussetzen muss, ergibt sich aus Johnsons Argument eine pluralistische Konzeption, in der allen einzelnen Lebewesen *und* allen Ökosystemen Selbstwert zukommt. Dies führt zu einer Doppelperspektive, die eine unabsehbare Kasuistik eröffnet. Johnsons Argument erscheint deshalb nicht tragfähig.

Die Ökozentrik steht zudem der modernen Ökologie, die sich von Superorganismus- und Gleichgewichts-Konzepten gelöst hat, keineswegs näher als andere Umweltethiken. Ob Aldo Leopold den Ökozentrimus vertreten hat, ist ebenfalls fraglich. Neue Arbeiten legen nahe, dass Leopold seine Vorschrift[54] nur auf den Kontext der Landnutzung beschränkt hatte (Meine 2004). In dieser Beschränkung ist sie vertretbar. Callicott meinte dagegen, dass Leopolds Vorschrift als oberstes Moralprinzip betrachtet werden sollte (1980, S. 320). J. Baird Callicott (1997) hat diesen Ansatz aufgrund vieler Vorwürfe, es handele sich um eine Konzeption mit »ökofaschisischen« Konsequenzen, in ein Modell konzentrischer Kreise moralischer Verpflichtungen überführt, das allerdings nicht mehr öko-»zentrisch« ist und in seinen Konsequenzen einer ökologisch aufgeklärten Landnutzungsethik nahekommt. Demnach könnte eine Leopold'sche Landethik auch auf das Konzept ›starker‹ Nachhaltigkeit gegründet werden (Kap. 7). Die Ökozentrik erfreut sich in den Kreisen der Naturschützer nach wie vor einer gewissen Beliebtheit, ist aber umweltethisch die fragwürdigste Lösung des Selbstwertproblems. Ausführlich hierzu Dierks (2016).

5.5.8 Der »Weg von innen« erreicht, wie gezeigt, den Sentientismus und führt von dort bis zum Rand der Biozentrik, während der »Weg von außen« den gleichen Rand erreicht, wenn man Holismus und Ökozentrik zurückweist. Der Biozentrismus macht geltend, dass *alle* Lebewesen der *moral community* angehören, unabhängig davon, welchem Reich, Phylum, Gattung, Ordnung, Familie, Spezies usw. sie angehören mögen. Ethische Rechtfertigungen für Biozentrismus werden von Albert Schweitzer (1926), Paul Taylor (1986), und Nicholas Agar (2001) gegeben. Eine populäre Version vertritt Andreas Weber (2007). Die Biozentrik stützt sich auf ontologische Konzepte wie »teleologische Struktur« (Taylor 1986), »representational goals« (Agar 2001), »Gefühl« (Weber 2007) oder das Konzept schwacher Interessen. Werfen wir einen kurzen Blick in die Begründungen der Biozentrik.

Schweitzers Prinzip der Ehrfurcht vor dem Leben ist mehrdeutig, da im Begriff der Ehrfurcht Faszination, Bewunderung und moralischer Respekt vermischt werden. Für Schweitzer ist Leben eine Art mysteriöses Wunder, welches die Biologie letztlich nicht zu erfassen vermag. Die Einstellung der staunenden Bewunderung mag für das wundersame Phänomen namens Leben angemessen sein. Aus Faszination und Staunen lassen sich existentielle Haltungen gewinnen, aber der Selbstwert aller Lebewesen lässt sich daraus nicht ableiten. Schweitzer schließt die Begründungslücke, indem er vorschlägt, dass Bewunderung Ehrfurcht erheischt und dass Ehrfurcht moralischen Respekt nach sich zieht. Nähert man sich der Begrifflichkeit Schweitzers analytisch, so zeigen sich Begründungsdefizite (Ott 2005c, 63 ff.). Obwohl das Prinzip der Ehrfurcht vor allem Leben somit keineswegs so denknotwendig ist, wie Schweitzer glaubt, ist Schweitzers Ethik keineswegs irrational, sondern ruht auf einer Prämissenstruktur, die zumindest eine biophil-faszinierte Grundeinstellung zu Lebendigem rechtfertigen kann, die sich an die Umwelttugendethik anschließen lässt. Eine ähnliche Lösung schlägt Jon Wetlesen vor (1999). Für Wetlesen können biozentrische Einstellungen Teil eines Konzepts existenzieller Selbstachtung sein. In diesem Konzept können die Grenzen zwischen biophilen und biozentrischen Einstellungen verschwommen bleiben. Ein strenger Begründungsanspruch wird allerdings aufgegeben. Diese Lösung nähert sich Kants Auffassung, dass die grundlose Zerstörung von Natur und Grausamkeit gegen empfindungsfähige Wesen die eigene Person entehren.

Hans Jonas (1973) folgend habe ich einen unzulänglichen Versuch gemacht, zugunsten der moralischen Relevanz teleologischer Strukturen zu argumentieren (Ott 1993). Angesichts berechtigter Kritik (Krebs 2000), habe ich Angelika Krebs' Dichotomie zwischen a) *echter* Teleologie, die auf Handlungen und Intentionen beschränkt ist, und b) *funktionaler* Teleologie, die moralisch irrelevant ist, übernommen und den Sentientismus als zufriedenstellende Lösung des Selbstwertproblems betrachtet. Gleichwohl blieb die Frage, ob die Unterscheidung zwischen echter und funktionaler Teleologie eine vollständige Dichotomie ist. Wenn dem nicht so wäre, bleiben dritte Optionen in Reichweite. Es fragt sich, ob Konzepte wie *prehension*, *representational goals* (Agar 2001) in einer Weise an die Stelle des »klassischen« teleologischen Arguments treten können, dass dessen Defizite überwunden werden könnten. Diese Konzepte scheinen mir allerdings auf Tiere viel plausibler anwendbar als auf Pflanzen.

5.5.9 Die Unterschiede zwischen Tieren und Pflanzen sind biologisch signifikant. Auch niedere Tiere sind »zentriert« bzw. »zentralisiert« in einer Form, wie es Pflanzen und Pilze nicht sind. Wir sagen, Insekten haben »Fühler«, mittels deren sie Ereignissen in ihrer Umgebung *gewahr* werden, auch wenn wir zweifeln, ob sie Bewusstsein haben. Dieses Gewahren vollzieht sich womöglich nicht als Bewusstsein in dem uns vertrauten Sinne, ist aber mehr als eine biochemische Reaktion (wie beim Informationsaustausch von Pflanzen). Das, was wir bei uns selbst als Bewusstsein kennen, könnte eine hoch entwickelte Klasse in einem Set von zoologischen »Gewahrungen« sein. Solch erfahrendes Gewahren kann mit einem von Whitehead stammenden Term als *prehension* bezeichnet werden. Eine Position, die Selbstwert allen prähensiven Lebewesen, also faktisch den meisten Tieren, zuschreibt, kann als »Zoozentrismus« bezeichnet werden.[55] Diese Position ruht auf einer ontologischen Unterscheidung, da behauptet wird, dass das gewahrende Verhalten prähensiver Tiere in ihren jeweiligen Umwelten qualitativ anders geartet ist als die biochemischen Reaktionen der Pflanzen auf ihre Umgebungen – und dass diese Behauptung nicht nur deshalb aufgestellt wird, weil uns Menschen die tierische Lebensform nähersteht als die pflanzliche. Wenn prähensives Gewahren von Umwelt- und Eigenzuständen eine moralisch relevante Eigenschaft ist, aus der ein entsprechendes Kriterium folgt, wäre das Selbstwertproblem gelöst. Wir könnten dann Selbstwert anhand der biologischen Informationen gradieren, wie hoch entwickelt dieses Gewahren jeweils ist. Die *moral community* erhält somit eine weitere Unterklasse, d.h. die Klasse der Naturwesen mit Selbstwert wird ihrerseits untergliedert in bewusstseinsbegabte und in prähensive Lebewesen. Die *moral community* ist damit einem Schiff vergleichbar, dessen unterschiedliche Decks unterschiedliche Passagiere beherbergen. Die Passagiere der unteren Decks haben bestimmte moralische Ansprüche, die nicht beliebig übergangen werden dürfen, aber sie werden den Passagieren des obersten Decks nicht gleichgestellt. Wenn die Begründung überzeugt, ist das Bild nicht zu beanstanden.

Nehmen wir einen hypothetischen Test dieser ungewohnten Position vor. Intuitiv versuche ich, beim Gehen keine Schnecken oder Käfer zu zertreten, und ich würde Kinder tadeln, wenn sie mutwillig Schnecken zertreten oder Spinnen töten. Auch die letzte Person sollte dies nicht tun. Man sollte einen Bienenstock anstelle eines Stücks Graslandes retten, auch wenn es mehr Grashalme als Bienen gäbe. Die Zoozentrik deckt alle deontischen Erfahrungen ab, die im dritten Kapitel skizziert wurden, darunter auch Naess' Beobachtung des Todeskampfes eines Flohs. Meine persönliche deontische Erfahrung lautet wie folgt: Beim Wandern in schwedischen Wäldern überdachte ich das Selbstwertproblem und fragte mich, warum ich im Sinne des Sentientismus die Grenze der moralischen Berücksichtigungswürdigkeit zwischen den *sentienten* Fröschen auf der einen Seite und den *prähensiven* Ameisen, Spinnen, Bienen und Libellen auf der anderen Seite ziehen sollte. Der »Tanz« der Libellen und Schmetterlinge am Seeufer ist sicherlich prähensiv verfasst, wenngleich das Hüpfen der Frösche von Bewusstsein begleitet sein dürfte. Aber selbst wenn die Grenze zwischen Bewusstsein und Prähension bioontologisch klar wäre (was sie nicht ist), sollte diese Grenze nicht die Grenze der *moral community* sein – zumindest glaubte ich mir dieser Einsicht für einen Moment sicher zu sein. Diese Erfahrung ist kohärent mit den Erfahrungen vieler Zoologiestudenten beim Experimentieren mit Käfern. Die Reaktionen der Tiere im Experiment sind phänomenologisch klar als ein leibliches Sich-Sträuben bzw. Abwehrverhalten zu verstehen, das bei Pflanzen, die zerschnitten werden, kein Analogon hat. Wenn beispielsweise ein Käfer oder ein Floh in giftigen Chemikalien ertränkt wird, zeigt er starke Abwehrreaktionen. Leibliche Schädigungen (Läsionen) werden von Tieren selbst prähendiert, selbst wenn Zweifel bestehen mögen, ob Schmerz und Leid bewusst gefühlt werden. Die moralische Regel, anderen Wesen nicht grundlos Schaden zuzufügen (»*Do no harm!*«), kann zur Anwendung kommen. Ich behaupte nicht, dass Zoozentrismus die endgültige oder die einzig richtige Lösung des Selbstwertproblems ist. Momentan ist er nur eine Hypothese, die ich untersuchen möchte. Wenn sie fehlschlägt, ist die Rückkehr zum Sentientismus ein sicherer Schritt zurück, der dann kein moralischer Rückschritt wäre.

Ein Zoozentrist tut keiner Fliege grundlos etwas zuleide. Einer zoozentrischen Lösung zufolge erweisen sich die Pflanzen als eigentümlicher Grenzbereich der moralischen Berücksichtigung. Außer Frage steht, dass wir Menschen wie alle Tiere elementar auf Pflanzen angewiesen sind und dass die Photosynthese wie ein Wunder anmutet. Die Schönheiten des Gewächsreiches wurden von Kant, Goethe, Alexander von Humboldt und der Romantik vielstimmig und zu Recht betont. In moralischer Perspektive stößt man hier aber an eine Grenze. Einerseits lässt sich das Konzept schwacher Interessen oder die Regel der Nichtschädigung auf Pflanzen anwenden, und viele fühlen sich intuitiv stärker verpflichtet, Pflanzen zu gießen als Motoren zu ölen. Andererseits macht es Pflanzen aufgrund des Fehlens einer neuronalen Organisation nichts aus, wenn man sie (be)schädigt. Pflanzen sind, so gesehen, das lebendige Paradox von Wesen, die man schädigen und doch nicht schädigen kann. Ich würde daher nicht anthropomorph von der »stummen Verzweiflung« welkender Pflanzen sprechen (Weber 2007, S. 103). Wenn man im Unterschied zu der hier vertretenen Auffassung die Gemeinsamkeiten zwischen Pflanzen und Tieren stärker betont und wenn man biochemische Reaktionen als Wahrnehmungen interpretiert (hierzu Stöcklin 2007), kann man nicht nur das Reich der *Zoa*, sondern auch das der *Planta* in die *moral community* einbeziehen. Bis zur Biozentrik bliebe dann immer noch der Weg über die drei übrigen Reiche (Prokaryoten, Protista, Fungi). Belassen wir es bis auf Weiteres bei der Zoozentrik.

In jedem Fall hat sich bei der Behandlung des Selbstwertproblems gezeigt, dass der Begriff des Selbstwertes kein unbezüglicher Begriff ist, wie Gorke (1999, S. 250) behauptet. Die in diesem Abschnitt versammelten Überlegungen, die leicht in verschiedenen Hinsichten hätten vertieft werden können, zeigen, in wie vielen begrifflichen Bezügen der Begriff des Selbstwertes steht. Im Anschluss an all diese Bezüglichkeiten Selbstwert metaethisch als einen unbezüglichen, einstelligen, nicht gradierbaren Begriff anzusehen ist eine Abstraktion. Solche Abstraktionen können zu umfangslogisch extremen Lösungen wie dem Holismus führen, die in Verbindung mit hohen Begründungslasten den Schein einer *one best solution* annehmen können. Die hier vertretene Lösung des Selbstwertproblems beansprucht nur, eine *first best solution* zu sein. Sie ist umringt von anderen zufriedenstellenden Lösungen: Sentientismus auf der einen, Einbeziehung auch der Pflanzen auf der anderen Seite. Es ist auch kein begrifflicher Fehler, die *moral community* als gradierbar zu konzipieren. Gradiert wird anhand der Wahrnehmungsfähigkeit bzw. anhand der Weltoffenheit eines Wesens. Würde kommt Menschen zu, weil ihnen über die Welt der Natur noch Welten des Geistes zugänglich sind. Selbstwert kommt Wesen zu, sofern man ihnen etwas antun (zufügen) kann, das für sie selbst von Übel ist. Die Lösung hat die Konsequenzen, dass wir den Umgang mit höheren Tieren im Sinne des Sentientismus politisch und rechtlich regulieren und die Zoozentrik als Richtschnur der Lebensführung gegenüber der belebten Natur verstehen können. Das Selbstwertproblem lässt sich durch diese Lösung moralisch gleichsam entspannen. Es relativiert sich auch hinsichtlich der Aufmerksamkeit, die wir ihm in der Umweltethik widmen. Und es lenkt uns nicht ab von den umweltpolitischen Herausforderungen des Klimawandels, der Wasserversorgung, der Landwirtschaft, der Einrichtung von Schutzgebieten, der Fischerei, des ökologischen Stadtumbaus, die im Grunde nur wenig mit der Frage zu tun haben, ob alle Sandkörner, alle Wassertropfen, alle Grashalme, alle Bodenbakterien, alle Heidelbeeren, alle Tintenfische usw. einen Selbstwert haben. Das Pflichtenheft, das die Umweltethik in diesem Kapitel begründet und erläutert hat, ist anspruchsvoll genug und kann auf diese Herausforderungen bezogen werden.

6. Biblische Schöpfungslehre[56]

In der Debatte zwischen John Rawls und Jürgen Habermas, die sich um das Verhältnis von Menschenrechten, Demokratie und Öffentlichkeit drehte, wurde auch die Rolle erörtert, die religiöse Gründe innerhalb einer säkularen politischen Ordnung spielen dürfen. Rawls vertrat hierzu eine restriktive Auffassung. Religiöse Gründe dürfen für ihn im öffentlichen politischen Diskurs letztlich keine Rolle spielen. Habermas (2005) zufolge ist dagegen auch in säkularen Staaten eine wechselseitige »Übersetzungsarbeit« zwischen säkularen und religiösen Bürgern und ihren jeweiligen Gründen möglich und sinnvoll. Habermas' Idee einer auf Gegenseitigkeit angelegten Übersetzungsarbeit ist bisher programmatisch geblieben. Um die Chancen dieser Idee auszuloten, soll hier der Versuch einer umweltethischen Übersetzungsarbeit am Musterbeispiel der biblischen Schöpfungslehre versucht werden. In ausführlicher Form liegt diese Übersetzungsarbeit vor in Hardmeier, Ott (2015). Dies bietet sich auch deshalb an, weil viele geistig interessierte Naturschützer mit nicht-westlichen Religionen sympathisieren. Buddhismus, Schamanismus, die Religionen der »First Nations« Amerikas und andere Formen von Spiritualität finden in »grünen« Kreisen eher Anhänger als das Christentum, das im Ruf steht, die Unterwerfung der Natur zu predigen. Dabei sind die Kenntnisse der eigenen wie der fremden Religionen meist nur oberflächlich. Dieses Kapitel adressiert sich daher sowohl an die spirituell interessierten Personen der eigenen Kultur wie auch an die, die einen interkulturellen Dialog über Natur, Ethik und Religion avisieren. Ein solcher Dialog orientiert sich nicht wie ein praktischer Diskurs an der Konsensidee, sondern möchte ein wechselseitiges Verständnis füreinander befördern. Die Qualität eines solchen Dialogs bemisst sich nicht an oberflächlichen Überblicken über die Naturvorstellungen im Islam, Hinduismus, Buddhismus usw., sondern an dem Gehalt von Beiträgen, die aus der Binnenperspektive religiöser Traditionen formuliert werden. In diesem Sinne darf ohne missionarische Absicht dargelegt werden, welche Vorstellungen von Gott, Mensch und Schöpfung in der biblischen Tradition niedergelegt sind.

6.1 Einerseits ist für viele Christen die Bewahrung von Gottes guter Schöpfung ein Anliegen geworden. An entsprechenden Verlautbarungen mangelt es nicht. Andererseits wird seit Lynn Whites klassischem Artikel »The historical roots of our ecological crisis« aus dem Jahre 1967 geltend gemacht, das Christentum sei für die Naturkrise der Moderne maßgeblich verantwortlich. Lynn White war nicht der Erste, der diese These aufgestellt hat. Bereits 1913 hielt Ludwig Klages eine Rede über »Mensch und Natur«, in der in erstaunlicher Radikalität das westliche Zivilisationsmodell angeprangert wird, das im Namen des Fortschritts auf die Vernichtung der belebten Natur abzielt. Klages: »Eine Verwüstungsorgie ohnegleichen hat die Menschheit ergriffen, die ›Zivilisation‹ trägt die Züge entfesselter Mordsucht, und die Fülle der Erde verdorrt vor ihrem giftigen Anhauch.« In dieser Rede geht Klages auch auf die Rolle des Christentums ein (1913, S. 19 f.). Klages wirft dem Christentum vor, die von ihm gepredigte Liebe gelte nur den Menschen »in vergötterter Gegenstellung zur gesamten Natur«. Alles übrige Leben sei für das Christentum wertlos. Theodor Adorno wusste, dass Klages hier ein bedeutendes Thema angeschlagen hatte. In der *Dialektik der Aufklärung* (1944, S. 15) heißt es ähnlich: »Als Gebieter über Natur gleichen sich der schaffende Gott und der ordnende Geist. Die Gottesebenbildlichkeit des Menschen besteht in der Souveränität übers Dasein, im Blick des Herrn, im Kommando.«

Whites Essay erzielte eine Breitenwirkung, die seinen Vorgängern verwehrt blieb. In Whites Darstellung sind es folgende Axiome, die das spätantike und mittelalterliche Christentum zu einer Religion und Theologie machen, innerhalb deren den Menschen von Gott die Aufgabe der Naturbeherrschung zugewiesen wird. Zum einen ist es der radikale *Monotheismus*, der zu einer »Entzauberung der Welt« (Max Weber) führt.[57] White: »No item in the physical creation had any purpose save to serve man's purposes. [...] Christianity made it possible to exploit nature in a mood of indifference to the feelings of natural objects.« (1967, S. 18 f.) Die Schöpfung ist im strengen Sinne nicht heilig; heilig ist Gott allein. Zweitens ist es die *Gottebenbildlichkeit* des Menschen, die diesem eine Sonderstellung zuweist. Drittens ist es der sogenannte *Herrschaftsauftrag* des »[...] machet sie euch untertan und herrschet über sie [...]«, aufgrund dessen Naturbeherrschung nicht nur erlaubt, sondern als göttlicher Auftrag geboten scheint. White: »Man and nature are two things, and man is master.« (Ebd., S. 18) Viertens ist es der *Bund Jahwes mit Noah*, der eine Ordnung stiftet, in der dieser Auftrag erneuert und bekräftigt wird. Diese vier Axiome führten laut White dazu, dass das Christentum wirkungsgeschichtlich eine naturferne Religion wurde.

Whites *zweite* These lautet, dass diese Axiome in säkularisierter Form in die neuzeitliche Philosophie übernommen wurden und das Projekt der Moderne prägen. Diese These lässt sich philosophiehistorisch untermauern (Kap. 1). So hat Francis Bacon visionär viele technologische Errungenschaften des 19. und 20.

Jahrhunderts vorweggenommen, indem er unterstellt, dass die Natur voller technologischer Möglichkeiten stecke, die nur darauf warteten, vom Menschen, der als Ebenbild Gottes an dessen Schöpferkraft partizipiere, entdeckt und realisiert zu werden. Bei René Descartes verbindet sich die Auffassung vom Menschen als »Meister und Besitzer der Natur« mit der Auffassung von Natur als *res extensa*, d.h. als empfindungsloser Materialität. Mit der seltsamen Begründung, er habe nicht genügend Zeit, die klassische Bestimmung des Menschen zu durchdenken, verwandelt Descartes den Menschen vom *zoon logon echon* in eine *res cogitans*. Die cartesianische Dichotomie zwischen *res cogitans* und *res extensa* wird in der Philosophie zur Subjekt-Objekt-Spaltung, d.h. zu einer Relation zwischen einem Subjekt, das sich selbst als *fundamentum veritatis inconcussum* versteht, und einer Welt beliebig manipulierbarer, an sich wertloser Objekte. Eine moralische Einstellung zur Natur scheidet damit kategorial aus. Auch das Phänomen der Lebendigkeit fällt durch dieses kategoriale Raster. Der Ausgangspunkt der neuzeitlichen Philosophie, die Subjektivität, ist durch Abstraktionen erzeugt worden, die später nur schwer rückgängig gemacht werden konnten. Auch der zweiten These Whites kann man insofern zustimmen, als der Herrschaftsauftrag in der Subjekt-Objekt-Spaltung hartnäckig fortlebt und Natur, sofern sie als Inbegriff von Objekten unter allgemeinen Gesetzen gedacht wurde, kein zentrales Thema der modernen Ethik sein konnte.

6.2 Gegen Lynn Whites Thesen ist Folgendes eingewendet worden (Whitney 1993): *Erstens* unterschlage sie, dass auch nichtchristliche Gesellschaften naturzerstörerische Praktiken betreiben. Dies bestreitet White jedoch nicht. Es wäre auch töricht, hier vergleichende Bilanzen zwischen Christentum, Islam, Hinduismus usw. ziehen zu wollen. *Zweitens* argumentiere White zu idealistisch und unterschätze die »harten« ökonomischen Faktoren, die zur Entstehung eines naturverbrauchenden Wirtschaftssystems führten. Lynn White lenke von den wirklichen Ursachen der Naturkrise ab. Die »harten« Faktoren sind, so die Replik, aber auch als die Manifestationen eines grundlegenden geistigen Entwurfs verstehbar. *Drittens* vertrete White eine unhaltbare essenzialistische Auffassung des Christentums. Freilich gibt es »das« Christentum so wenig wie »den« Islam oder »den« Buddhismus; es gibt Strömungen, Konfessionen und dergleichen. Aber das bestreitet White nicht. White bezieht sich in seiner Kritik auch nicht auf »grüne« Außenseiter der christlichen Tradition (Franziskus von Assisi, Hildegard von Bingen, Jakob Böhme u. a.) und kaum auf die byzantinische Tradition, sondern auf den breiten Hauptstrom der Dogmatik des lateinischen Westens. Whites Perspektive ist zudem *wirkungsgeschichtlich*. Die Texte der Bibel werden von White nicht in einem exegetischen Sinn betrachtet.[58] *Viertens* könne, so Whitney, das »rethinking our old religion«, das White anmahnt, zu nichts führen als zu einigen Korrekturen an religiösen Überlieferungen, die an Bedeutung eingebüßt haben. Dies stimmt insofern nicht, als die Religionen, faktisch betrachtet, nicht allmählich in einem übergreifenden globalen Säkularisierungsprozess untergehen, sondern sich – in welcher Gestalt auch immer (man denke bspw. an evangelikale und islamistische Strömungen) – offensichtlich behaupten. Die Vorschläge Whites, nämlich die Aufwertung des Heiligen Franziskus oder ein Äquivalent zum Animismus, muten freilich naiv an, obwohl man gegen eine Lektüre des »Sonnengesangs« nichts einwenden kann. *Fünftens* sei es fraglich, ob heutige Personen, die ihrem Selbstverständnis nach agnostisch, atheistisch usw. gesonnen seien, wirklich noch von den Axiomen der jüdisch-christlichen Überlieferung geprägt seien. Was diesen Einwand anbetrifft, so hat, um ein Vergleichsbeispiel zu wählen,

Max Weber darauf insistiert, dass moderne Wirtschaftsmenschen keineswegs mehr an die calvinistische Gnadenlehre glauben, ja diese nicht einmal mehr kennen müssen, um Einstellungen fortzusetzen, die ihren Ursprung und Sinn im Bestreben haben, durch rastlose Erwerbsarbeit wenigstens Hinweise auf die unerforschliche Gnadenwahl Gottes zu erhalten. Dies trifft, *mutatis mutandis*, auch hier zu. Verfestigte Mentalitäten und etablierte Institutionen zeitigen Konsequenzen, die wirksam bleiben, auch wenn die Prämissen in Vergessenheit geraten sind.

6.3 Lynn White hat viele Theologen und Umweltethiker dazu motiviert, einen neuen Blick auf die beiden biblischen Schöpfungsberichte zu richten. Der Auftrag aus dem jahwistischen Schöpfungsbericht, den Paradiesgarten »zu bebauen und zu bewahren«, wurde häufig als Korrektiv zum vermeintlich »harten« Herrschaftsauftrag der sogenannten Priesterschrift interpretiert. Dieses »Bebauen und Bewahren« wurde mehrmals zur sogenannten *Stewardship*-Interpretation ausformuliert. Sie besagt, dass dem Menschen die Erde wie einem Pächter anvertraut wurde, der dem Herrn für die Erhaltung eines guten Zustandes des Gepachteten verantwortlich ist. Diese Deutung war zweifellos kirchenpolitisch fortschrittlich. Sie impliziert allerdings, dass der »harte« priesterschriftliche Herrschaftsauftrag durch die »sanfte« jahwistische Pächterbeauftragung zu korrigieren sei. Diese Auffassung unterschätzt jedoch die Möglichkeiten einer Neulektüre von Gen 1, 26 ff. im Kontext des gesamten biblischen Schöpfungsverständnisses.[59] Deshalb wird im Folgenden der Text der Priesterschrift in den Vordergrund und in den Kontext der hebräischen Bibel gerückt. Die Bibel ist, worüber sich alle Autorinnen einig sind, weder anthropo-, noch physio-, sondern theozentrisch.[60] Unter dieser Voraussetzung erscheint die Perspektive fruchtbar, die Jürgen Ebach (1986) entwickelt hat.

Ebach interpretiert den priesterschriftlichen Schöpfungsbericht einschließlich der Erschaffung von Menschen als eine »Ursprungsutopie«, die besagt, wie »wir« Menschen eigentlich gemeint gewesen sind. Ursprungsutopie meint, dass etwas in die Anfänge verlagert wird, was eine durch uns selbst performativ-praktisch einzulösende Bestimmung ist. Es ist insofern unsere Aufgabe, mit Blick auf die Schrift darüber nachzudenken, wie wir Menschen im Anbeginn gedacht worden sein mögen.

Jede Deutung des Herrschaftsauftrags von Gen 1,26-28 muss sich mit der Bedeutung der Herrschaftsverben im hebräischen Urtext auseinandersetzen. Traditionellerweise wird »k^{a}b^{a}sh« bezogen auf die Erde mit »untertan machen« und »r^{a}d^{a}h« mit »herrschen« übersetzt, d.h. mit relativ starken Begriffen von Herrschaft und Unterdrückung, die vor allem in der lateinischen Übersetzung[61] leicht als Legitimation zur Ausbeutung (miss)verstanden werden konnten. Demgegenüber hat die alttestamentliche Theologie ein facettenreiches Bild vom Bedeutungskern und dem kontextabhängigen Bedeutungsspektrum der beiden Verben gewonnen.[62] Im Verbum »r^{a}d^{a}h« sind Vorstellungen idealer Königsherrschaft enthalten. Das Verbum »k^{a}b^{a}sch« enthält die Grundvorstellung des Tretens mit den Füßen, was aber nicht zwangsläufig mit Gewaltsamkeit und Unterdrückung verbunden sein muss, wie der Unterschied zwischen »auf- bzw. betreten« und »nieder- bzw. zertreten« deutlich macht. Ute Neumann-Gorsolke hat in ihrem wichtigen Buch *Herrschen in den Grenzen der Schöpfung* (2004) ausführlich gezeigt, dass es sich bei »k^{a}b^{a}sch« um ein polysemes Verb handelt, dessen semantische Bedeutung je nach Kontext variiert. Die häufig in Gen 1,26 hineingelesenen Bedeutungen »niedertreten« bzw. »niedertrampeln« bzw. »einem besiegten Feind den Fuß ins Genick treten« sind gegenüber dieser Grundbedeutung bereits kontextuell spezifiziert. In der Bibel bedeutet »k^{a}b^{a}sch« im Kontext von Versklavung etwas anderes als im Kontext von Landnahme oder im

Kontext des Tretens der Kelter. Die Grundbedeutung ist »unter den Fuß nehmen«. Man sollte »kᵃbᵃsh« daher mit »(auf Erden) auftreten« bzw. mit »unter die Füße nehmen« übersetzen. Man muss daher fragen, was dieses Verb in dem besonderen Kontext von Gen. 1,26 bedeutet. Das Verbum »kᵃbᵃsh« im Kontext von Segen und Sendung ist zu verstehen als »Betreten zur Besiedlung als Aneignung von Lebensraum«. Menschen sind aufgrund ihrer Gestalt (Kap. 2) dazu bestimmt, die Erde unter ihre Füße zu nehmen, und genau dies haben sie in ihrer Geschichte der planetarischen Besiedlung auch getan. Die siedelnde »Betretung« des terrestrischen Lebensraumes setzt eine Vermehrung der Anzahl der Menschen voraus (»Mehret euch, füllet an die Erde und betretet sie«). Das »Füllen« der Erde ist dabei nicht zu verstehen wie ein Anfüllen eines Gefäßes bis zum Rand. »Erfüllt« ist nicht dasselbe wie »voll«. Die Schöpfung soll erfüllt sein von Ebenbildern Gottes. Wenn die Menschen ihrer ursprungsutopischen Bestimmung treu bleiben, dann ist es auch gut, wenn sie Erdräume im Vollzug menschlicher Kultur in unterschiedlichen Siedlungsräumen erfüllen.[63]

Die Aufforderung, in diesem Sinne die Erde zu erfüllen, ergeht im Kontext der Segenszusage. »Segen« besagt biblisch, in der Fülle des Lebens leben zu dürfen, bis man alt und lebenssatt ist. Gesegnet sind die Menschen, *indem* ihnen diese (Dauer-) Auf-»Gabe« zugesagt wird: »Tretet als Zeichen auf Erden auf.« Die Bibel schätzt dabei das menschlich-irdische Leben keineswegs gering, und sie wertet es nicht gegenüber dem »ewigen Leben« einer unsterblichen Seele ab. Den Menschen wird in der hebräischen Bibel kein ewiges Leben, sondern die Sättigung mit Leben in dessen Fülle versprochen.

Die Ebenbildlichkeit des Menschen ist nicht als äußerliche Gestaltähnlichkeit, nicht scholastisch als Teilhabe an der Vernunftnatur und Schöpferkraft Gottes, nicht im Sinne der hellenistischen Unterscheidung von *eikon* und *homoiosis* zu verstehen, die die patristische Sündenlehre bereits voraussetzt[64], sondern als »Zeichenhaftigkeit«. Diese Zeichen-Stellung ist ursprungsutopisch zu verstehen: Überall, wo Menschen auftreten, soll durch das menschliche Zusammenleben und auch in der Aneignung von Natur immer zugleich die Wirklichkeit dessen bezeugt werden, der die gesamte Schöpfung geschaffen und sie, unter Einbeziehung des Menschen, für »sehr gut« befunden hat. Die Bestimmung der Ebenbildlichkeit besagt etwas darüber, was aus Mensch und Erde werden könnte, wenn Menschen diese Auf-»Gabe« »richtig« verstehen. Wenn sie dieser Bestimmung gerecht würden, wäre das menschliche Dasein prachtvoll (Psalm 8), selbst wenn wir weniger Geld und Gut hätten als heute. Ebenbildlichkeit ist uns also nicht als Eigenschaft gegeben, mit der wir uns brüsten und auf die wir uns etwas »einbilden« dürften, sondern diese ursprungsutopische Bestimmung ist uns aufgegeben als das, was wir selbst aus uns auf Erden machen könn(t)en. Wenn Menschen die segensreiche Auf-»Gabe« vergessen oder missdeuten, so verderben sie die Schöpfung und damit letztlich (über den Tun-Ergehens-Zusammenhang) sich selbst.[65] Für Heike Barantzke (1991) schmilzt der Unterschied zwischen Menschen und der übrigen Schöpfung dahin, wenn diese Aufgabe verfehlt wird; *sub specie Dei* sind Menschen dann nichts als Staub und Asche (Hiob 42,6). Sähen wir die heutige erdumspannende Zivilisation in dieser biblischen *coram-Deo*-Perspektive, so müssten wir uns vor uns selbst grausen und erschrecken. In jedem Falle müssen wir die Modellierung des Menschen als *homo oeconomicus* als eine unerträgliche Selbsterniedrigung begreifen lernen.

Diese Bestimmung »im Segen als Zeichen auftreten« wird in der Priesterschrift ergänzt durch die Nahrungszuweisung (»samentragendes Kraut, Baumfrüchte, Samen«), den sogenannten Urvegetarismus. Die Nahrungszuweisung besagt nichts über das breite Nahrungsspektrum von Homo, sondern etwas darüber, wovon sich zu ernähren Menschen guttut. Menschen sollen sich (überwiegend) pflanzlich ernähren, und sie werden diesbezüglich keinen dauerhaften Mangel leiden müssen. Es sind Datteln, Feigen, Oliven, Äpfel, Quitten, Limetten, Kräuter, Milch von Ziegen und Schafen, wilder Honig und das Getreide des Ackerlands. Hinzu kommt der Wein, der des Menschen Herz erfreut (Psalm 104). Die Erlaubnis fleischlicher Nahrung in der Noah-Geschichte ist eine Konzession an »fleischliche« Bedürfnisse, die toleriert, aber nicht gutgeheißen werden.[66] Im Kontext der Bibel ist daran zu erinnern, dass die »Fleischtöpfe« zur Dienstbarkeit in Ägypten gehören und das verheißene Land eines ist, das von »Milch und Honig träuft«, d.h. in dem Schafe und Ziegen genug Weide finden und sich wilder Honig finden lässt. Es ist besser, Milch und Honig in Freiheit zu genießen, als in Knechtschaft vor Fleischtöpfen zu sitzen.

Die Menschen sind nicht die »Krone der Schöpfung«. Höhepunkt der Schöpfung ist die Ruhe des siebenten Tages. In der Feier und Heiligung des Sabbat wird die feierliche Ruhe Gottes von aller Tätigkeit und die Ruhe von Menschen und Nutztieren als Freiheit von Knechtschaft gefeiert (Dtn 5, 13-15). Wer den Sabbat heiligt, lebt *ipso facto* ein Siebtel seines Lebens »paradiesisch«.[67]

Zusammenfassend lässt sich die besagte Auf-»Gabe« so formulieren: *Menschen sollen im Segen als Zeichen auf Erden, d. h. inmitten der sehr guten Schöpfung auftreten und sie so erfüllen.* Das »inmitten« ist dabei nicht in dem Sinne zu verstehen, wie ein Buch »in« einer Tasche ist. Sondern ähnlich, wie es bei Albert Schweitzer in der viel zitierten Formel heißt: »Ich bin Leben, das leben will, *inmitten* von Leben, das leben will.« Es geht nun nur noch darum, zu erfassen, wie dieses »inmitten der Schöpfung« biblisch zu verstehen ist.

6.4 Der Alttestamentler Gerhard von Rad hat in einem Vortrag über *Glaube und Welterkenntnis im Alten Israel* geschrieben: »So ist die Situation des Menschen in der Welt nach der Vorstellung Israels eine höchst merkwürdige: Er lebt in einer Schöpfung, aus der ein nicht endender Lobpreis ergeht (Ps 19). Aber dem Menschen dröhnen davon keineswegs die Ohren. [...] Man muß ihm wie einem Blinden und Tauben sagen, dass er in einer Welt lebt, die sich ihm öffnen möchte, ja in der ihn (nach der wundervollen Vorstellung von Prov 8) das sich offenbarende Schöpfungsgeheimnis umspielt und umschmeichelt.« (zitiert nach Rendtorff 1987, S. 45). Von Rad hat in seinem Buch *Weisheit in Israel* gesagt, dass sich »die Schöpfung dem, der sich auf sie einläßt und der ihr vertraut, ihre Wahrheit selbst erweisen wird, weil sie es ja fortgesetzt tut«. Für Rad ergeben sich hieraus Fragen, »denen sich eine biblische Theologie wohl erst noch stellen muß«.

Die Schöpfung der Bibel ist keine leblose Materie, keine cartesianische *res extensa* im oben erläuterten Sinne. So heißt es im Psalter:

»Die Himmel erzählen die Ehre Gottes,
die Tat seiner Hände meldet das Gewölb:
Sprache sprudelt Tag dem Tag zu,
Kunde zeigt Nacht der Nacht an,
kein Sprechen ist's, keine Rede,
unhörbar bleibt ihre Stimme, –
über alles Erdreich fährt ihr Schwall,
an das Ende der Welt ihr Geraun«
(Psalm 19, Übersetzung von Buber/Rosenzweig, 1962)

In einem anderen Psalmlied heißt es, dass die Erde und das Feld im Angesicht Jahwes fröhlich jauchzen, das Meer brausend dröhnen und alle Bäume im Wald jubeln werden (bzw. sollen) (Psalm 96). Insofern ist die Auffassung einer sprachlosen mechanischen Natur nicht biblisch. Wenn wir im Sinne eines reduktionistischen Physikalismus voraussetzen, dass die Natur wert- und sprachlos ist, dann ist jede nachträgliche Bemühung sinnlos, in die Natur als Schöpfung hinein- und auf ihre Sprache »hören« zu wollen. Dies gilt dann als »irrational«. Es lässt sich aber vernünftigerweise fragen, ob der Physikalismus uns nicht gleichsam blind und taub für das tönende Gotteslob der gesamten Schöpfung gemacht hat (Friskics 2001). Auch biologisch liegt kein zwingender Grund vor, Lebewesen als sprachlos zu konzipieren (Kap. 3).

Eine eigenständige Potenz der Erde zeigt sich darin, dass Gott die Pflanzen nicht selbst schafft, sondern der Erde den Auftrag gibt, sie hervorzubringen. »Die Erde trieb Gespross.« Der Auftrag an die Erde, »sprießen« zu lassen, meint, dass aufgrund der Kraft der Erde eine vegetabilische Schicht (»Pflanzenkleid«) über die Erde gelegt wird, die die primäre Nahrungsquelle der Tiere darstellt, an sich aber für das biblische Denken nicht im eigentlichen Sinne »lebendig« ist. Das Wachstum der Pflanzen erfolgt nicht nur vertikal in die Höhe, sondern es überwuchert und bedeckt die Erde. Wo diese Bedeckung fehlt, ist Wüste. Das biblische Denken sieht dabei einen großen Unterschied zwischen Pflanzen und Tieren. Den Tieren wird, wie den Menschen, der Prokreationssegen zugesprochen. Im vorigen Kapitel wurde ein Vorschlag zur Lösung des Selbstwertproblems unterbreitet, der alle prähensiven Lebewesen in die *moral community* aufnimmt (Kap. 5.5). Dieser Lösungsvorschlag läuft auf eine abgestufte Moralgemeinschaft der (biblisch gesprochen) Geschöpfe der fünften und sechsten Schöpfungsperiode hinaus. Insofern können die vorgeschlagene Lösung des Selbstwertproblems und die biblische Auffassung kohärent bestehen und dürften in ihren Konsequenzen keine allzu große Unterschiede aufweisen.

Die mit Pflanzen *bewachsene* und *bedeckte* und von Tieren und Menschen *bewohnte* Erde teilt sich in unterschiedliche Lebensräume (Psalm 104). Diese sind teilweise für die Besiedlung durch Menschen ungeeignet oder unwirtlich (Felsen, Wüsten, Sümpfe usw.). Es gibt also Erdstriche, die zu betreten wenig ergiebig, gefährlich und daher unklug ist.[68] Diese Wildnisse können unbehelligt gelassen werden. Der Schutz von Wildnis wäre im biblischen Denken nicht die Krone des Naturschutzes, sondern ein kluges und bescheidenes Absehen von dem Versuch, alles unter den Fuß nehmen zu wollen. Menschen sollen Wildnis Wildnis sein lassen und in diesem Sinne die Erde mit anderen Lebewesen teilen.

6.5 Zwar sind für das biblische Denken »Rechtsgeheiße« (Buber, Rosenzweig) der Thora essenziell, aus heutiger Sicht eignen sich religiöse Ethiken jedoch eher für die Einübung existenzieller Einstellungen (Haltungen) zu sich selbst, zu Mitmenschen und zur Natur. Solche Einstellungen kann man nicht zwingend begründen, sondern muss als »Zeichen« für ihre Richtigkeit einstehen. Aus einer biblischen Lebenseinstellung resultieren eine Reihe von Grundhaltungen *coram Deo* in Ansehung der Natur. Hierzu zählen

- Dankbarkeit für die Schöpfung, Lobpreis, »Gottes-Furcht«
- Ehrfürchtiges Staunen angesichts des belebten Planeten (als Schöpfung)
- Lebensfreude und -genuss (Psalm 104, Hohelied) im Bewusstsein der Sterblichkeit[69]
- Schonung, Rücksichtnahme, Behutsamkeit im Auftreten

- Anerkennung von Versehrbarkeit natürlicher Systeme
- Würdigung der Expressivität von Naturwesen
- Bereitschaft, die Lebensräume mit anderen Geschöpfen zu teilen.

Diese Haltungen können hier nicht in ihren Details und in ihren Konsequenzen expliziert werden. Sinnvoll wäre in jedem Falle ein genauer Abgleich mit der säkularen Umwelttugendethik, die am Ende des vierten Kapitels eingeführt wurde. Es eröffnet sich durch diesen Abgleich ein Spektrum von Einstellungen, das von leibgebundenen bis hin zu spirituellen Momenten reicht und von Individuen in unterschiedlichen Ausprägungen und Konfigurationen gelebt werden kann. Eine biblische Lebensführung wäre eine dauernde biophile Wahl zugunsten des Lebens und zuungunsten des Destruktiven (Kay 1988).

Mögliche Konsequenzen für den Naturschutz sollen knapp anhand der letztgenannten Einstellung paradigmatisch erläutert werden. Dem Naturschutz würde eine generelle Bereitschaft in der Bevölkerung, terrestrische, limnische und marine Lebensräume mit Naturwesen zu teilen, sehr entgegenkommen. Dem steht die Ansicht entgegen, alles Land und alle Gewässer seien für uns Menschen da. Naturschutzflächen gelten als begründungspflichtige Ausnahmen von der Regel, dass das gesamte Land (mitsamt den Flüssen und Seen) den Menschen gehört bzw. zusteht. Die Begründungslast liegt hierdurch immer auf Seiten des Naturschutzes und muss naturschutzfachlich (mithilfe »Roter Listen«, FFH-Anhänge usw.) mühsam abgetragen werden. Würden wir diese Voraussetzung vom Land als alleinigem Besitz der Menschen aufgeben und die entsprechende Einstellung ablegen, so läge das Land anders vor unseren Augen und Füßen. Es hätte eher den Charakter einer Gabe, die wir Menschen nur dann verdienen, wenn wir sie nicht nur für uns beanspruchen. Auch

Rück-»Gaben« an Natur, wie sie in der Renaturierungsökologie verfolgt werden, könnten aus einer veränderten Einstellung heraus zu einer selbstverständlichen kulturökologischen Praxis werden (hierzu Ott 2009).

Die hier *in nuce* vorgelegte Position ergibt sich allein unter Rekurs auf die Schriften des ersten Bundes, d.h. des sogenannten Alten Testaments. Was eine neutestamentliche Theologie und Christologie darüber hinaus, etwa mit Blick auf das Problem der Inkarnation, geltend machen könnten, steht hier nicht mehr zur Diskussion. Eine umfassende Umweltethik aus katholischer Perspektive findet sich bei Vogt (2021).

7. Die Konzeption starker Nachhaltigkeit

7.1 Die Nachhaltigkeitsidee findet sich erstmals 1713 bei Hanß Carl von Carlowitz und ist seither in der deutschen Forstwirtschaftslehre verankert (Karafyllis 2002). Carlowitz konnte bereits auf eine Geschichte von Waldnutzungskonflikten zurückblicken, die bis in die Zeit der Bauernkriege reicht. Das auf dieser Idee beruhende Prinzip, in Wäldern und Forsten nicht mehr Holz einzuschlagen als nachwächst, wurde später in die Forstgesetzgebung vieler Länder aufgenommen. Idee und Prinzip bezogen sich primär auf kontinuierlich hohe Holzernten und berücksichtigten die sonstigen Leistungen der Waldökosysteme nur im Gefolge der sogenannten Kielwasser-Theorie. Der Terminus »sustainable development« wurde 1987 von der sogenannten Brundtland-Kommission neu geprägt (WCED 1987). In diesem Bericht findet sich die viel zitierte Definition: »Sustainable development is development that meets the needs of the present without compromising the ability of future generations to meet their own needs«. In diese Definition ist ein Prinzip eingegangen, wonach jeder Mensch ein moralisches Anrecht darauf hat, seine grundlegenden Bedürfnisse dauerhaft befriedigen zu können. Dieses Prinzip können wir im Anschluss an Kapitel 5.4 im Sinne des Fähigkeitenansatzes anspruchsvoller fassen. Zudem enthält die Definition ein Prinzip der Fairness zwischen den Generationen, das zukunftsethisch unterschiedlich interpretierbar ist. Einer weniger bekannten Formulierung des Brundtland-Berichts nach ist eine nachhaltige Entwicklung »a process of change in which the exploitation of resources, the direction of investments, the orientation of technological development and institutional change [...] enhance both current and future potential to meet human needs and aspirations«. Dies ist eine Steigerungsdefinition, die an der Idee des Fortschritts festhält.

Bei näherer Betrachtung handelte es sich bei den definitorischen Bestimmungen der WCED allerdings um Formelkompromisse, die viele Konflikte überdeckten. Diese auch gegenwärtig noch aktuellen Konfliktlinien bewegen sich zwischen ökonomischen Entwicklungszielen, ökologischen Besorgnissen und sozialethischen Fragen (Armutsbekämpfung, Verteilungsgerechtigkeit zwischen »Nord« und »Süd«, politische Emanzipation in einer postkolonialen Situation usw.). Wohl nicht zuletzt aufgrund seiner Vieldeutigkeit und Unschärfe setzte sich das Konzept namens »sustainable development« weltweit rasch durch. Seit dem Rio-Gipfel 1992 zählt die Idee einer nachhaltigen Entwicklung zu den Leitbegriffen der Umwelt- und Entwicklungspolitik und fand Eingang in zahllose Dokumente und Verlautbarungen. Die äußerlich imposante Erfolgsgeschichte ging jedoch mit einer sprachlichen Inflationierung und konzeptionellen Konturlosigkeit einher, die in der Kompromissformel bereits angelegt waren. Da niemand sich direkt gegen eine nachhaltige Entwicklung aussprechen kann, versuchen viele Akteure, diesen Begriff in ihrem Interesse strategisch zu besetzen. Die damit einhergehende Ausweitung des Begriffs führt zu einem Verlust an Bedeutung; denn Begriffe mit großer Extension (Umfang) verlieren notwendig an Intension (Bedeutung).

7.2 Seit den 1990er Jahren ist zu beobachten, dass die Diskussion über Nachhaltigkeit sich sowohl in das System der Politik als auch in das System der Wissenschaften hinein verlagert. Daher lassen sich die politische Debatte und der wissenschaftliche Diskurs über Nachhaltigkeit trotz vieler Querverbindungen unterscheiden. Die jeweilige Logik unterschiedlicher sozialer Systeme (Politik, Wissenschaft) führt zwangsläufig zu unterschiedlichen Modellierungen. So hat sich im politischen System das *Drei-Säulen-Modell* weitgehend durchgesetzt. Dieses Modell bringt für politische Akteure eine Reihe von Anfangsvorteilen mit sich. So ist es »anschlussfähig« und lässt dem (opportunistischen) System der Politik große Flexibilität, unterschiedliche Programme und Strategien mit der vage definierten Idee der Nachhaltigkeit zu verknüpfen und dadurch zu legitimieren. Das Drei-Säulen-Modell transformiert seiner Tendenz nach das kritische Potenzial der Nachhaltigkeitsidee in ein Legitimationskonzept für das, was geschieht.

Hier soll nur ein zentraler Mangel dieses Modells benannt werden: Das Drei-Säulen-Modell postuliert die Gleichrangigkeit der drei Säulen (Ökonomie, Soziales und Ökologie). Es besagt allerdings nichts darüber, ob diese Gleichrangigkeit faktisch besteht oder ob sie aufgrund bestehender Ungleichgewichte erst noch zu erreichen wäre. Die beliebten und vielfach variierten Visualisierungen der drei Säulen suggerieren eine bestehende Gleichrangigkeit, die man bezüglich der ökologischen Dimension mit guten Gründen bezweifeln kann. Es wäre daher irreführend, wenn das Drei-Säulen-Modell eine Gleichrangigkeit als faktisch gegeben voraussetzen würde, die durch Nachhaltigkeitspolitik allererst zu erreichen wäre (Paech 2006, S. 58). Konzeptionell ist das Drei-Säulen-Modell offen für nahezu beliebige inhaltliche Füllungen aller drei Säulen. Dadurch wirkt es dem Postulat der Gleichrangigkeit sogar entgegen. Überdies wirkt dieses Modell in Debatten wie ein Maßstab, unter dem alle übrigen Nachhaltigkeitstheorien beurteilt werden, darunter auch solche, die auf andere Weise konzeptionalisiert worden sind. So wird dem hier dargestellten Konzept »starker« Nachhaltigkeit häufig vorgeworfen, es sei ein »Ein-Säulen-Konzept« und daher defizitär, da ja offenbar zwei Säulen fehlten. Der folgende Blick auf das Gesamtkonzept starker Nachhaltigkeit soll derartige Vorhaltungen widerlegen.

7.3 Trotz aller Verflachungstendenzen sollte der Begriff der Nachhaltigkeit nicht preisgegeben werden. Er eignet sich nämlich dazu, aus einer eher bescheidenen Interpretation des Argumentationsraumes der Umweltethik eine normativ gehaltvolle Plattform zu gewinnen, die eine konzeptionelle Brücke zwischen Umweltethik und -politik bilden kann. Der Argumentationsraum steht sowohl in seiner axiologischen als auch in seiner deontologischen Dimension hinter dieser im Folgenden dargestellten Plattform. Unterschiedliche Interpretationen können diese Plattform rechtfertigen. Bescheiden ist die diesem Kapitel zugrunde gelegte Interpretation, da von der Lösung des Selbstwertproblems (Kap. 5.5), dem biblischen Schöpfungsverständnis (Kap. 6), der Auffassung von einer Protosprache der Natur (Kap. 3) und von einigen intensiven Werterfahrungen wie den *transformative values* (Kap. 4) abstrahiert wird. In jeder Konzeption von Nachhaltigkeit müssen allerdings Verpflichtungen gegenüber zukünftigen Generationen in Ansehung von wertvollen Naturgütern anerkannt werden (Kap. 5.4). Dies gilt auch, wenn über die Möglichkeiten und Grenzen diskutiert wird, Naturgüter zu substituieren (s. u.).

Die Idee einer solchen Plattform entstammt dem von Arne Naess entwickelten sogenannten Schürzen-(»Apron«)-Modell der Tiefenökologie (Naess 1986). Unterhalb einer obersten Ebene, auf der in diesem Modell unterschiedliche »Ökosophien« platziert werden, gibt es in diesem Schürzen-Modell die Ebene der sogenannten Plattform und ihrer acht normativen Grundsätze. Auf einer dritten und vierten Ebene öffnet sich der Spielraum für politische Strategien und für persönliches Engagement. Eine solche Architektonik ist insofern klug, als eine politische Plattform mit einem philosophischen und ethischen Pluralismus und mit unterschiedlichen politischen Strategien in unterschiedlichen Kontexten verbunden werden kann.[70]

7.4 Sowohl die politische Debatte als auch der wissenschaftliche Diskurs über Nachhaltigkeit können in unterschiedlichen Grundeinstellungen wahrgenommen werden, nämlich entweder in der Einstellung von neutralen Diskursbeobachtern oder von interessierten Diskursteilnehmern. Beobachter (Politikwissenschaftler und Wissenssoziologen) können feststellen, wer wann was wie zum Thema »Nachhaltigkeit« gesagt hat und wie sich »Framings« und Akteursnetzwerke bilden und über die Zeit verändern. Die Beobachterperspektive ist ethisch unergiebig. Teilnehmer hingegen liefern Beiträge zu Diskursen oder zu Strategien, mit denen sie *ipso facto* bestimmte Ansprüche verbinden.

Neben den fachlichen Beiträgen zu bestimmten Problemfeldern existieren im wissenschaftlichen Diskurs mehrere theoretische Entwürfe, die beanspruchen, die Idee der Nachhaltigkeit normativ, analytisch und konzeptionell näher zu erfassen (Daly 1999; Atkinson et al. 1997; Neumayer 1999; Coenen, Grunwald 2003; Ott, Döring 2008; SRU 1994, 2002a). Im Umweltgutachten 2002 des Sachverständigenrates für Umweltfragen (SRU) wurde die Kontroverse zwischen den Grundkonzepten der »schwachen« und der »starken« Nachhaltigkeit in den Mittelpunkt gerückt. Die Multifunktionalität ökologischer Systeme, die Ungewissheit hinsichtlich zukünftiger Präferenzen und das Vorsichtsprinzip führten den SRU zu dem umweltpolitischen Grundsatz, das Naturkapital über die Zeit hinweg konstant halten zu sollen. Dieser Grundsatz entspricht der sogenannten »Constant Natural

Capital Rule« (CNCR), die als Kern der Konzeption »starker« Nachhaltigkeit gelten kann. Regeln sind Vorschriften, die befolgt werden sollen, wobei generell gilt, dass Sollen Können voraussetzt. Eine Regel muss freilich nur befolgt werden, wenn deren Begründung überzeugend ist. Aus ethischer Sicht sind die Begründungen für Regeln, weniger deren fachgerechte Umsetzung entscheidend. Es ist daher umweltethisch sinnvoll, sich der Begründung der CNCR zu vergewissern. Hierzu müssen die Grundlinien der Kontroverse zwischen »starker« und »schwacher« Nachhaltigkeit rekonstruiert werden (Ott, Döring 2008, Kap. 3). Diese Rekonstruktion bedient sich einer ökonomischen Sprache, da eine politisch relevante Positionierung im Spektrum der Nachhaltigkeitskonzeptionen an Plausibilität gewinnt, wenn sie beanspruchen darf, aus der kritischen Auseinandersetzung mit ökonomischen Modellierungen des Nachhaltigkeitsproblems hervorgegangen zu sein.

7.5 Der gemeinsame ethische Ausgangspunkt der Kontroverse zwischen den konkurrierenden Konzepten starker und schwacher Nachhaltigkeit ist ein anspruchsvoller absoluter Standard im Sinne des Fähigkeitenansatzes und ein komparativer Standard der Zukunftsverantwortung (Kap. 5.4). Viele Ökonomen bestimmen ihn als »non declining utility over time« (so David Pearce). Gemeint ist damit, dass es (durchschnittlichen) Mitgliedern zukünftiger Generationen (alles in allem) nicht schlechter gehen soll als gegenwärtigen. Der Nutzenbegriff ist dabei so zu verstehen, dass alles, woraus Menschen irgendeine Befriedigung gewinnen, als positiver Nutzen zählt. Negative Nutzen sind unangenehme Erlebnisse aller Art, die von leichten Frustrationen bis hin zu intensiv erlebtem Schmerz und Leid reichen können. Der komparative Standard muss daher die gesamte Bilanz aus positivem und negativem Nutzen beachten. Eine Reduzierung der vielfältigen Nutzenarten nur auf solchen Nutzen, der durch den Kauf von Konsumgütern erzeugt wird, ist unzulässig. Darauf sollten sich Vertreter beider Konzeptionen verständigen können. Das Bruttoinlandsprodukt (BIP) ist somit kein wesentlicher Indikator für nachhaltige Entwicklung.

Zumeist erkennen Vertreter beider Konzeptionen an, dass heutige Generationen das Glück einzelner Mitglieder zukünftiger Generationen nicht direkt erzeugen können, sondern dass sich ihre Verantwortung auf eine Hinterlassenschaft (Vermächtnis, Ausstattung) an unterschiedlichen Gütern erstreckt, die es nach bestem heutigen Wissen erlauben dürfte, dass zukünftige Personen ihre Fähigkeiten ausbilden und ausüben können und dass zukünftige Nutzenniveaus (auf Grundlage einer bestimmten Vergleichsbasis) mindestens konstant gehalten werden, was die Vermeidung negativen Nutzens einschließt. Eine entscheidende Frage der Nachhaltigkeitsdebatte lautet somit, wie viele und welche Naturgüter diese Hinterlassenschaft enthalten sollte.

Die Kernthese schwacher Nachhaltigkeit lautet nun, dass eine summativ-aggregative Erhaltung aller Kapitalbestände einer Gesellschaft ausreichend für die Erfüllung beider Standards der Zukunftsverantwortung ist. Diese These impliziert, dass Naturkapitalien abgebaut werden dürfen, wenn im Gegenzug ausreichend in andere nutzenstiftende Kapitalien (Fabriken, Infrastrukturen, Technologien) investiert wird. Der Verlust von Naturkapitalien ist dann kein Übel und stellt keine Ungerechtigkeit gegenüber zukünftigen Personen dar. Nachhaltig ist die Entwicklung von Gesellschaften demnach immer dann, wenn ausreichend gespart und investiert wird. Operationalisiert wird das Konzept der schwachen Nachhaltigkeit durch das Messmodell des echten Sparens (»genuine savings«, vgl. hierzu Atkinson et al. 1997). Schwache Nachhaltigkeit ist das *umfangslogisch* weitere Konzept, da mehr ökonomische und soziale Verhältnisse in den »nachhaltigen« Bereich fallen, während im Konzept starker Nachhaltigkeit dieser Bereich enger wird. Interessanterweise sind die meisten Industrie- und Schwellenländer in der Konzeption schwacher Nachhaltigkeit und gemäß den *genuine savings* auf einem nachhaltigen Entwicklungspfad. Aus Sicht der schwachen Nachhaltigkeit dürfte China aufgrund seiner hohen Wachstums- und Sparraten nachhaltig sein. Das nachhaltigste Land der Erde war zeitweilig der pazifische Inselstaat Nauru, dessen Naturkapital fast vollständig aufgebraucht und zerstört ist, dessen Bewohner aber (zumindest zeitweilig) aus den Kapitalerträgen ein für die Region hohes Geldeinkommen (»Rente«) bezogen (7.6.6).

Das Begründungsziel starker Nachhaltigkeit ist demgegenüber der Geltungsanspruch, dass das vernetzte Ensemble von Naturgütern nicht weiter reduziert bzw. geschmälert werden, sondern insgesamt (mindestens) konstant gehalten werden soll. Dies besagt die CNCR. Demgemäß gilt in der Konzeption starker Nachhaltigkeit, dass auch die wirtschaftliche und kulturelle Entwicklung nur als nachhaltig gelten kann, wenn im gesellschaftlichen Umgang mit Natur die CNCR befolgt wird. Die CNCR weist von ihrem normativen Status allerdings eine Zwitterstellung auf. Die CNCR ist nämlich zum einen eine Regel, die es zu befolgen gilt, und zum anderen ein kollektives Ziel, das es zu erreichen gilt. In der Konzeption starker Nachhaltigkeit muss zudem ein Begriff der Naturkapitalien gebildet werden, und es muss explizit werden, was es bedeutet, angesichts der intrinsischen Dynamik und Veränderlichkeit von belebter Natur das Ensemble von Naturkapitalien über die Zeit hin »konstant« zu halten (Ott, Döring 2008, insb. Kap. 4-6).

In jedem Fall ist die Wahl der Grundkonzeption entscheidend für die Beurteilung von Nachhaltigkeitspolitiken einzelner Länder und Weltregionen. Wie eine solche Wahl zwischen konkurrierenden Konzeptionen ihrerseits zu rechtfertigen ist, ist strittig. Hier betritt man das Gebiet einer Wissenschaftstheorie von »sustainability science«, die noch in den Anfängen steht (siehe aber Ziegler, Ott 2011). Es wird hier vorausgesetzt, dass es möglich ist, sich mit Gründen zugunsten eines bestimmten Konzeptes zu entscheiden, also eine Art diskursrationale Theoriewahl ins Auge zu fassen.

7.6 Zu diesem Zweck wird zunächst eine allgemeine Vorzugsrelation (»x ist besser als y«) spezifiziert zu: »Nx ist insgesamt diskursrational vorzugswürdig gegenüber Ny«, wobei »Nx« und »Ny« für Konzeptionen von Nachhaltigkeit stehen und Diskurse als ein Geflecht von Argumenten gelten. Die Vorzugswürdigkeit muss aus einer umweltethisch informierten Perspektive beurteilt werden und sich auf kollektive langfristige Interessen beziehen, die traditionell mit der regulativen Idee des Gemeinwohls überschrieben werden.

Die Voraussetzungen der Begründung sind die folgenden: Es liegt erstens eine echte Konkurrenz zwischen zwei theoretisch fundierten Konzepten vor, die sich allerdings, da es sich im Falle von Nachhaltigkeitskonzepten um normative Entwürfe handelt, weder durch Verifikation noch durch Falsifikation, das heißt nicht rein empirisch entscheiden lässt.[71] Auch eine solche Theoriekonkurrenz soll natürlich nicht unentscheidbar sein, und die Entscheidung soll nicht willkürlich oder dogmatisch erfolgen. Die Frage nach der sachgerechten bzw. zufriedenstellenden Begründungstiefe lässt sich bei einer diskursiven Prüfung, die komparative Elemente sowie Einwände, Repliken, Konzessionen und dergleichen umfasst, nicht abstrakt beantworten. Zunächst muss die Begründungsstruktur transparent gemacht werden.

Ein Vertreter der Konzeption starker Nachhaltigkeit muss unterstellen, dass es eine Menge M von Gründen G gibt, die einzeln und, vor allem, in ihrem (synoptischen) Zusammenhang zugunsten des Begründungsziels der CNCR sprechen: M{G}: (G1, G2, G3 ... Gn) → CNCR. Die Menge M darf Gründe enthalten, die gegen die Konkurrenz ins Feld geführt werden, also deren Konzeption entkräften sollen. Die CNCR kann im Anschluss an die Begründung zu einem komplexen Regelwerk von sogenannten Managementregeln und zu Zielsystemen der Umwelt- und Naturschutzpolitik ausgearbeitet werden.

Der Anspruch, der mit einer Begründung zugunsten starker (oder schwacher) Nachhaltigkeit verfolgt wird, erstreckt sich nicht nur auf das System der Wissenschaft. Angestrebt wird durch solche Begründungsversuche letztlich die Übernahme und Umsetzung des insgesamt vorzugswürdigen Konzeptes durch das politische System. Geschehen könnte dies in der strategischen Form einer demokratisch legitimierten, langfristig angelegten, institutionell gesicherten Strategie, die dem (partei)politischen Tagesgeschäft entzogen wäre (Kap. 8). Dieser politische Anspruch der Begründung ist keineswegs vermessen; er entspricht den Ansprüchen aller normativen Theorien wie etwa Theorien der Gerechtigkeit oder Demokratietheorien. Er mutet der Politik im demokratischen Rechtsstaat nichts zu, was sie überfordern würde. Auch die Systemtheorie Niklas Luhmanns liefert keinen Grund gegen eine solche Strategie, die in der Perspektive der Systemtheorie ein Programm wäre, das unterhalb des allgemeinen Codes der Politik implementiert werden könnte (Kap. 1).

7.6.1 Ein erster Strang der Argumentation zugunsten der CNCR bezieht sich auf die Auseinandersetzung mit der Konzeption schwacher Nachhaltigkeit. Zugrunde gelegt wird dabei das Ideal einer immanenten Kritik, die den Opponenten ernst nimmt und sich auf den Kern seiner Konzeption bezieht. Die These, die durch immanente Kritik eingelöst werden soll, lautet: *Die*

Konzeption schwacher Nachhaltigkeit macht einen dogmatischen und unkritischen Gebrauch von ökonomischen Spezialkonzepten. Die Kritik bezieht sich also nicht auf diese Spezialkonzepte an sich, denn Fragen der Substituierbarkeit von Kapitalien, der Diskontierbarkeit zukünftiger Ereignisse, der Kompensierbarkeit von Schäden und der Reversibilität von Naturzerstörungen sind unbestreitbar von enormer Wichtigkeit bei Langzeitbetrachtungen. Die Kritik bezieht sich vielmehr darauf, wie diese Spezialkonzepte operationalisiert werden.

So betrifft ein ökonomisch bedeutsamer Zahlenwert die Festlegung der angenommenen *Substitutionselastizität* zwischen Kapitalarten (σ). Es geht bei dieser Festlegung um die Frage, ob Natur für gesellschaftliche Wohlfahrt überhaupt benötigt wird. Die Annahme einer hohen Substitutionselastizität bestreitet implizit die Annahmen, Menschen seien auf Natur angewiesen oder sie bewerteten Natur hoch (Kap. 4). Gesellschaftlicher Nutzen verdankt sich in dieser Perspektive vielmehr in erster Linie Konsumgütern und Dienstleistungen. Ideengeschichtlich geht dies auf John Locke zurück, der meinte, 99 % der ökonomischen Werte entstammten der Arbeit, 1 % der Natur. Wird nun in ökonomischen Modellen $\sigma = 1$ gesetzt (die sogenannte Cobb-Douglas-Funktion), so kann im Modell der Input von Naturkapital in der ökonomischen Produktion beliebig klein werden. Dieser Wert $\sigma = 1$ wurde in einem maßgeblichen Aufsatz des Ökonomen Robert Solow allerdings nur als ein »best guess at the moment« (1974) bezeichnet. Dieser modelltheoretisch ungemein wichtige Zahlenwert ist somit nur durch die Autorität Solows abgestützt.

Der Substitutionsoptimismus übersieht aus der Sicht der Kritiker sowohl die Angewiesenheiten des menschlichen Daseins auf einen dauerhaft zuträglichen Stoffwechsel mit der Natur als auch die vielen kulturellen Wertvorstellungen und Verpflichtungen, die sich auf Natur beziehen. Er beruht zudem auf einer impliziten Homogenisierung aller Kapitalbestände, die in der allgemeinen Kapitaltheorie umstritten ist. Die Besonderheiten der Naturkapitalien werden ausgeblendet. Weder die elementare Lebensnotwendigkeit, die kulturellen Bedeutsamkeiten von Natur noch umweltethische Verpflichtungen werden durch abstrakte Zahlenwerte wie $\sigma = 1$ angemessen erfasst.

Diskontieren bedeutet, alle zukünftigen Schäden und Nutzen in abgezinster Form auf den Gegenwartswert zurückzurechnen. Zukünftiger Nutzen und Schaden bedeutet gegenwärtig umso weniger, je später in der Zukunft er eintritt. Im Falle der Diskontierung zukünftiger Nutzen bei der Ermittlung des Gegenwartswertes wird die Diskontrate δ häufig aus der unterstellten reinen Zeitpräferenz und dem Wachstum des Bruttoinlandsprodukts ermittelt und erfolgt in monotoner Form. Dadurch verkleinern sich zukünftige Schäden erheblich. Aufgrund der enormen Bedeutung für Langfristbetrachtungen wird die Praxis des Diskontierens seit Jahrzehnten im Grenzgebiet von Ökonomik und Ethik kontrovers, aber keineswegs ergebnislos diskutiert (Hampicke, Ott 2003). Die Kontroverse betrifft insbesondere die Rechtfertigungen des Diskontierens. Mehrfach wurde gezeigt, dass Myopie, d.h. Verdrängung zukünftiger Schäden (etwa des Rauchens), ein psychologischer Erklärungs-, aber kein ethischer Rechtfertigungsgrund sein kann. Und nur wenn alle Güter in Zukunft üppiger vorhanden und alle Probleme leichter lösbar sein werden, ist das Diskontieren erlaubt. In Fällen, bei denen mit langfristigen Verknappungen und Erschwernissen zu rechnen ist, ist eine negative Diskontrate angebracht.[72]

Im Falle der *Kompensation* (Entschädigung) für negative externe Effekte wird häufig das sogenannte Kaldor-Hicks-Kriterium verwendet, das besagt, dass ein Projekt durchgeführt werden sollte, wenn der (diskontierte) Gesamtnutzen des Projekts so hoch ist, dass die Verlierer angemessen entschädigt werden *könn*-

ten. Demzufolge reicht zur Legitimation eines Projekts die *mögliche* Kompensation aus. Gerechtfertigt wird dies damit, dass anderenfalls die Dynamik der Wirtschaft litte und die Standortfindung erschwert wäre. Dies ist ethisch keine überzeugende Verteidigung. Eine normativ stärkere Verpflichtung besagt, dass dann, wenn Naturzerstörung zugunsten gegenwärtigen Nutzens stattfindet, die zukünftigen Generationen angemessen entschädigt werden müssten. Aber was heißt »angemessen«, wenn die Betroffenen sich hierzu nicht äußern können?

Das generelle Problem liegt darin, dass Kompensierbarkeit nicht einfach von denen unterstellt werden darf, die die Zerstörungen bzw. Schäden verursachen. Entscheidendes Kriterium aus ethischer Sicht ist das Einverständnis der Betroffenen. Ob also Freizeitbäder für das Baden im See entschädigen oder ob eine Umsiedlung aufgrund eines Staudammbaus gerechtfertigt werden kann, bemisst sich diskursethisch an dem Kriterium des freien Einverständnisses der Betroffenen. Für Ökonomen bedeutet dies jedoch Effizienzverluste.

Das Problem bei langfristigen Handlungsweisen liegt natürlich darin, dass zukünftige Personen nicht zu den Kompensationsmöglichkeiten Stellung nehmen können, die wir ihnen aus unserer Perspektive in Aussicht stellen. Sollen wir also von der Unterstellung ausgehen, dass zukünftige Personen mit den künstlichen Entschädigungen für eine verlorene Natur einverstanden, ja vielleicht sogar glücklich sein werden? Oder sollen wir davon ausgehen, dass eine kultivierte Naturbewertung (im Sinne von Kap. 4) allmählich in der Gesellschaft immer mehr Anklang und Anerkennung findet und zukünftige Personen nur Wut und Verachtung für all den artifiziellen Schnickschnack übrig haben werden, den wir ihnen überreichlich hinterlassen werden? Dies ist eine ethische Entscheidung, die sich nicht in ökonomischen Modellen abbilden lässt.

Die Operationalisierungen schwacher Nachhaltigkeit sind daher empirisch unbestätigt und moralisch prekär. Zusammengefasst lautet das »Entkräftungs«-Argument somit, dass die Konzeption schwacher Nachhaltigkeit zu ihrer Zielbehauptung, dass nämlich die Erhaltung der Gesamtsumme an Kapitalien ausreichend für die Bestimmung von Nachhaltigkeit ist, nur dadurch gelangt, dass sie ihre eigenen Schlüsselkonzepte auf fragwürdige Weise interpretiert bzw. quantifiziert.

Werden diese Quantifizierungen im Kontext von Nachhaltigkeitstheorie hinterfragt, sind Vertreter schwacher Nachhaltigkeit zu Konzessionen bereit.[73] Diese Konzessionen führen häufig zur Anerkennung eines »Safe Minimum Standard« in Bezug auf Naturkapital. Dieser Vorsichtsstandard bezieht sich auf die Angewiesenheit sozialer Systeme auf natürliche Ressourcen. Dieser Standard ist allerdings mit der Zielbehauptung schwacher Nachhaltigkeit nur schwer vereinbar, da der Summenformel eine Restriktion auferlegt wird, die besagt, dass die kritischen Bestände der Naturkapitalien auch dann nicht reduziert werden dürfen, wenn die übrigen Kapitalien stark anwachsen. Zudem fragt sich bei der Interpretation des »Safe Minimum Standard«, wie sicher sicher genug ist, was zu weiteren Konzessionen führen könnte. Schwache Nachhaltigkeit könnte daher vor dem Dilemma stehen, entweder unkritisch an der Summenformel festzuhalten oder substanzielle Konzessionen hinsichtlich des Erhalts zumindest des *kritischen* Naturkapitals zu machen, was immer näher darunter zu verstehen sein mag. Neuere Ansätze zur Verteidigung schwacher Nachhaltigkeit verstricken sich in Widersprüche, wenn sie einerseits recht weit reichende Konzessionen hinsichtlich der Erhaltung von Naturkapital machen, andererseits an der Summenformel zur Bestimmung von Nachhaltigkeit festhalten (so Hedinger 2009).

Zu konzedieren ist allerdings umgekehrt auch, dass die Begründung der CNCR, wie sie sich im Werk von Herman Daly (1999) findet, nicht überzeugend ist. Dalys Beispiele für die Komplementarität von Sach- und Naturkapital (Fische und Boote, Wälder und Sägewerke) lassen sich nicht zur These einer generellen Komplementarität verallgemeinern.[74] Starke Nachhaltigkeit muss insofern die Rechtfertigungsbasis erweitern können, ohne dabei gravierende Konzessionen machen zu müssen.

7.6.2 Ein diesbezügliches Argument zugunsten starker Nachhaltigkeit bezieht sich auf die Eigenarten der Naturkapitalien. Es besagt, dass Naturkapitalien nicht pauschal unter einen homogenen Gesamtbestand an Kapitalien subsumiert werden dürfen. Es kommt bei der Betrachtung der Naturkapitalien nicht auf das *genus proximum*, sondern auf die *differentiae specificae* an. Diese Eigenarten betreffen den Status etlicher Naturkapitalien als *primary values*, d.h. als Güter, die offenkundig nicht zur Gänze substituierbar sind (Atmosphäre, Photosynthese, Süßwasser usw.). Eine ökonomische Bewertung von *primary values* als solchen ist unmöglich. Es fragt sich daher, wie die negativen Veränderungen vieler Bestände von Naturgütern zu bewerten sind, die *in toto* den Charakter von *primary values* haben. Hier muss aus Sicht starker Nachhaltigkeit eine Bestandsperspektive an die Stelle einer Monetarisierung marginaler Veränderungen treten. Eine Bestandsperspektive beruht auf Wertentscheidungen, welche materiellen Bestände erwünscht oder unerwünscht sind, wachsen oder schrumpfen sollen (Faber et al. 2005, Klauer et al. 2013).

Naturkapitalien bestehen vielfach aus multifunkionalen ökologischen Systemen (z.B. Wälder, Moore, Grünland, Küsten), deren ökologische Vernetztheit (»Retinität«) eine Trennung zwischen dem an Natur Erhaltenswerten und dem Entbehrlichen erschwert oder verunmöglicht. Hinzu kommen spezifische und in Details noch wenig verstandene Beziehungen zwischen »stocks« und »flows«, die häufige Beziehung der Komplementarität zu Sachkapitalien und nicht zuletzt vielfältige ökologische Dienstleistungen, deren Wert uns erst bei ihrem Ausfall voll zu Bewusstsein käme (etwa Bestäubung). Die umfassende Beurteilung der »ecological services« und ihrer ökonomischen und kulturellen Werthaftigkeit lässt sich mit einem dogmatischen Substitutionsglauben nicht vereinbaren (siehe Ott, Reinmuth 2021).

7.6.3 Ein weiteres Argument zugunsten der CNCR lautet, dass Natur nicht nur Ressourcen-»Inputs« für die Produktion liefert, sondern auf vielfältige Weise mit menschlichen Erfahrungen verbunden ist, die weit über die Sphäre dessen hinausreichen, was durch Produktionsfunktionen repräsentiert werden kann.[75] Eine Substitution, Diskontierung und Kompensation des Naturschönen, der erholsamen Heilkräfte der Natur, der heimatlichen Verbundenheit mit Naturräumen, den Gelegenheiten biophiler Interaktion usw. erscheint im Lichte des vierten Kapitels *prima facie* unstatthaft. Die Axiologie der Umweltethik macht Substitution, Diskontierung, Kompensation von Natur fragwürdig. Freilich können wir zukünftige Vorlieben, Wertvorstellungen, Überzeugungen und demzufolge, ökonomisch gesprochen, die Ausformungen zukünftiger individueller Nutzenfunktionen gegenwärtig nicht kennen. Die Frage drängt sich auf, welche Konzeption von Nachhaltigkeit diese Ungewissheit ernster nimmt. Auch kennen wir den zukünftigen Grenznutzen einer zusätzlichen Einheit von Konsumgütern und die zukünftige kulturelle Bedeutung von Natur nicht. Wir wissen also nicht, was zukünftigen Personen das zehnte Paar Schuhe, der Anblick von Blumenwiesen und die Freude darüber, dass sich die Populationen von Schneeleoparden und Blauwalen wieder vermehrt haben

(Existenzwert), wert sein mögen.[76] Aus all dieser Unwissenheit folgt nicht, dass die zukünftigen Nutzenfunktionen von den unsrigen grundverschieden sein werden und dass sich künftige Erdbewohner einer denaturierten Welt anpassen und nichts vermissen werden. Dies wäre eine unzulässige Folgerung aus einem *argumentum ad ignorantiam*.

Mit dieser Ungewissheit lässt sich vielmehr auf zweierlei Weise umgehen: Man kann einmal argumentieren, dass wir durch die Forschungen zur Biophilie-Hypothese vermuten dürfen, dass auch zukünftige Menschen eine biophile Neigungsstruktur haben werden (Kap. 2) und dass eine naturbildnerische Aneignung der umweltethischen Axiologie (Kap. 4) diese Disposition verbreitern und intensivieren könnte. Die andere Strategie nimmt diese Ungewissheiten radikal ernst bis zu der Möglichkeit, dass zukünftige Menschen sowohl an einem Dasein als Wildbeuter, Hirtennomaden, Gärtner, Trapper *oder* aber an einem Dasein Gefallen finden könnten, das überwiegend in artifiziellen Welten verbracht und durch pharmazeutisches *neuroenhancement* als lustvoll erlebt würde. Beide Strategien führen zu ähnlichen Resultaten. Wenn die Biophilie-Hypothese zuträfe, so wäre es fatal, Naturkapitalien abzubauen. Die Ungewissheiten betreffs zukünftiger Wertvorstellungen ernst nehmen impliziert unter unseren Prämissen der Zukunftsverantwortung (vgl. Kap. 5) die Strategie eines umfassenden Erhalts guter Optionen. Es könnte ja auch sein, dass sich der Wertpluralismus zukünftig noch einmal dahingehend radikalisiert, dass höchst unterschiedliche kulturelle Wertgemeinschaften und Lebensstile existieren könnten. Dann wäre es unfair, die zu bevorzugen, die auf Naturerfahrung nur wenig Wert legen. Auch naturverbundenen Personen wären Lebensräume zu hinterlassen. Das Ziel, Optionen zu erhalten, spricht zugunsten der CNCR. In diesem Sinne ist starke Nachhaltigkeit die freiheitlichere Konzeption. Mit Blick auf die Gegenwart kommt hinzu, dass die CNCR der Verpflichtung gerecht wird, die gegenüber naturverbundenen Personen besteht (Kap. 5.3).

Ergänzen lässt sich ein Argument, das sich auf Sinn und Zweck von Umwelt- und Naturbildung bezieht. Die UNESCO hat eine Dekade »Education for Sustainable Development« (ESD) organisiert, die vielfältige Aktivitäten nach sich gezogen hat. Diese ESD-Dekade hat zum Ziel, dass die Nachhaltigkeitsidee Eingang und Verbreitung im pädagogischen System der Gesellschaft und, als Konsequenz, in Wertvorstellungen und Überzeugungen der nachwachsenden Generationen finden möge. Es wäre eigenartig, wenn die Bildungspolitik ESD unterstützt, während Wirtschaftspolitik und -theorie auf der Grundlage schwacher Nachhaltigkeit operieren. Dies würde nämlich dazu führen, dass dann, wenn die pädagogischen Bemühungen erfolgreich gewesen sein sollten, etwa im Jahre 2030 eine Generation junger Erwachsener in der Phase, in der sie eigene Kinder erzöge, mit einer Situation konfrontiert wäre, in der durch Klimawandel, Flächenverbrauch, intensive Landnutzung usw. Naturgüter und die Möglichkeiten von Naturerfahrung weiter abgenommen hätten. Wir würden somit unsere heutigen pädagogischen Bemühungen konterkarieren und dadurch zukünftige Frustrationen, Enttäuschungen, vielleicht gar Wut und Zorn wecken (also intensiven negativen Nutzen). Die Beachtung der CNCR ist dagegen konsistent mit ESD. Dieses Hilfsargument ist kohärentistisch; ein Vertreter schwacher Nachhaltigkeit kann es entkräften, indem er seine Version von ESD seiner Konzeption von Nachhaltigkeit anpasst. ESD wäre dann eine Erziehung unter der Zielsetzung, Kindern Sinn für die Substitute von Natur zu vermitteln und sie zu fröhlichen Konsumenten zu erziehen.

7.6.4 Ein weiteres Argument zugunsten »starker« Nachhaltigkeit bezieht sich auf ein Kriterium der Risikobewertung, das üblicherweise in der Form einer Vier-Felder-Matrix dargestellt wird. Es geht immer darum, wie zu handeln besser wäre angesichts des Umstandes, dass es immer möglich ist, sich empirisch zu irren. Wir können (unter Rekurs auf frühere Argumente) die folgenden Ungewissheiten als Hypothesen formulieren, die sich als entweder wahr oder falsch herausstellen könnten:

1. Die Substitutionselastizität von Naturkapitalien ist niedrig/hoch (Solows »best guess«: $\sigma = 1$).
2. Zukünftige Generationen werden sich für die axiologische Dimension von Natur (nicht) interessieren.
3. Die Biophilie-Hypothese ist richtig/falsch.
4. Zukünftige Generationen werden die Werte (nicht) übernehmen, die ihnen durch Umwelt- und Naturbildung vermittelt werden.

Wir können natürlich auch vom jeweiligen Gegenteil ausgehen. Die Frage ist, wie »schlimm« es wäre, auf der Basis von Hypothesen gehandelt zu haben, die sich als falsch herausstellen könnten, wenn man die Standards der Zukunftsverantwortung ernst nimmt, die ja die Voraussetzung der Kontroverse sind. Wenn sich in der zukünftigen Welt der Substitutionsoptimismus schwacher Nachhaltigkeit bewahrheiten sollte und wenn die zukünftigen Generationen aufrichtig Computerspiele, Museen, Kino, *virtual reality*, *neurodoping* usw. Naturerfahrungen vorziehen würden, dann hätten wir übervorsichtig gehandelt, indem wir die CNCR befolgten. Wie viel uns diese mögliche Übervorsicht heute kostet, hängt entscheidend davon ab, wie stark uns die Befolgung der CNCR selbst zugutekommt. Opportunitätskosten hängen direkt von Wertvorstellungen ab. Bei hoher heutiger Bedeutung von Natur für uns Lebende und angesichts der Verpflichtung gegenüber heutigen naturverbundenen Personen bliebe es richtig, die CNCR anzunehmen. Wenn jedoch die Substitutionselastizität gering wäre, die Biophilie-Hypothese zuträfe und den Mitgliedern zukünftiger Generationen Naturerfahrung großen Genuss bereiten würde, dann hätte man durch die Umsetzung schwacher Nachhaltigkeit besagte Standards massiv verletzt und damit falsch gehandelt. Vertreter schwacher Nachhaltigkeit müssen daher eine Begründungslast für die Übernahme eines Risikos übernehmen, das sich aus heutigen Irrtümern und dogmatischen Festlegungen in ökonomischen Modellen ergeben könnte und zukünftigen Generationen aufgebürdet wird. Sie können die Verantwortung nicht auf ökonomische Modelle abschieben, da diese selbst Teil der Kontroverse sind. Wenn sich die Wahrheit oder Falschheit unserer Hypothesen erst in der Zukunft herausstellen kann, dann sollte man eine vorsichtige (»tutoristische«) Strategie wählen, die zukünftigen Generationen die Erfüllung der Standards auch dann noch sichert, wenn wir in (ökonomistisch induzierten) Irrtümern befangen wären. Der vage Ausdruck »[...] not compromising the ability of future generations to meet their own needs« in der WCED-Definition kann durch diese vorsorgende Strategie präzisiert werden. Dies ergibt einen guten Grund, die CNCR anzuerkennen.

7.6.5 Ein nächstes Argument bezieht sich auf ein Gedankenexperiment der Verallgemeinerbarkeit. Würde man es aufrichtig begrüßen, wenn alle Völker und Staaten sich einer von beiden Konzeptionen anschlössen und entsprechend handelten? Auf den ersten Blick scheint dieses Gedankenexperiment unergiebig zu sein, da jeder die Verallgemeinerung des von ihm favorisierten Konzepts widerspruchsfrei begrüßen kann. Solange niemand zugeben muss, dass er die globale Verallgemeinerung seiner eigenen Konzeption nicht wünschenswert findet, besteht eine Art von Remis-Situation. An diesem Punkt darf der Vertreter starker Nachhaltigkeit auf den »Fall Nauru« hinweisen, das heißt den Fall einer Pazifikinsel, die nach dem Messmodell schwacher Nachhaltigkeit, den »genuine savings«, zeitweilig das nachhaltigste Land auf Erden war (Gowdy, Mc Daniel 1999). Der irritierende »Fall Nauru« führte zu der Frage, ob die Konzeption schwacher Nachhaltigkeit an Plausibilität einbüßt, wenn eine ökologisch devastierte Insel, auf der sich der Gesundheitszustand der Bevölkerung durch die Zunahme von Zivilisationskrankheiten allmählich verschlechtert, das globale Nachhaltigkeits-Ranking anführt.

Die Vorstellung eines zukünftigen Planeten Erde als globales »Nauru« ruft auf Seiten derer, die der gesamten umweltethischen Argumentationsführung beipflichten, Gefühle wie Widerwillen, Entsetzen und Abscheu hervor. Für sie ist ein globales Nauru das, was es zu verhindern gilt. Vertreter schwacher Nachhaltigkeit müssen hier eine überzeugende Replik entwickeln, also etwa sagen, dass der »Fall Nauru« eine Anomalie darstellt, wie sie in allen guten Theorien auftreten kann, aber keine Widerlegung der Gesamtkonzeption ist. Oder sie müssten ihre »Welt« als freundliche, friedliche und saubere Hightech-Urbanität ausmalen – ähnlich wie Vertreter meiner Generation als Kinder mit Visionen vom »Jahr 2000« beglückt wurden.

7.6.6 Das letzte Argument bezieht sich replizierend auf Argumente, die gegen starke Nachhaltigkeit ins Feld geführt werden. Diese Argumente beziehen sich a) auf unvermeidliche Substitutionsprozesse im Falle fossiler Rohstoffe, b) auf die angebliche Statik des Naturbildes starker Nachhaltigkeit, c) auf die angeblich allzu hohen Kosten der Umsetzung dieser Konzeption und d) auf den Einwand, starke Nachhaltigkeit sei blind gegenüber der Armutsproblematik und würde in sämtlichen Konfliktfällen eher bedrohte Arten und Wildnis schützen, als Armut,

Hunger und Krankheiten bekämpfen. Starke Nachhaltigkeit sei, kurz gesagt, statisch, teuer und inhuman (Beckerman 1994).

Was a) anbetrifft, so trifft zu, dass die Bestände fossiler Rohstoffe nicht konstant gehalten werden können, sondern bei jedweder Form menschlicher Nutzung aufgebraucht werden. Eine generelle Regel einzuführen, sie für die Zukunft zu bewahren wäre paradox, da diese Regel irgendwann suspendiert werden müsste. Andernfalls stünde man vor der kontraintuitiven Konsequenz, auf ewig auf deren Nutzung verzichten zu sollen.[77] Freilich sprechen der Optionswert dieser Ressourcen (z.B. Erdöl in der chemischen Industrie) und die begrenzten Assimilationskapazitäten natürlicher Senken (Atmosphäre als CO_2-Speicher) dafür, diese Bestände äußerst sparsam zu nutzen und sie während des Zeitraumes, in dem sie aufgebraucht werden, durch erneuerbare Ressourcen zu substituieren.[78] Wenn man nun nicht-erneuerbare Ressourcen durch erneuerbare ersetzen können muss, so erfordert dies neben der Entwicklung erneuerbarer Energiequellen, die Bestände und vor allem die lebendigen Fonds der Natur insgesamt in guten Zuständen zu erhalten (Wasser, Böden, Agrobiodiversität, Wälder, Moore). Dieses Erfordernis spricht für die CNCR. Gerade an dem Punkt, an dem ein Vertreter starker Nachhaltigkeit ein Zugeständnis hinsichtlich unumgänglicher Substitutionsprozesse machen muss, bestärkt dies die CNCR hinsichtlich der lebendigen Fonds der Naturkapitalien.

Was b) anbetrifft, so gilt es, die Rede vom Naturkapital mit den Einsichten und Konzepten der Ökologie konkret zu vermitteln. Starke Nachhaltigkeit erkennt an, dass natürliche Systeme in dynamischer und evolutionärer Veränderung begriffen sind. Die Vorstellung eines homogenen Bestands von Naturkapital ist noch zu sehr in ökonomischen Denkmustern befangen. Sachlich angemessener ist das Modell eines vernetzten

Ensembles heterogener Bestände und lebendiger Fonds, die in unterschiedlichen Verhältnissen zueinander stehen und evolutionären Faktoren unterliegen. Der hierbei investierte Naturbegriff bezieht sich dabei keineswegs auf die vom Menschen unberührte Natur (»Wildnis«), sondern erstreckt sich weit in die Bestände des kultivierten Naturkapitals. Die CNCR orientiert sich nicht an historischen Referenzzuständen und ist nicht »museal«. Naturkapital ist ein breites Konzept, das sich auf vielfältig vermittelte Schutzgüter wie Böden, Wälder, Moore, Grünland, Flüsse und Seen bezieht. Ziel ist die Naturnähe der gesamten Landnutzung, nicht eines »verinselten« Naturschutzes in einer Nutzlandschaft. Die Befolgung der CNCR soll den Naturhaushalt insgesamt »revitalisieren« und »renaturieren«. Aus dieser Perspektive können Projekte der Restaurationsökologie als Investitionen in Naturkapital angesehen werden (vgl. die Beiträge in Zerbe, Wiegleb 2009, zu Mittel-Zweck-Beziehungen in der Renaturierung siehe Zerbe, Ott 2021).

Was c) anbetrifft, so existieren viele Untersuchungen, denen zufolge sich wohlhabende Gesellschaften eine Transformation in Richtung starker Nachhaltigkeit leisten können. Die Opportunitätskosten der Ziele starker Nachhaltigkeit sind moderat. Unter der Perspektive der hier vertretenen Axiologie (Kap. 4) sind sie womöglich sogar negativ. Die Zumutungen starker Nachhaltigkeit für Industriegesellschaften sind sicherlich höher als die Anforderungen, die sich aus der Konzeption schwacher Nachhaltigkeit ergeben. Diese Zumutungen sollten jedoch nicht als Unzumutbarkeiten gedeutet werden. Jemandem etwas zuzumuten kann auch bedeuten, dass man ihm eine anerkennenswerte Leistung zutraut. In diesem Sinne ist unserer wohlhabenden Gesellschaft die Konzeption starker Nachhaltigkeit *zuzutrauen*. Viel eher als um gesamtgesellschaftliche Kosten geht es darum, dass einigen Gruppen, die über ökonomische (Kapital-)Macht, mediale Hegemonie und politischen Einfluss verfügen, die Beibehaltung des *Status quo* lieber ist als eine Transformation in Richtung starker Nachhaltigkeit.

Was d) anbetrifft, so steht keineswegs von vornherein fest, welche Konzeption von Nachhaltigkeit unter der Maßgabe besser abschneidet, absolute und extreme Armut, Not, Hunger und Elend in der Welt zu verringern, zu lindern oder zu beseitigen. Auf der ethisch-normativen Ebene sprechen sich beide Konzeptionen für die Linderung von Armut aus. Sie unterscheiden sich in den Strategien, da schwache Nachhaltigkeit in erster Linie auf Wirtschaftswachstum, globalen Freihandel und erhöhtes Geldeinkommen als Mittel der Wahl setzt, während starke Nachhaltigkeit eine komplexere und politisch konflikttächtigere Strategie favorisiert, eine Stärkung regionaler Wirtschaftsbeziehungen, eine Hinwendung zur Gemeingüterwirtschaft, andere Landbauweisen und Konsumstile, gezielte Anpassungsstrategien an den Klimawandel und vieles mehr umfasst und auch Umverteilungen, Landreformen und eine Stärkung der Territorialrechte indigener Bevölkerungsgruppen in Erwägung zieht. Starke Nachhaltigkeit ist sogar insofern realistischer, als relative Armut in vielen Weltgegenden nicht einfach abgeschafft werden kann, sondern eher abgemildert und human gestaltet werden sollte. Armut und Elend, Lebensqualität und -standard sind in jedem Fall zu unterscheiden. Der Dissens beider Konzeptionen ist somit nicht direkt ethischer, sondern politökonomischer Natur.

Beide Seiten können sich (vielleicht) auf folgende Aussagen einigen: Das Phänomen namens Armut ist äußerst komplex und kann keinesfalls dem Umwelt- und Naturschutz angelastet werden. Die ökonomische Globalisierung der letzten Jahrzehnte hat die *absolute* Armut nicht und die *extreme* Armut nur dann verringert, wenn man eine niedrige Grenze extremer Armut definiert (1,25 $ Kaufkraftparität pro Tag). Viele Armutsprobleme entstehen im Gefolge der gewaltsamen Aneignung natürlicher Ressourcen, von Kriegen, Bürgerkriegen, erzwungener Migration, Zerfall von Institutionen, der Entziehung traditioneller Landnutzungsrechte, der Verbreitung von HIV/AIDS usw. Angesichts dessen sollten beide Seiten die Vorwürfe einstellen, die jeweils andere Konzeption perpetuiere Not und Elend. Eine gute Grundlage, um jenseits von Allgemeinplätzen und Vorurteilen über das Verhältnis von Umwelt- und Naturschutz und Armutsbekämpfung zu diskutieren, ist das Gutachten des *Wissenschaftlichen Beirates Globale Umweltveränderungen* (WBGU 2005).

Nicht statthaft wäre zuletzt eine Replik, die besagte, dass in Wirklichkeit die mächtigen Tendenzen (bestenfalls) auf eine Welt »schwacher« Nachhaltigkeit hinausliefen: Bevölkerungszuwachs, Verstädterung, Geo- und Ressourcenpolitik mächtiger Staaten, Intensivierung der Landnutzung, Angleichung von Konsumstilen, Klimawandel usw. Damit erklärte man die gesamte theoretische Debatte auf fatalistische Weise am Ende für gegenstandslos. Wenn man sich ernsthaft auf eine theoretische Debatte wie die über konkurrierende Nachhaltigkeitskonzeptionen einlässt, dann unterstellt man bis auf Weiteres, dass Gründe und nicht Machtverhältnisse »zählen« sollten. Aus der Konzeption, für die man sich aufgrund präsumtiv guter Gründe entscheidet, werden dann Maßstäbe, in deren Lichte man die realen weltpolitischen Entwicklungen beurteilt. Ebenso wenig jedoch, wie man eine moralische oder rechtliche Regel dadurch widerlegen kann, dass man gegen sie verstößt, lässt sich die Konzeption starker Nachhaltigkeit dadurch widerlegen, dass man auf die unübersehbaren Tendenzen zu einer Geopolitik natürlicher Ressourcen verweist. Es ist aber nicht die Aufgabe von Umweltethik, mächtige Tendenzen zu billigen, die, wie viele Einflüsterungen besagen, angeblich alternativlos seien.

7.7 Versuchen wir nunmehr eine Darstellung der bisher normalsprachlich vorgetragenen Argumentation, die sich einen Schritt in Richtung auf ein formalsprachliches Argument zubewegt. Solche Zwischenglieder zwischen normalsprachlichen Darlegungen und formalen Argumenten werden im Kreis des Logikers Geo Siegwart (Greifswald) als »Argument-Rohlinge« bezeichnet. Die vorgetragenen Argumente werden zu Prämissen. Die Zielbehauptung wird zur Konklusion, die aus den herangezogenen Prämissen »folgt« oder, vorsichtiger formuliert, zu einem Urteil führt. Dieser »Rohling« stellt sich nunmehr folgendermaßen dar:

1. Entkräftungsargumente (Vorwurf der dogmatischen Operationalisierung gegen schwache Nachhaltigkeit)
2. Konzessionen schwacher Nachhaltigkeit (z. B. Safe Minimum Standard, »kritisches« Naturkapital)
3. Argument der Eigenarten von Naturkapital (Multifunktionalität, Retinität, »primary values«)
4. Argument der axiologischen Bedeutsamkeit der Naturkapitalien (Kap. 4), Verpflichtung gegenüber heutigen naturverbundenen Personen
5. Argument des Ernstnehmens der Unkenntnis zukünftiger Präferenzen; Hilfsargument der Umwelt- und Naturbildung
6. Risikobeurteilung unter dem komparativen Standard; Vorsichts-Strategie, Begründungslastverschiebung
7. Gedankenexperiment der Verallgemeinerung; »Fall Nauru« als Anomalie schwacher Nachhaltigkeit
8. Replik auf Einwände (Substitution fossiler Rohstoffe, Dynamik der Natur, geringe Opportunitätskosten, Armutsproblematik)
9. *Konklusion*: Aufgrund dessen (daher, somit, mithin) sollte die CNCR angenommen werden.

In der Konklusion bzw. dem Urteil (9) taucht das strenge »also« nicht auf. Die semantischen Partikel sprechen (nur) zugunsten einer Beurteilung, zu der man aufgrund von Gründen *gelangt*. Diese Beurteilung ist nicht über jeden Zweifel erhaben, aber es wäre ein falsches Ideal, bei derartigen Fragen letzte Gewissheit zu fordern. Legt man ein pragmatisches Begründungskonzept in der Ethik zugrunde (Ott 2005b), so kann man die erreichte Begründungstiefe für angemessen halten. Bei politischen Fragen können wir, wie schon Aristoteles wusste, in der Regel keine zwingenden Beweise erwarten, sondern dürfen uns zu Recht mit der Begründung eines Urteils zufriedengeben.

Gesetzt, man akzeptiert diese Begründung und nimmt (9) und damit die CNCR an. Man kann dann in der Folge ein System von Regeln ausarbeiten, das die CNCR ergänzt und mit Blick auf unterschiedliche Naturkapitalien präzisiert. Als Ergänzung kommt in jedem Fall eine Investitionsregel infrage, die für solche Länder gilt, in denen in der Vergangenheit viele Bestände an Naturkapitalien verbraucht und zerstört worden sind. Die Länder Mitteleuropas zählen zu dieser Ländergruppe. Moderne Umweltpolitik sollte also als eine Investitionspolitik in Naturkapitalien erkennbar sein. Die CNCR ist eine Erhaltungsregel und als ein *Verschlechterungsverbot*, die Investitionsregel dagegen als ein *Verbesserungs-* und *Gestaltungsauftrag* zu verstehen. Als weitere Regeln dürfen die bekannten Managementregeln Gültigkeit beanspruchen (SRU 2002, Tz 29).

Dieses Regelwerk ist noch recht abstrakt und bedarf der Spezifikation zu Zielsystemen in den verschiedenen Handlungsfeldern der Umweltpolitik. Regelbefolgung und Zielfestlegung sind innerhalb der Konzeption starker Nachhaltigkeit so zu vermitteln, dass die Erreichung der festgelegten Ziele vernünftigerweise die Vermutung stärkt, dass die Regeln befolgt worden sind. Der Sachverständigenrat für Umweltfragen (SRU) hat die ausführlichste Strategie für eine Transformation in Richtung starker Nachhaltigkeit konzipiert (www.umweltrat.de). Der SRU hat zwischen 2000 und 2020 in seinen Gutachten für die Handlungsfelder Klima und Energie, Landwirtschaft und Naturschutz, Mobilität und Verkehr, Meeresschutz und Biomasseanbau dargelegt, dass anspruchsvolle umweltpolitische Ziele mit moderaten Kosten und zum Teil sogar mit Wohlfahrtsgewinnen erreicht werden können. Insofern ist die Konzeption starker Nachhaltigkeit der »grüne« Faden, der sich in verschiedenen Graden der Deutlichkeit durch diese Gutachten hindurchzieht.

Regelwerke und Zielsysteme starker Nachhaltigkeit schränken Personengruppen in ihrem Verhalten gegenüber Natur und Umwelt allerdings ungleichmäßig ein, da die Gruppen der Landnutzer von der Anwendung der Regeln und Ziele direkter betroffen sind als andere soziale Gruppen. Während moralische Regeln im gleichmäßigen Interesse aller Personen liegen sollen, kann diese Bedingung für umweltpolitische Regelwerke nicht erfüllt werden. Düngeverordnungen, Fangquoten, Schutzbestimmungen usw. betreffen die Stadtbürger nicht direkt, die Land- und Forstwirte dafür umso mehr. Dieser Umstand führt unter gegenwärtigen ökonomischen Randbedingungen dazu, dass Naturschützer und Landnutzer einander feindlich gegenüberstehen (müssen). Die Lösung dieser Problematik kann nicht darin bestehen, dass die Umweltethiker die Landnutzer moralisch »bepredigen«, sondern darin, dass Institutionen geschaffen werden, die Landnutzern eine naturschonende Praxis ermöglichen. ›Starke‹ Nachhaltigkeit ist ein gesamtgesellschaftliches Projekt, dessen Kosten nicht den Gruppen der Landnutzer aufgebürdet werden dürfen, sondern anteilig von allen Bürgern zu tragen sind. Wäre starke Nachhaltigkeit in den ökonomischen Anreizsystemen und den politischen Institutionen verankert (etwa durch eine Honorierung ökologischer Leistungen oder die Finanzierung von Investitionen in Naturkapitalien), so gäbe es viele Koalitionschancen zwischen Protagonisten dieses Konzepts und den Gruppen der Landnutzer. Die heutigen Feindseligkeiten zwischen Landnutzern und Naturschützern in neuen, pfleglicheren Praxisformen aufzuheben sollte ein Anliegen der Umweltethik sein. In Bezug auf die Landwirtschaft würde eine Umschichtung der Agrarsubventionen hierzu beitragen (SRU 2009). Ökologischer Waldumbau könnte gesellschaftlich honoriert werden (hierzu siehe Ott 2021). Mit derartigen Überlegungen sind wir an den Rand der Umweltpolitik gelangt. Diesen Faden werden wir im nächsten Kapitel wieder aufgreifen. Abschließend sei ein Punkt aufgegriffen, der für die philosophische Grundlegung einer Nachhaltigkeitspolitik von Bedeutung ist.

7.8 Zeit(verlauf) ist eine transzendentale Voraussetzung von Wissenschaft, Ethik und Politik. Die Zeitbezüge der Nachhaltigkeitspolitik haben drei Aspekte, die sich mit den antiken Begriffen *Chronos*, *Kinesis* und *Kairos* überschreiben lassen.[79] Alle drei Aspekte sind wesentlich praktischer Natur.

Chronos ist nicht nur der monotone Verlauf von Zeit, der durch Uhren gemessen wird, sondern bezieht sich in seiner pragmatischen Dimension auf die Etablierung von Traditionen in geschichtlichen Epochen. Carlowitz ist für uns ein erster Eintrag in einer Chronik des Nachhaltigkeitsdiskurses, die seither, wenngleich mit Unterbrechungen, fortgeschrieben wird. Die Jahrzehnte vor den Feiern des 300-jährigen Jubiläums der Nachhalt-Idee (2013) sind eine Periode des intensiven Nachdenkens über die Bedeutung dieser Idee gewesen und sind es noch. *Chronos* bezieht sich insofern auf die Hoffnung gegenwärtiger Nachhaltigkeitskonzepte, in die Chronik des Diskurses einrücken zu dürfen.

Kinesis steht für eine Betrachtung derjenigen Bestände, deren Veränderungen für die Konzeption starker Nachhaltigkeit von Interesse sind. Veränderung kann in einer Zu- oder Abnahme von Vorräten, im Wachstum und der Vermehrung von lebendigen Fonds, im Auf- oder Abbau von Schadstoffen usw. bestehen. Ob diese Veränderungen erwünscht oder unerwünscht sind, bemisst sich anhand der Grundkonzeption starker Nachhaltigkeit. Aus einem allgemeinen und formalen Begriff des Bestandes (Faber et al. 2005) wäre eine Kinetik der Bestände zu gewinnen, die für Nachhaltigkeitspolitik relevant sind (Klauer et al. 2013).

Kairos steht für die situationsgerechte Beurteilung möglicher Gelegenheiten, Nachhaltigkeitspolitik erfolgreich zu verwirklichen. Gelegenheiten fallen zumeist nicht vom Himmel, sondern man muss zielstrebig und klug auf politische Gelegenheiten hinarbeiten. Sicher haben manche *windows of opportunity* den Charakter des Überraschend-Unverhofften (wie der Fall der Mauer im Jahre 1989); in der Umweltpolitik ergeben sich Gelegenheiten häufig dann, wenn der weit verbreitete, aufschiebende und lavierende Politikstil an Grenzen stößt, eine kritische Öffentlichkeit energischere Schritte fordert, die kulturellen Wertvorstellungen sich gewandelt haben und konzeptionell und politisch robuste Reformstrategien vorliegen. Das nächste Kapitel soll zeigen, dass viele dieser Bedingungen erfüllt, die Zeit also »reif« für eine ambitionierte Nachhaltigkeitspolitik geworden ist. Dies schließt nicht aus, dass der »Kairos«, den man bekanntlich beim Schopfe greifen muss, ungenutzt vorübergeht. Im Jahr 2020 habe ich mehrfach dafür plädiert, die Krise der Corona-Pandemie als »Kairos« zu interpretieren (Ott 2020b, Popp, Ott 2020).

8. Die politische Philosophie der Umweltethik

8.1 Eine bloß appellative Umweltethik wäre eine Karikatur ihrer selbst. Die Einsichten der Umweltethik und die Plattform starker Nachhaltigkeit müssen in die sozialen Teilsysteme der Gesellschaft implementiert werden: *Ökonomie, Recht, Pädagogik, Wissenschaft, Medien, Politik.* Dies ist, mit Max Weber gesagt, ein mühseliges Bohren dicker Bretter. Der Politik kommt im Gefüge der Systeme eine Sonderstellung zu, da nur eine durch Wahlen demokratisch legitimierte Politik die Rechtsordnung programmieren darf und das Recht das Verhalten aller Bürger reguliert. Umweltethische Appelle, die primär an Individuen adressiert sind, sind unzureichend, um den kollektiven Verpflichtungen (Kap. 5) nachkommen und die Konzeption starker Nachhaltigkeit (Kap. 6) umsetzen zu können. Hierzu bedarf es geeigneter Institutionen.

Was die politischen Vorstellungen der Ökologiebewegung i. w. S. anbetrifft, so findet sich häufig Kritik an echten oder vermeintlichen Defiziten einer parlamentarisch-repräsentativen Demokratie. So wird vielfach beklagt, dass die Kürze der Legislaturperioden, der Ausgleich unterschiedlicher menschlicher Interessen, der Einfluss von Lobbys, Besitzstandswahrungen, die Inszenierung von Politik in Wahlkämpfen und nicht zuletzt die Naturferne des politischen Milieus (»Raumschiff«) eine Politik, die umweltethischen Einsichten entspräche, strukturell be- oder verhindere. Die Dringlichkeit tief greifender naturpolitischer Reformen und die Langwierigkeit der von vielfältigen Kompromissen und Rücksichten geprägten politischen Prozesse stünden konträr zueinander. Zur Begründung dieser Auffassung kann die beliebig variierbare Krisendiagnose herangezogen werden (Kap. 1). Vor allem die internationale Klimapolitik kann als Musterbeispiel dienen, um zu erläutern, warum auch demokratische Staaten (wie die USA) Teil des Problems, nicht Teil der Lösung sind. Zudem wird geltend gemacht, dass in der Ordnung westlicher Demokratien der moralische Selbstwert von Naturwesen nicht wirksam institutionalisiert werden könne (Eckersley 1995). Dieses verbreitete Unbehagen an der repräsentativen Demokratie (Plumwood 1995) lässt zwar eine pragmatisch motivierte Teilnahme am demokratischen Prozess der Entscheidungsfindung zu, die »das Beste herauszuholen« versucht; diese realpolitische Konzession jedoch räumt das tiefer liegende Unbehagen an der, zugespitzt gesagt, professionalisierten Konsumentendemokratie nicht aus. Die Suche nach anderen Politikmodellen und -stilen hat daher die Ökologiebewegung von Anbeginn an begleitet und war ein Dauerthema in der Gründungsphase »grüner« Parteien. Das Spektrum der »alternativen« Vorschläge reicht von a) anarchisch-libertären Vorstellungen, in denen kleine, teilweise autarke, basisdemokratisch verfasste Gemeinschaften lokale Naturpolitik betreiben (Bookchin 1977),[80] über b) marxistische Konzepte, in denen ein verstaatlichter Industriesektor umweltpolitisch genormte Erzeugnisse produziert, ein öffentlicher Sektor Daseinsvorsorge betreibt und Agrar- und Handwerkserzeugnisse auf lokalen Märkten getauscht werden (Westra 2007) bis hin zu c) einem Liebäugeln mit zentralistischen und autoritären Optionen, die auf einen asketischen Egalitarismus zulaufen (Harich 1975), und d) zu raumpolitischen Visionen, in denen sich die Menschen aus dem Kulturland in sogenannte regenerative Imperien zurückziehen, um der Wildnis den ihr gebührenden Raum einräumen zu können (Gerdes 2010). Die politische Philosophie der Ökologiebewegung ist aufgrund der vielfältigen Bestrebungen, Alternativen auszuloten, leider über einen manchmal charmanten, manchmal abwegigen, gelegentlich sogar gefährlichen Wildwuchs an Entwürfen nicht hinausgelangt.

Umgekehrt wurde dem radikaleren Flügel der Ökologiebewegung von liberalen Philosophen vorgeworfen, ein lediglich strategisches Verhältnis zur Demokratie zu haben. Die Staatsform der Demokratie zähle nicht zu den intrinsischen Wertvorstellungen des »Ökologismus«, sondern werde dahingehend beurteilt, ob sie dessen Zielen mehr oder minder dienlich oder abträglich sei. Im Prinzip kämen in dieser Perspektive Alternativen in Betracht, wenn diese erwarten lassen, dass sie naturschutzpolitisch zielführender seien. *Geschichtlich* kann in der Tat als nachgewiesen gelten, dass zumindest der deutsche Naturschutz aufgrund einer solchen Einstellung zur Politik den Wechsel von der Weimarer Republik zur nationalsozialistischen Diktatur begrüßte, da führende Naturschützer, sofern sie nicht ohnehin überzeugte Nationalsozialisten waren (wie Paul Schultze-Naumburg und Walther Schoenichen) von der Diagnose ausgingen, eine republikanische Ordnung mit ihrem Parteienwesen und der »Schwatzbude« des Parlaments sei zu einer ehrgeizigen und volkstümlichen Naturschutzpolitik außerstande. Erst durch die »Grüne Charta« des Deutschen Rates für Landespflege (1961) wurde in Deutschland der Natur- und Landschaftsschutz auf der Grundlage von Demokratie und Menschenrechten konzeptionell reformuliert (DRL 1997). Das Menetekel des Naturschutzes im Nationalsozialismus (zum Überblick siehe Radkau, Uekötter 2003) sollte immer bewusst bleiben, wenn über Politik und Ökologie diskutiert wird.

Gegenwärtig verhält es sich zum einen so, dass sich der internationale Naturschutz seine Praxispartner nicht beliebig nach demokratischen Kriterien aussuchen kann. Der globale Rang schützenswerter Naturgüter und die demokratische Qualität einer staatlichen Ordnung können auseinanderklaffen. Wer etwa die Moore Weißrusslands schützen und Schutzgebiete in Turkmenistan ausweisen möchte, wie dies bspw. mit unermüdlichem Elan Michael Succow und seine Mitarbeiter tun, der hat realpolitisch keine Alternative dazu, mit den jeweiligen Regimes zu kooperieren, Kontakte mit Ministerien aufzubauen, Reden vor Politikern zu halten usw. Diese Unvermeidlichkeit führt in aller Regel auch zu kollegial-freundschaftlichen Beziehungen mit den Naturschützern dieser Länder, mit denen man im Gelände gemeinsam unterwegs ist. Solche Kooperationen sind freilich von der Rechtfertigung der politischen Regime zu unterscheiden. Daher ist es für die politische Philosophie der Umweltethik nicht ausschlaggebend, dieses naturschutzpolitische Engagement zu beurteilen; entscheidend für die politische Philosophie sind vielmehr demokratiekritische Positionen, die mit einem umweltethischem Geltungsanspruch auftreten.

Dies gilt für die ökozentrische Umweltethik J. Baird Callicotts, der den berühmten Grundsatz von Aldo Leopold aus dem Kontext der Landnutzung riss und ihn als oberstes Moralprinzip deutete, aus dem sich weitere Normsätze deduzieren ließen (Kap. 5.5). Dies führte zu einer Debatte über »ökofaschistische« Konsequenzen des Ökozentrismus, aufgrund deren Callicott seinen ursprünglichen Ansatz erheblich modifizierte. Der Ökozentrismus steht wohl dem politischen Liberalismus (Verbindung von Menschenrechten, parlamentarischer Demokratie, Marktwirtschaft) am fernsten (so auch Westra 1994, S. 191-196). Andere Autoren wendeten sich kritisch gegen ein ausuferndes Verständnis der Menschenrechte (McGuinn 1994). Am Rande des Spektrums der heutigen deutschen Naturschutztheorie finden sich sogar wieder anti-demokratische, anti-westliche und anti-jüdische Positionen (Falter 2006). Solche Positionen stimmen Philosophen, die vom intrinsischen Wert von Menschenrechten und Demokratie ausgehen, misstrauisch gegen die politische Gedankenwelt des Ökologismus. Unter einer »links-grünen« Oberfläche könnten sich politische Konzeptionen verbergen, die um hehrer Naturschutzziele willen die moralischen und politischen Errungenschaften der Demokratie aufzugeben bereit sein könnten. Welche Konzeption von Demokratie wäre nun geeignet, *erstens* an den Errungenschaften demokratischer Ordnung festzuhalten, *zweitens* die vage Idee einer, sagen wir, lebendigen Demokratie zu spezifizieren und, *drittens*, den umweltethisch begründeten Anliegen der Umwelt-, Tier- und Naturschutzbewegung Rechnung tragen zu können? Die neueren Debatten um *environmental democracy* bemühen sich um Antworten auf diese Fragen (Dobson, Lucardi 1993, Mathews 1995, Lafferty, Meadowcroft 1996).

8.2 Richtig ist, dass auf der Grundlage einer ökonomischen Theorie der Demokratie eine anspruchsvolle Konzeption von *environmental democracy* nicht entwickelt werden kann. Ökonomisch betrachtet sind Rechtsnormen heteronom auferlegte, mit Sanktionsdrohungen verknüpfte Einschränkungen individueller Nutzenmaximierungsstrategien. Um einer gesicherten rationalen Verfolgung der jeweiligen Privatinteressen willen müssen sich rationale Akteure zwar auf eine Rechtsordnung einigen; sie werden sich aber nur auf minimale gleichmäßige Restriktionen einigen können. Das Problem der kollektiven Güter gilt daher als Schwachstelle einer ökonomischen Theorie der Demokratie. Die neoklassische Ökonomik erkennt zudem die Differenz zwischen Privatperson und Staatsbürger nicht an. Die normative Idee hinter dieser Unterscheidung besagt, dass Personen in der Einstellung von moralisch aufgeklärten Staatsbürgern über die Regelwerke befinden können und sollen, durch die ihre privaten Verhaltensspielräume ungleichmäßig reguliert (gefördert, eingeschränkt, besteuert, konditioniert usw.) werden. Um Beispiele zu geben: Wer eine Präferenz für schnelles Autofahren hat, kann gleichwohl zu der Einsicht gelangen, dass die Einführung eines Tempolimits auf Autobahnen umwelt- und verkehrspolitisch vernünftig wäre. Wer gern Fleisch isst, kann sich politisch für rechtlich verbesserte Haltungsbedingungen von Schlachttieren einsetzen. Es ist auch nicht widersprüchlich, wenn Personen, die in ihrer privaten Lebensführung bestimmte Risiken eingehen (z. B. Risikosport), gleichzeitig für einen vorsorgenden Umwelt- und Naturschutz eintreten.

Diese Unterscheidung zwischen Staatsbürger und Privatperson ist eine erste Grundlage für einen politischen Liberalismus, der seine umweltpolitischen Defizite korrigiert. Auf dieser von Mark Sagoff (1988) eröffneten Linie haben John Dryzek (1997), Michael Mason (1999) und andere Autoren argumentiert. Es geht den Autoren immer um Bedingungen der Möglichkeit demokratischer Politik, die für einen Schutz kollektiver Naturgüter (und den Tierschutz) auf einem Niveau sorgt, das umweltethisch gerechtfertigt, zufriedenstellend oder wenigstens erträglich ist. Der politische Liberalismus ist somit mehrfach in eine Grundkonzeption von *green deliberative democracy* transformiert worden (zuletzt Arias-Maldonado 2007), die jenseits von einem instrumentellen Verhältnis zur Demokratie, anarchisch-kommunitaristischen Naivitäten und autoritären Verlockungen die unterschätzten Möglichkeiten von Umweltpolitik als Teil einer demokratischen Praxis auslotet. Die Rolle der einzelnen Person wird hier als *eco-citizenship* gefasst. *Eco-citizens* versuchen einerseits, in ihrem privaten Verhalten neue Lebens- und vor allem Konsumstile auszubilden, wohl wissend, dass es, mit Adorno, ein wahres Leben im Rahmen falscher ökonomischer Strukturen nicht gibt. Sie verändern zweitens die Anerkennungsverhältnisse in einer Gesellschaft, indem sie bewusst Anerkennung zollen *und* versagen. Dabei bemühen sie sich um die Kunst, Höflichkeit und Takt mit Missbilligung zu verbinden. Drittens engagieren sich *eco-citizens* in Initiativen, Verbänden und Parteien zugunsten ihrer Ziele und scheuen sich nicht, die Möglichkeiten von Engagement bis hin zu dramatischen Inszenierungen und zivilem Ungehorsam auszuschöpfen. Die Umweltethik fordert ein gewisses Maß an staatsbürgerlichem Engagement, wenngleich dieses Ausmaß nicht rein ethisch bestimmt werden kann, sondern von vielen Umständen und Lebenslagen abhängt. Ein wenig mehr Engagement vieler Bürger wäre wohl besser als ein Höchstmaß an Engagement einer Minderheit, die von außen leicht als »idealistisch« oder »radikal« abgestempelt werden kann.

Die hier vertretene offensive Interpretation der Staatsbürgerrolle im Sinne von *eco-citizenship* bedarf eines entsprechenden institutionellen Gefüges. Eine jede Konzeption von *green deliberative democracy* benötigt zu ihrer Plausibilisierung vor allem empirische Anhaltspunkte, die zeigen, dass die in sie eingegangenen Ideen sich nicht notwendigerweise an den Realitäten blamieren müssen. In diesem Sinne soll im Folgenden die Konzeption von *green deliberative democracy* zunächst auf der nationalstaatlichen Ebene betrachtet werden (8.3). Wenn sie dort scheitert, ist sie im internationalen Maßstab von vornherein wenig aussichtsreich. Wenn jedoch staatliche Ordnungen dieser Konzeption Raum geben können, lässt sie sich, *mutatis mutandis* und mit etlichen Kautelen, auch auf die internationale Ordnung übertragen (8.4).

8.3 Jürgen Habermas hat in *Faktizität und Geltung* (1991, Kap. VIII) auf der nationalen Ebene ein Schleusenmodell der politischen Entscheidungsfindung in demokratischen Systemen skizziert. Die Zivilgesellschaft ist für Habermas die Instanz, in der im Medium kommunikativen Handelns ein permanentes *Agenda Setting* betrieben werden kann (und sollte), dessen Botschaften und Forderungen über unterschiedliche Kanäle und Organisationen, die zwischen Zivilgesellschaft und politischem System angesiedelt sind, in Richtung auf die Kerninstitutionen des politischen Systems (Parlament, Regierung, Ministerien, Parteispitzen) kommuniziert werden können. Die Zivilgesellschaft ist ein räsonierendes Publikum im Sinne von Kants Aufklärungsschrift (Kant 1784), dessen Mitglieder von ihren Verstandeskräften in politischen Angelegenheiten öffentlichen Gebrauch machen. Eine Zivilgesellschaft würde die Erwartungen an professionalisierte (Umwelt-)Politik nicht absenken, sondern hohe Erwartungen mit der Einsicht verbinden, dass allein der professionalisierte Kern des politischen Systems legitimiert ist, das Rechtssystem im Rahmen der Verfassung umzuprogrammieren. Das Schleusenmodell nimmt das gesamte institutionelle Gefüge in den Blick und widerlegt damit das Vorurteil, Diskurs- und Umweltethik seien institutionstheoretisch unbedarft. Zur Rekonstruktion dieses institutionellen und organisatorischen »deliberativen Zwischenreiches« siehe Ott (2014). In der Administration, vor allem in den Ministerien und staatlichen Ämtern wie Umweltbundesamt (UBA) und Bundesamt für Naturschutz (BfN), bündelt sich der spezialisierte Sachverstand von Expertenkulturen, der ebenfalls zum *Agenda Setting*, des Weiteren auch zur Problemlösung, zur Entwicklung von Instrumentenverbünden, zur Vorbereitung legislativer Akte und zu deren Umsetzung genutzt werden kann. Eine wichtige Rolle in diesem Modell einer in ihrer Komplexität präsumtiv »lebendigen« Demokratie kommt außerdem den Organisationen an den *Peripherien* zwischen Zivilgesellschaft und politischem System zu.

Im Bereich der Umweltpolitik sind an diesen Peripherien u. a. die Gremien der wissenschaftlichen Politikberatung angesiedelt.[81] Bei allem Spott über die »Räte-Republik« wird man ihre Arbeit nicht missen wollen. Gremien der wissenschaftlichen Politikberatung sind ein unverzichtbares Gegengewicht zu Lobbys, da jene im Unterschied zu diesen ihrem Anspruch und Mandat nach Gemeinwohlbelangen verpflichtet sind. Für *eco-citizens* sollten die Gutachten dieser Gremien daher Pflichtlektüre sein.[82] An anderen Punkten der Peripherie kann das kommunikative Handeln der Zivilgesellschaft argumentativ verdichtet (etwa durch partizipative und diskursive Verfahren) und es können die umweltpolitischen Programme und Strategien des Kerns kritisch untersucht und evaluiert werden. Die vielen Gutachten, Konzeptideen, Blaupausen, Entwürfe und Programme, die über diverse E-Mail-Verteiler kursieren, können sich im Medium von affirmativen und kritischen Stellungnahmen allmählich etablieren und eine diskursive Wirksamkeit entfalten. Verfolgt man Umweltpolitik über mehrere Jahrzehnte, so scheinen demokratische Staaten durchaus reformfähig zu sein. Der Fehler der umweltpolitisch motivierten Demokratiekritik liegt häufig in einer *misplaced concreteness*, die den Fehler begeht, den sie der Politik vorwirft, nämlich das Denken in kurzen Zeiträumen.

Der Deutsche Rat für Landespflege veröffentlichte 2005 eine lesenswerte Schrift unter dem Titel *Naturschutz – Eine Erfolgsstory?* (DRL 2005). Die darin aufgeführten Erfolge hätten Naturschützer um 1900 in Erstaunen und Entzücken versetzt.[83] Die Erfolgsgeschichten des Umwelt- und des Naturschutzes lassen sich in Zukunft fortsetzen. Wichtig hierbei ist, dass die Zivilgesellschaft erstens den Druck auf das politische System kontinuierlich hoch hält und zweitens durch genuin zivilgesellschaftliche Aktivitäten in Vereinen, Verbänden und Bürgerinitiativen

Eigenleistungen erbringt, die staatliche Regulierung ergänzen und unterstützen, allerdings nicht ersetzen können.

8.3.1 Die Betonung der umweltpolitischen Bedeutung dieser Peripherie impliziert nicht, dass das »klassische« Staatsverständnis zugunsten eines diffusen Konzepts von »governance« aufzugeben wäre. In diesem Abschnitt wird zugunsten der These argumentiert, dass eine moderne kapitalistische Warenwirtschaft umweltpolitisch nicht von einem »Nachtwächterstaat« adäquat reguliert werden kann.

Die erste moderne Verhältnisbestimmung von Staat und bürgerlicher Gesellschaft findet sich in der *Rechtsphilosophie* Georg W. F. Hegels (1821). Für Hegel zerfällt die bürgerliche Gesellschaft in das »System der Bedürfnisse«, die »Rechtspflege« und die »Besorgung« allgemeinen Interesses durch »Policey« und Korporationen (ebd., § 188). Das »System der Bedürfnisse«, d. h. das System der Wirtschaft, ist ein arbeitsteiliges System allseitiger Abhängigkeit, in dem die Wirtschaftsbürger ihren Privatinteressen nachgehen. Diese Sphäre ist der »Kampfplatz des individuellen Privatinteresses aller gegen alle« (ebd., § 289). Die »Policey«, d. h. die öffentliche Verwaltung, zählt für Hegel noch zur bürgerlichen Gesellschaft; sie vermittelt durch regulierende und administrative Tätigkeiten zwischen Staat und Gesellschaft.[84] Hegels Argument zugunsten der Notwendigkeit einer solchen »Policey« beruht auf der nüchternen Annahme, dass, je reiner sich das Prinzip des rationalen Eigennutzes innerhalb der bürgerlichen Gesellschaft ausprägt, diese selbst umso mehr Institutionen ausprägen muss, um Belange von allgemeinem öffentlichen Interesse durchzusetzen. Dies kann nur in den Formen von Recht und Administration erfolgen. Der Glaube, man könne durch Appelle an die »Selbstverantwortung« von Unternehmern staatliche Regulierung und Administration überflüssig machen, wäre in hegelscher Sicht ein abstrakter Moralismus. Ökonomisch naiv wäre es, vom Spiel der Marktkräfte Ergebnisse zu erwarten, die den Einsichten, die im Argumentationsraum enthalten sind, und der Plattform starker Nachhaltigkeit entsprechen.[85]

Hegel hatte die Probleme von Umwelt- und Naturschutz noch nicht vor Augen. Umwelt-, Tier- und Naturschutz sind für uns Belange von kollektivem Interesse geworden. Der staatlichen Ordnung fällt dadurch eine Garantenstellung für die Erfüllung dieser Belange in einem Ausmaß zu, das, wie im fünften Kapitel gezeigt wurde, politisch debattiert und verhandelt werden muss.[86] In der Rolle vernünftiger Staatsbürger bzw. *eco-citizens* und mit Blick auf kollektive Güter ist es daher einsichtig, Regelwerken, d.h. Institutionen beizupflichten oder zu fordern, durch die diese Erfüllung zu erwarten steht. Das oberste Regelwerk eines Staates ist seine Verfassung.

8.3.2 Seit den 1970er Jahren wurde kritisiert, dass der Umwelt- und Naturschutz nur unzulänglich im deutschen Grundgesetz verankert sei. Seit 1987 bestand parteiübergreifendes Einvernehmen, der Umweltschutz solle Verfassungsrang erhalten. Im Kontext der Verfassungsänderungen nach der staatlichen Vereinigung 1990 wurde der Artikel 20a in das Grundgesetz aufgenommen. Art. 20a GG enthält das Staatsziel des Schutzes der natürlichen Lebensgrundlagen, das auch mit Verpflichtungen gegenüber zukünftigen Generationen begründet wird. Staatszielbestimmungen sind Verfassungsnormen mit rechtlich bindender Wirkung, die dem Staat die fortdauernde Erfüllung bestimmter Aufgaben vorschreiben. Art. 20a GG richtet sich an alle drei staatlichen Gewalten und verschafft der Vorsorgepolitik staatlichen Handelns gegenüber ökologischen Gefährdungen eine stärkere Grundlage.[87] Dies bedeutet, dass Legislative und Exekutive dafür Sorge zu tragen haben, dass die Umwelt- und Naturschutzadministration von ihren Kapazitäten her den Herausforderungen des Natur- und Umweltschutzes gewachsen ist (hierzu SRU 2007).

Dass der Verfassungsgeber die Option einer Staatszielbestimmung den übrigen rechtstechnischen Optionen vorgezogen hat (z.B. subjektives Grundrecht auf »gesunde Umwelt« oder Rechte für Naturwesen), erweist sich im Kontext der »Juristenverfassung« (Josef Isensee) des Grundgesetzes, in der der Staat die Bestimmungen der Verfassung als unmittelbar geltendes Recht zu achten hat, als sachadäquat. Die Einführung eines Individualgrundrechtes auf »gute« Umweltbedingungen muss deshalb kritisch eingeschätzt werden (Ott 1995). Allein das Problem einer rechtlich robusten Fassung des notwendigen *qualifiers* »gut« ist juristisch diffizil und umweltpolitisch nicht weiterführend. Bloße »Verfassungslyrik« bewirkt umweltpolitisch nicht viel. Die Zustände von Umwelt und Natur werden faktisch stärker durch Ordnungsrecht auf der einzel- und nicht zuletzt auf der untergesetzlichen Ebene der Anhänge, Verordnungen, Richtlinien usw. beeinflusst. Man sollte die Zielbestimmung des Art. 20a GG daher als interpretationsoffene Grundsatznorm *und* umweltpolitische Thematisierungsstrategie verstehen (Geddert-Steinacher 1995), durch die dem Parlamentarismus der »Stachel des schlechten Vorsorgegewissens« implantiert wurde (Isensee 1997, S. 174). Die Aufnahme des Art. 20a ins Grundgesetz darf vor allem nicht als Akt symbolischer Umweltpolitik missverstanden werden. Der Art. 20a GG ist kein Ersatz für zielgerichtete Umweltpolitik in den Bereichen Naturschutz, Klimaschutz, Chemikalienpolitik, Lärmschutz, Bodenschutz usw., sondern erfordert solche Politik (Murswiek 1996). Außerdem hätte der Verfassungsgeber eine solche Staatszielbestimmung nicht in das Grundgesetz aufnehmen müssen, wenn er mit der Gesamtqualität von Natur und Umwelt am Ende des 20. Jahrhunderts zufrieden gewesen wäre. Dieser Deutung zufolge impliziert Art. 20a ein Verschlechterungsverbot und einen Verbesserungsauftrag.[88] Hieraus ergeben sich folgende »Eckdaten« einer Interpretation von Art. 20a GG:

1. Umweltpolitik ist eine auf Dauer gestellte Aufgabe staatlicher Politik.
2. Vorsorgestrategien sind Teil der Verantwortung gegenüber zukünftigen Generationen (Kap. 5).
3. Die Umweltsituation im Einführungsjahr 1994 kann als *benchmark* für das dem Art. 20a GG immanente Verschlechterungsverbot gelten.
4. Deutliche Rückschritte beim Schutz der natürlichen Lebensgrundlagen wären verfassungsrechtlich bedenklich; umweltpolitische Stagnation ist vom Verfassungsgeber nicht gewollt.
5. Art. 20a steht in enger Beziehung zur Idee der Nachhaltigkeit.

Diese Eckdaten dürfen nicht so missverstanden werden, als sei jede Absenkung eines Grenzwertes bereits tendenziell verfassungswidrig. Es geht eher um eine kluge bilanzierende und synoptische Gesamtbetrachtung von Umweltpolitik auf den verschiedenen Handlungsfeldern. Der Verbesserungsauftrag belässt dem Gesetzgeber große politische Spielräume der Prioritäten- und Zielsetzung. Dies zugestanden, spezifizieren wir das letzte Eckdatum mit der im vorigen Kapitel begründeten Konzeption von Nachhaltigkeit (Kap. 7). Wenn Art. 20a GG in einer konzeptionellen Verbindung zur Idee der Nachhaltigkeit steht und wenn sich die Konzeption starker Nachhaltigkeit als diskursrational vorzugswürdig erweist, so liegt für Verfassungspatrioten und *eco-citizens* ein Grund vor, eine entsprechende Nachhaltigkeitspolitik zu fordern. Diese Forderung ist rechtlich nicht einklagbar, aber umweltethisch begründet und genuin politisch.

8.3.3 Moderne Umweltpolitik zeichnet sich dadurch aus, dass man Grundsätze und Leitlinien mit verbindlichen Zielen koppelt (Jänicke et al. 1999). Die Grundsätze und ihre umweltethischen Grundlagen können mittlerweile als geklärt gelten. Die Festlegungen von Umweltqualitätszielen (UQZ) sind keine Ableitungen aus Grundsätzen, aber auch nicht willkürlich, sondern fachlich plausibel bzw. sachgerecht und angemessen. So lässt sich ungefähr abschätzen, dass eine Vorrangfläche von etwa 15 Prozent der Landesfläche Deutschlands ausreichen dürfte, um den Grundsatz des Artenschutzes zu realisieren, sofern man die hierfür geeigneten Gebiete auswählt. Andere Ziele wie das der Reduktion der Flächeninanspruchnahme auf dreißig Hektar pro Tag, Ziele der Gewässergüte gemäß der EU-Wasserrahmenrichtlinie, Grenzwerte der Luft- und Lärmbelastung oder der Reduktion der deutschen CO_2-Emissionen um vierzig Prozent bis 2020 und um achtzig bis neunzig Prozent bis 2050 (gegenüber dem Referenzjahr 1990) wären an dieser Stelle in ihrer jeweiligen Plausibilität zu begründen. Da diese speziellen Begründungen dieses Kapitel sprengen würde, sei einmal mehr auf die Gutachten des SRU verwiesen. Zur Klimaethik siehe Ott (2020c).

8.4 Auf der *internationalen Ebene* kann (noch) keine etablierte Rechtsordnung vorausgesetzt werden. Zwar ist die internationale Ordnung kein anarchischer Naturzustand mehr, aber auch noch keine wirkliche Rechtsordnung. *Analytisch* zu unterscheiden ist hier zwischen klassischem Völkerrecht, Völkervertragsrecht (Konventionen und Protokolle), bilateralen Abkommen, ökonomischen Regimen (z. B. WTO, IWF), UN-Organisationen (FAO, UNESCO), -Programmen (UNEP) und Agenden (wie der UN-Agenda 21). Einer gesonderten Betrachtung bedürfte das Zielsystem der 17 Sustainable Development Goals (SDG). *Konzeptionell* konkurrieren in der Theorie internationaler Beziehungen a) der auf Hobbes und Hegel zurückgehende sogenannte Neorealismus, b) der Institutionalimus (Young 1997) und neuerdings auch c) diskurstheoretische Ansätze (Deitelhof, Müller 2005), die meistens als »konstruktivistisch« bezeichnet werden. Diese konzeptionelle und theoretische Konkurrenz ist insgeheim normativ-ethisch, da keine Konzeption die Welt der internationalen Beziehungen einfach abbildet, sondern implizit Aussagen darüber trifft, wie sich rationale Akteure verhalten sollten, wenn diese Welt so oder so vorgestellt wird. Dies trifft auch auf den Neorealismus zu, der diese Welt als »anarchic world of self-interested states« (Brooks, Wohlforth 2009, S. 49) beschreibt und hieraus eine macht- und interessenzentrierte Klugheitslehre entwickelt, die dann aus der Sicht einzelner Staaten spezifiziert werden kann. Der Realismus ist, wie man seit Friedrich Meineckes Buch über die *Idee der Staatsräson* (1929) weiß, versteckt normativ und entfaltet gerade dadurch eine Wirklichkeit, durch die er sich selbst bestätigt: Wenn viele Akteure (wie in der Klimapolitik) nationale Interessen über internationale Kooperation stellen, kann geltend gemacht werden, dass die Grundannahmen des Realismus sich immer wieder als zutreffend erweisen. Gleichwohl hat der Realismus bereits auf der deskriptiv-explanativen Ebene große Mängel. Er kann nämlich die Herausbildung der internationalen *governance*-Strukturen seit 1945 allein aus seinen Prämissen nicht befriedigend erklären.

Auf der deskriptiv-explanativen Ebene kann der Institutionalismus mit dem Realismus durchaus konkurrieren, auf der normativen Ebene ist er ihm überlegen. Normativ sind institutionalistische Ansätze dann, wenn sie, teils unter Rekurs auf spieltheoretische Modellierungen, kooperative und rechtsförmige Lösungen als Ergebnis von Verhandlungen gutheißen oder gar fordern. Ethisch am klarsten sind Ansätze, die, meist unter Rekurs auf Kants Schrift *Zum ewigen Frieden* (1795), die Welt der internationalen Politik an normativen Ideen orientieren und zu kooperativen Lösungsstrategien gelangen möchten. Dies gilt auch für die Nutzung und den Schutz der Natur im globalen Maßstab. Besonders deutlich wird dies an Problemen, die sich innerhalb nationalstaatlicher Territorien nicht befriedigend lösen lassen wie der Klimaschutz, der Meeresschutz, der Schutz von Binnenmeeren und von Flüssen mit mehreren Anrainerstaaten sowie der Schutz wandernder Tierarten u. a.

Habermas (2009) hat in seinen Schriften zur internationalen Politik die Idee entwickelt, das »klassische« Völkerrecht in zwei Richtungen zu transformieren, nämlich einmal in Richtung auf a) ein Weltbürgerrecht und zum anderen b) eine Verfassung einer Staatengemeinschaft, die zu einer Weltinnenpolitik in der Lage wäre, zu deren wichtigsten Aufgaben die Regulierung der Weltwirtschaft sowie der Umwelt- und Naturschutz zählen. »Das Völkerrecht, das den Verkehr zwischen Staaten regelt, muss von der Verfassung einer Staatengemeinschaft abgelöst werden. Erst dann treten die Staaten und deren Bürger in ein ›gesetzmäßiges Verhältnis‹ zueinander.« (Habermas 2009, S. 321) Im Kontext der Umweltethik wird nur die zweite Richtung verfolgt. Generell wird eine mögliche internationale Verfassung zum Schutz kollektiver Naturgüter von globaler oder kontinentaler Bedeutung (Klimasystem, Ozonschicht, Süßwasserreserven, Fischbestände, Wälder, Zentren des Endemismus und sogenannte »biodiversity hotspots«) sich von nationalstaatlichen Verfassungen dadurch unterscheiden, dass sie nicht direkt durch Wahlen legitimiert sein kann, sondern auf einen kontinuierlichen Legitimationsschub aus demokratischen Wahlen angewiesen ist. Strukturell dürfte es sich auf absehbare Zeit um eine »hegelianische« Verfassung im internationalen Maßstab handeln, nicht um eine Weltrepublik (Habermas 2009, S. 338-344). Sie dürfte sich im Wesentlichen aus UN-Organisationen, internationalen Regimen und Gerichtshöfen, aber auch aus epistemischen Gemeinschaften (wie dem IPCC), NGOs und Organisationen wie dem Roten Kreuz usw. zusammensetzen. Demgegenüber wäre es abstrakt, würde man am Reißbrett die ökologisch perfekte Weltrepublik konstruieren.

Hier interessiert nur das Verhältnis zwischen ökonomischen und umwelt- und naturschützerischen Regimen. Jene beruhen im Wesentlichen auf der Bretton-Woods-Architektonik aus der WTO mit ihren Unterabkommen (TRIPS), der Weltbank mit ihren Krediten und Umschuldungen, dem IWF mit seinen Anpassungsprogrammen und mächtigen nationalen Organisationen wie etwa USAID. Diese Regime haben in der Nachkriegszeit makroökonomisch zugleich zivilisierend *und* disziplinierend gewirkt, wobei die Disziplinierungsmacht dieser Regime Gegenstand eines breiten postkolonialen Diskurses geworden ist. Diese Regime sind US-amerikanisch und teilweise durch die EU dominiert, ihre epistemischen Konzepte entstammen der westlichen Ökonomik (Effizienz), und sie verfügen über vergleichsweise hohe Budgets. Sie sind ohne Weiteres im Sinne des Neorealismus nutzbar, wie dies in aller Deutlichkeit von Brooks & Wohlforth (2009, S. 52f.) ausgesprochen wird: »In short, the more the network of global institutions protects the interests of the United States, the less Washington needs to employ its power in ways that provoke resentment among other governments. [...] [I]nstitutions are effective tools to the powerful.« Dies liegt im Falle dieser Regime daran, dass sie in dem Sinne asymmetrisch verfasst sind, dass sie mit Sanktionsdrohungen die Länder des Südens zu *compliance* nötigen können, während sie für die USA meist nur den unverbindlichen Charakter von *soft law* haben (Wade 2009). Diese asymmetrisch verteilten Verbindlichkeiten wirken isolierend auf die armen, verschuldeten Staaten des Südens, die dadurch der Maxime des *Divide et impera* unterliegen. Insgesamt ist die Wirksamkeit dieser ökonomischen Regime ungleich höher als die der bestehenden Umweltregime.

Gleichwohl haben die Umweltregime in den vergangenen Dekaden beachtliche Fortschritte bei ihrer Institutionalisierung erzielt (Luterbacher, Sprinz 2001). Erfolgsgeschichten sind das Montreal-Abkommen zum Schutz der Ozonschicht (Rowlands 1995), das Washingtoner Artenschutzabkommen, die Ramsar-Konvention zum Schutz von Mooren und Feuchtgebieten, die *Convention on Biological Diversity* (CBD) und in gewisser Weise die Klimarahmenkonvention zusammen mit dem (auslaufenden) Kyoto-Protokoll (Oberthür, Ott 1999) usw. Das Kyoto-Protokoll wurde 2016 durch das Paris-Abkommen ersetzt, in dem sich die Staatengemeinschaft auf das Ziel geeinigt hat, die Erderwärmung auf deutlich unter 2°C gegenüber vorindustriellen globalen Mitteltemperaturen zu begrenzen (»well below 2°C). Wünschenswert ist eine Begrenzung auf 1.5°C.

Diesen Regimen lassen sich epistemische Gemeinschaften und NGOs zuordnen. Aus der Sicht von kosmopolitisch eingestellten, umweltethisch aufgeklärten *eco-citizens* ist eine Aufwertung und Stärkung dieser Regime dringend erforderlich. Solche *eco-citizens* haben ja auf der nationalen Ebene das hegelsche Argument zugunsten guter »Policey« eingesehen und halten dieses Argument angesichts der Naturkrise für die internationalen Beziehungen *a fortiori* für gültig. Allerdings besteht gegenwärtig ein deutliches Machtgefälle zwischen den rechtlich und finanziell »starken« ökonomischen Regimen und den rechtlich häufig nicht bindenden und organisatorisch »schwachen« Umweltregimen. Dieses Machtgefälle zwischen militärischen und ökonomischen Regimes auf der einen, Umweltregimes auf der anderen Seite ist das Erbe des 20. Jahrhunderts, das für kosmopolitisch gesonnene *eco-citizens* nicht mehr zu akzeptieren ist. Die politische Aufgabe besteht darin, dieses Machtgefälle kurz- und mittelfristig auszugleichen und langfristig umzukehren. Am Ende sollten die ökonomischen Regime den globalen Umweltregimen untergeordnet sein.

Es existieren bereits kluge institutionelle Vorschläge, wie eine Binnenstruktur globaler Umweltpolitik beschaffen sein könnte. Dem WBGU-Vorschlag zufolge (WBGU 2001) würde eine solche Struktur im Wesentlichen auf den drei Säulen von a) *epistemic communities*, b) rechtlichen Regimen (Protokollen) und c) finanziellen Fazilitäten (Fonds) beruhen. In Verbindung mit fortschrittlichen transnationalen Mehr-Ebenen-Modellen von Umweltpolitik, wie sie die EU institutionalisiert hat und wie sie sich für kontinentale Regionen wie Südamerika, Ostafrika und den indischen Subkontinent anbieten, sowie einer für Umweltthemen zunehmend sensibilisierten und engagierten Weltöffentlichkeit kann eine solche Struktur die institutionelle Grundlage für »menschheitliche« Wege aus der Gefahr sein. Der in einer solchen Struktur aus politischen Regimen, epistemischen Gemeinschaften, NGOs und einer ökologisch sensibel gewordenen Weltöffentlichkeit auf Dauer gestellte freie Austausch von Informationen, Fallstudien, Szenarien, Berichten und Regulierungsoptionen könnte dazu führen, dass die umweltpolitischen Problemlösungskapazitäten der Regime, die epistemische Wissensbasis interdisziplinärer Umweltforschung und die axiologischen und deontologischen Überzeugungen von kosmopolitischen *eco-citizens* einander verstärkend ergänzen und stimulieren.

Die Umweltethik braucht sich in einer solchen Struktur nicht unbedingt eigens zu institutionalisieren (etwa in der Form eines

»Rates der Öko-Weltweisen«), wenn man davon ausgehen dürfte, dass sie inmitten dieser gesamten Struktur präsent wäre, nämlich in den Erkenntnisinteressen der *epistemic communities* ebenso wie in den Zielen der Regimes[89] und den Nachhaltigkeitsstrategien einzelner Nationen. Auch auf der zivilgesellschaftlichen Ebene gibt es Einheit stiftende umweltethische Texte wie die *Erdcharta* (Mackey 2008).[90] Das, was manchen als »ökologisches Weltgewissen« vorschwebt, sollte nicht personenzentriert, sondern als zugleich diskursiv verflüssigt und institutionell etabliert konzipiert werden. Die Rolle der Umweltethik wäre mit Hans-Joachim Schellnhuber zu denken (1998, S. 36): »The collective target structure emerges through million-fold communication, perception and evaluation of personal value-systems as a synergistic control quantity. [...] This means, however, that in the Earth System [...] yet another entity exists, which manifests itself in a ›*metaphysical dimension*‹«. Die Existenzweise einer strikt metaphysischen Entität namens Umweltethik ist die einer möglichen ubiquitären Präsenz.

9. Schlussbetrachtungen

9.1 Philosophie und Ethik sind Reflexionsdisziplinen. Gleichwohl möchte man es nicht bei bloßer Reflexion belassen, sondern durch Argumente Maßstäbe der Orientierung gewinnen und diese festhalten.[91] Der Argumentationsraum der Umweltethik hat nun allerdings zugleich eine diskursive und eine dialektische Struktur: Jedes einzelne Argument orientiert sich an der Idee eines Konsenses, die Pluralität der Argumente und die Vielfalt ihrer Voraussetzungen erhöht die Möglichkeiten für Dissense. In Ansehung dieser eigentümlichen Konfiguration aus Dissenspotenzialen und Konsenszonen können wir bis auf Weiteres einige umweltethische Orientierungsmarken mit, wie wir hoffen dürfen, guten Gründen festhalten. Zum einen die diskursethisch fundierten Erläuterungen von Sinn und Zweck von Umweltethik überhaupt. Des Weiteren eine gewiss fallible Krisendiagnose und eine an tiefen Ursachen interessierte Anamnese und Ätiologie dieser Krise (Kap. 1). In systematischer Hinsicht wurden zunächst eine starke Anthropologie (Kap. 2) und eine Ermutigung zu freier naturbezogener Artikulation dargelegt (Kap. 3). In der Axiologie wurden die Idee der Authentizität, das Konzept der Geschmacksbildung hinsichtlich der Naturbewertung, die Bedeutsamkeit bestimmter Werte und sogar umwelttugendethische Haltungen plausibilisiert (Kap. 4). Deontologische Überlegungen führten zur Einsicht in ein recht umfängliches Heft unvollkommener Verpflichtungen gegenüber Personen in Ansehung von Umweltqualitäten und Naturgütern und zu einer vertretbaren Lösung des Selbstwertproblems (Kap. 5). Hinzu kam ein (hoffentlich) attraktives Angebot spirituell-religiöser Orientierung als Beitrag zu einem interkulturellen Dialog (Kap. 6). Der Sphäre des Politischen kam die begründete Wahl der Konzeption starker Nachhaltigkeit nahe, die als Brücke zwischen Ethik und Politik dienen kann (Kap. 7). Bereits direkt umweltpolitisch war das Argument zugunsten einer aktiven Rolle des Staates, das Konzept engagierten Staatbürgertums (*ecocitizenship*), die Konzeption von deliberativer Demokratie und zuletzt eine entsprechende weltinnenpolitische Orientierung (Kap. 8). Diese Orientierungen erscheinen miteinander kohärent (widerspruchsfrei) und konsistent (zusammenhängend). Sie sind natürlich nicht deduktiv voneinander abgeleitet, sondern ergeben ein begründungstheoretisches Band, das aus mehreren Fäden gewirkt wurde.

9.2 Die hier vorgestellte Konzeption der Umweltethik stützt sich auf ein Konzept *ethischen Lernens* und einen entsprechenden Begriff von *Humanität*. Der Begriff der Humanität, wie etwa Johann Gottfried Herder ihn in seinen *Briefen zur Beförderung der Humanität* (1793-1797) vertrat, bezieht sich auf mögliches Lernen im Bereich der praktischen Vernunft. Daher ist die Bildung zur Humanität mit der Begründung eines obersten Prinzips aller Moralität, wie sie von Kant, Alan Gewirth und den Diskursethikern avisiert wurde, keineswegs beendet. Selbst wenn man davon ausgeht, dass an der obersten Spitze der Moralbegründung (mit retorsiven bzw. transzendentalen Argumenten) Erfolge erzielt worden sind, ist damit der Prozess moralischen Lernens noch längst nicht beendet, sondern auf eine orientierte Weise allererst eröffnet. Praktische Diskurse sind, so gesehen, das Medium von Humanität als einem offenen Lernprozess. Humanität wird von Herder so konzipiert, dass im Verlauf der Geschichte der Menschheit, also *a posteriori*, aufgrund von prudentiellen, axiologischen und deontischen Erfahrungen ein Zugewinn an ethischen Einsichten erfolgt, der in ethischen Traditionen aufbewahrt werden kann und soll. Eine solche Perspektive bietet auch Habermas (2019) an, wenngleich ohne Naturbezug.

Das Wesen von Moralität bzw. Humanität erfasst man daher nicht in den Ursprüngen der Menschheit, sondern nur in der Abfolge von Errungenschaften, die moralische Personen aufzugeben nicht mehr bereit sind. Das Konzept ethischen Lernens unterscheidet daher zwischen den *Ursprüngen* der Moral und dem *Wesen* von Moralität. Die Ursprünge der Moral sind nicht beobachtbar, sondern werden modelliert, wie dies bereits Charles Darwin tat. Darwin hat dabei die geschichtliche Erweiterung der moralischen Perspektive betont (Familie, Stamm, Nation, Menschheit) und zuletzt die empfindungsfähigen Tiere in diese Perspektive mit einbezogen (1874, S. 155 f.). Insofern hatte der Darwinist Aldo Leopold recht darin, dass ein solches moralisches Lernen irgendwann Tiere, Arten und das »Land« ins Auge fassen muss.

Umweltethisches Lernen wird gelegentlich auf undurchdachte Weise mit dem Konzept einer gleichsam prädestinierten *moral evolution* in Verbindung gebracht. Der Sentientismus, der Moralnormen auf höhere Säuge- und Wirbeltiere anwendet, gilt dann nur als erster Schritt auf dem langen Weg der immer konsequenteren Überwindung des Anthropozentrismus. Das Konzept der Moralevolution wird hierbei so in Anschlag gebracht, dass *in der Perspektive eines zukünftigen Moralhistorikers* auf die heutigen umweltethischen Debatten, insbesondere um das Selbstwertproblem, geblickt werden kann, wobei dieser Betrachter schon jetzt insgeheim den endgültigen Ausgang der Debatte kennt, also zu wissen glaubt, dass die moralische Evolution letztlich im Ökozentrismus oder Holismus enden wird, ja muss. Diese Perspektivierung erlaubt es, die je eigene Position, so umstritten sie auch heute sein mag, als Endpunkt der Moralevolution zu setzen und damit den Glauben zu nähren, die Vertreter dieser Positionen seien schon »weiter« gekommen als andere. Dies ist insofern unredlich, da niemand die Perspektive eines zukünftigen Moralhistorikers einnehmen kann.[92]

9.3 Der Argumentationsraum beansprucht, zur Humanisierung der Mensch-Natur-Beziehungen in den unterschiedlichen Hinsichten der Artikulation, der Wertungen, der Verpflichtungen, der Einstellungen und der Entscheidungen beitragen zu können. Wer ihn diskursiv durchlaufen (*discurrere* heißt »durchlaufen«) und ihn dadurch (mitsamt seinen ungelösten Fragen) idealiter begriffen hat, der verändert dadurch sukzessive seine Sprachformen, Wertvorstellungen, moralischen Überzeugungen, politischen Orientierungen und Haltungen. Diese transformative Diskursivität betrifft Subjektivität, Personalität und Individualität von vergesellschafteten Menschen, die sich angesichts der Naturkrise besorgt fragen: »Was sollen wir tun?«

Am Ende meines ersten, in vielen Hinsichten mangelhaften Buches zur Umweltethik habe ich eine Kunstperson namens »P-Ök« eingeführt (Ott 1993, S. 169 ff.). Diese Kunstperson hat den Argumentationsraum diskursiv durchlaufen und beansprucht, ihn (zumindest teilweise) begriffen zu haben. An der Idee dieser (belächelten) Kunstperson »P-Ök« möchte ich einmal in dem Sinne festhalten, dass jeder von uns aufgefordert ist, seine Interpretation des Argumentationsraumes zu bilden. Da man Gründe als Gründe nicht verstehen kann, ohne zu ihnen implizit Stellung zu nehmen, ist die Kenntnisnahme des Argumentationsraumes mit der Stellungnahme zu den einzelnen Argumenten verschränkt. In diesem Sinne gibt es mehrere vertretbare Interpretationen des Argumentationsraumes und von daher ein

Spektrum der Umweltethik (Ott, Gorke 2000). Zum zweiten wollte ich mit dieser Kunstfigur demonstrieren, dass eine Person von den Argumentationsmustern, die sie ethisch für überzeugend hält, auch existenziell bzw. habituell durchdrungen bzw. geprägt wird. Da das Begreifen und das Durchdrungenwerden zwei Aspekte moralischer Einsicht sind, hat der Argumentationsraum eine intrinsische transformierende Kraft. Diese Kraft erstreckt sich auf Subjektivität, Personalität und Individualität gleichermaßen, damit aber auf das Menschsein insgesamt.

9.4 Personen, die beanspruchen dürfen, den Argumentationsraum begriffen zu haben, müssen natürlich nicht in allen Fragen gleicher Meinung sein. Für Biozentriker, Ökozentriker und Holisten geht die hier vertretene Konzeption, die sich als *tiefe Anthropozentrik zuzüglich Selbstwert für prähensive Wesen bei Offenheit für spirituelle Naturdeutungen* charakterisieren lässt (ausführlich jetzt Ott 2020d), natürlich nicht weit genug. Vertreter dieser Konzeption und Biozentriker, Ökozentriker oder Holisten können sich zwar rasch darüber verständigen, dass die internationale Klimapolitik unzureichend und die industrielle Fleischproduktion abstoßend sind, aber sie werden auf anderen Handlungsfeldern geteilter Auffassung sein. Da das heutige Naturschutzniveau für alle umweltethischen Konzepte deutlich unterhalb des wünschenswerten Niveaus liegt und die Naturzerstörung in vielen Regionen fortwährt, fällt die Konvergenz unterschiedlicher umweltethischer Ansätze *bis auf Weiteres* nicht schwer. Naheliegend ist es daher, zunächst die Gemeinsamkeiten auf Handlungsfeldern wie etwa Klimaschutz, Agrarpolitik, Gewässerschutz u. a. zu betonen.

Die Konvergenz ist aber nur partiell. Ob der Vegetarismus moralisch obligatorisch ist, ob der Wildnisschutz *prima facie* immer und überall Vorrang genießen sollte, ob die Anzahl der

Menschen deutlich reduziert werden sollte und ob die Menschen sich aus der Kulturlandschaft zurückziehen sollten, wird daher auf absehbare Zeit unter Umweltethikern strittig bleiben. Es wäre daher diskursiv weiterführend, wenn Ökozentriker und Holisten darlegen würden, wie ihre Konzepte ökonomisch, rechtlich und politisch umgesetzt werden sollen. Albert Schweitzer ist diesem Problem ausgewichen, als er seine Ethik der Ehrfurcht vor dem Leben strikt als Individualethik konzipierte. Diese Option bleibt natürlich auch Ökozentrikern und Holisten. Was aber stünde bevor, wenn diese umweltethischen Konzepte konsequent politisch umgesetzt werden sollten?[93] Besonders konfliktträchtig dürften sich, so meine Hypothese, die Ausweitung des Wildnisschutzes, eine sofortige und drastische Reduktion der Treibhausgasemissionen, eine antinatalistische Bevölkerungspolitik, der Rückzug des Menschen aus Siedlungsräumen, die Abschaffung der Domestikation von Tieren u. a. erweisen.

9.5 Argumente können und sollen *vertieft* werden, bis man an Punkte gerät, wo sich der »Spaten zurückbiegt« (Wittgenstein). Im Hinblick auf axiologische Argumente führen Wohlbefindens-Argumente in die Fragen nach einer Phänomenologie der Natur, in deren Mittelpunkt das Konzept des leiblichen Sich-Spürens steht. Ein ökologischer Begriff der Gesundheit wäre im Anschluss an Heinrich Schipperges (1981) zu entwickeln. Hierzu haben Ott und Fischer (2015) einen Vorschlag unterbreitet. Heimatargumente führen in Spannungen zwischen einer Hoffnung auf eine neue Orts- und Erdverbundenheit, die auch für moderne Menschen attraktiv sein könnte (Armstrong 2010), und postmodernen Positionen, in der neue Natur für Individuen geschaffen werden soll, die sich nicht anders mehr denn als unbehauste Fremdlinge und mobile Touristen auf Erden verstehen können (Drenthen 2009, ähnlich Certoma 2009). Naturästhetische Argumente stehen in einem Verweisungszusammenhang zur allgemeinen Ästhetik, zu einer Theorie sinnlicher Wahrnehmung, zu Methoden der Landschaftsbildbewertung und zum Grenzproblem transästhetischer Erfahrung. Zum Problem transästhetischer Erfahrungen siehe Ott (2013).

Die Biophilie-Hypothese führt in der Reflexion nicht nur in die Evolutionsgeschichte von Homo sapiens, sondern womöglich sogar in die Gesellschaftstheorie hinein. Sie kann nämlich um eine Pointe erweitert werden, die der Erfinder des Ausdrucks »Biophilie«, Erich Fromm, in der *Anatomie der menschlichen Destruktivität* (1974) avisiert hatte. Für Fromm ist Nekrophilie, d. h. die Liebe zum Toten und zum Getöteten, der Gegenbegriff zur Biophilie.[94] Fromm sieht etliche nekrophile Tendenzen in modernen Gesellschaften bis hin zur Faszination, die von Gewalt, Geld und Maschinen ausgeht. Diese Pointe hat einen psychoanalytischen Hintergrund und einen gesellschaftskritischen Aspekt. Was Letzteren anbetrifft, bräuchte es »dichte« Beschreibungen, um die nekrophilen Tendenzen modernen Lebens aufzuspüren, um auf diese Weise der Rede von einer »kranken« Gesellschaft ethischen Boden unter den Füßen zu verschaffen.

Was den Selbstwert von Naturwesen anbetrifft, so verlagert sich die Debatte hin zu metaethischen und ontologischen Fragen: Welche Rolle dürfen Intuitionen in Begründungskontexten spielen, und unter welchen Bedingungen dürfen kontraintuitive Konsequenzen als »absurd« bezeichnet werden? Was genau sind deontische Erfahrungen an und mit Natur? Welche Begründungslasten sind fair und welche nicht? Soll man eher die Unterschiede oder eher die Gemeinsamkeiten von Tieren und Pflanzen betonen? Beruht der Zoozentrismus nicht vielleicht doch auf der Perspektive eines besonders hoch entwickelten Säugetiers, das den stärker zentralisierten, neuronalen Bauplan der Tiere höher einschätzt, weil es selbst so gebaut ist?

Andere Fragen sind von ähnlicher naturphilosophischer Art: Ist Bewusstsein ein *all-or-nothing*-Phänomen oder taucht es graduell in der Natur auf? Kann man außermenschliche Lebewesen »verstehen«? Ist das Genom nicht nur codierte Information, sondern auch ein »propositional projective set« (Rolston 1988)? Gewinnen wir in der Umweltethik »tiefere« Grundlagen durch Rekurse auf Cusanus (Meyer-Abich 1997), Spinoza (Naess 1989), Heidegger (Foltz 1995) oder Whitehead (Muraca 2010)? Wie viel Ontologie muss mindestens und wie viel Ontologie sollte höchstens in Umweltethik investiert werden? In jedem Fall stehen eine Theorie der biologischen Wissenschaften (Köchy 2008) und die Umweltethik in einem engen Reflexionszusammenhang. Kristian Köchy hat gezeigt, dass innerhalb der Biophilosophie ethische Fragen aufbrechen; umgekehrt führen umweltethische Probleme in die Naturphilosophie hinein. Ein Desiderat wäre eine systematische Ontologie der Umweltethik, in der erläutert und erörtert wird, auf welche Entitäten sich Naturerfahrung, Naturschutz und biologische Wissenschaften beziehen. Sicherlich kommt uns hier sofort ein reichhaltiges Vokabular in den Sinn: Arten, Populationen, genetische Variabilität, Rassen und Sorten, »biodiversity hot spots«, Habitate, Biozönosen, Wildnis, evolutionäre Potenziale, Landschaften, das Klimasystem, Böden, Wälder usw. – die Natur eben. Die Bedeutung dieser Vokabeln und der genaue Zusammenhang von Entitäten, umweltethischen Argumenten und Naturschutzzielen sind jedoch weiterhin klärungsbedürftig. Einige Klärungen sind im »Handbuch Umweltethik« erfolgt; vgl. Ott, Dierks, Voget-Kleschin (2016).

9.6 Unter umweltethischer Perspektive erscheint die Gegenwart zuletzt als eine Übergangszeit mit vielen gegenläufigen Tendenzen. Es ist eine Periode der »Gleichzeitigkeit des Ungleichzeitigen« (Ernst Bloch). Die Naturvergessenheit des Projekts der Moderne hat Gegenbewegungen hervorgerufen. Dabei sollte man die Aktivitäten des internationalen Umwelt- und Naturschutzes nicht nur als Tropfen auf heiße Steine betrachten, sondern als eine Bewegung, die ein breites Spektrum von Begründungen, Strategien und Programmen umfasst und durchaus beachtliche Erfolge vorweisen kann. Derzeit ist vieles offen und noch unentschieden. Ein Neoproduktivismus in der Landnutzung, ein Scheitern der internationalen Klimapolitik, der Erfolg der Propagierung von Geo-Engineering-Lösungen des Klimaproblems (kritisch hierzu Ott 2010, Preston 2012, Ott 2018, Neuber, Ott 2020), eine Renaissance der Geopolitik, neokolonialistische Aneignung fruchtbaren Bodens durch Investoren usw. sind ebenso möglich wie eine Renaturierungsoffensive in der mitteleuropäischen Kulturlandschaft, die Ausweitung und Sicherung der internationalen Naturschutzgebiete einschließlich der Biosphärenreservate, die Stärkung der internationalen Umweltregime und die rasche Diffusion fortschrittlicher Technologien und Institutionen, die in *lead markets* und Vorreiterländern entwickelt wurden.[95] Wir dürfen in bewegten Zeiten leben.

Die Zeit des umweltethischen Lernens und die Zeit des kollektiven Handelns sind nicht synchronisiert. Die Fortsetzung der naturverbrauchenden Aktivitäten könnte daher rascher vonstatten gehen als die im kollektiven Bewusstsein allmählich *wirklich* werdenden umweltethischen Lernprozesse. Im schlimmsten Fall stünde eine umweltethisch aufgeklärte Menschheit deprimiert und frustriert vor Restbeständen des einstmals von Leben strotzenden, ja überschäumenden Planeten. Aber so weit ist es mit uns und unserer natürlichen Mitwelt noch nicht gekommen. In jedem Falle ist es noch viel zu früh, nur noch seinen Garten bestellen zu wollen.

Danksagung

Texte verdanken sich Kontexten. Die vorliegende Einführung in die Umweltethik entstand im Kontext der Professur für Umweltethik, die seit 1997 am Studiengang »Landschaftsökologie und Naturschutz« an der Mathematisch-Naturwissenschaftlichen Fakultät der Ernst-Moritz-Arndt-Universität Greifswald angesiedelt ist, die mittlerweile ihren Namen abgelegt hat. Dieser Kontext darf als interdisziplinär bezeichnet werden, da er Personen aus den unterschiedlichen Fachdisziplinen der Ökologie, Ökonomik, Philosophie und Theologie unter gemeinsamen Fragestellungen zusammenführt.

Einzelne Kapitel dieser Einführung sind eng mit Diskussionen verbunden, die mit bestimmten Personen über Jahre hinweg geführt wurden. So verdanken das zweite, dritte und vierte Kapitel den Diskussionen mit Barbara Muraca besonders viel. Ohne die Diskussionen mit Lieske Voget hätte das vierte Kapitel gewiss keine derart perfektionistische und tugendethische Färbung angenommen. Das fünfte Kapitel verdankt nach wie vor viel der Auseinandersetzung mit Martin Gorke unabhängig davon, dass wir in Bezug auf das Selbstwertproblem zu keiner Einigung zu gelangen vermochten. Das sechste Kapitel ist ohne die gemeinsamen Seminare mit [dem 2020 verstorbenen] Christof Hardmeier undenkbar; man könnte ihn daher als Koautor des Kapitels ansehen. Umso dankbarer bin ich, dass es Christof und mir vergönnt war, unser Genesis-Buch fertigzustellen. Die Dispute mit Veronika Surau-Ott finden zwar eher im häuslichen

Rahmen statt, sind deshalb aber nicht weniger substanziell. Das siebte Kapitel entstammt der langjährigen Zusammenarbeit mit Ralf Döring, aber auch vielen Gesprächen mit Ulrich Hampicke. Das achte Kapitel hängt mit politischen und demokratietheoretischen Debatten zusammen, zu denen Tanja von Egan-Krieger maßgeblich beigetragen hat. Bedanken möchte ich mich außerdem bei Steffi Deikert, Jan Dierks, Hans Joosten, Anne Klatt, Tiemo Timmermann und Rafael Ziegler.

Ein besonderer Dank gebührt meinem Kollegen Werner Stegmaier, dessen Philosophie und Ethik der Orientierung an vielen Stellen dieser Einführung mitgedacht wird. Bei Steffen Herrmann vom Junius Verlag bedanke ich mich für die Geduld und das Entgegenkommen hinsichtlich des Umfangs. Für die Fehler und Unzulänglichkeiten des Textes bin ich natürlich selbst verantwortlich.

Gewidmet ist das Buch den Studierenden des Faches »Landschaftsökologie und Naturschutz«.

Konrad Ott, Wackerow bei Greifswald, am Ende des Schneewinters 2010, ergänzt im März 2020

Nachwort zur dritten Auflage

Die erste Auflage des vorliegenden Buches wurde in Greifswald verfasst. Die Bearbeitung zur Drucklegung der dritten Auflage erfolgte nach einem Jahrzehnt, das ich seit 2012 an der Christian-Albrechts-Universität zu Kiel zubringen durfte. Mein Dank gilt dem gesamten Philosophischen Seminar, das den neu eingerichteten Lehrstuhl für Philosophie und Ethik der Umwelt kollegial und freundschaftlich integriert hat. Bei den wissenschaftlichen Mitarbeiterinnen und Mitarbeitern bedanke ich mich für vielfältige Anregungen: Vesa Arponen, Christian Baatz, Margarita Berg, Frederike Böhm, Michel Bourban, Florian Braun, Jan Dierks, Yogi Hendlin, Doren Grusenick, Kalu I. Kalu, Karin Kunde, Gido Lukas, Moritz Riemann, Rosa Sierra, Lieske Voget-Kleschin, Dana Zentgraf. Gewidmet ist diese Auflage den Studierenden des Master-Studienganges »Praktische Philosophie der Wirtschaft und Umwelt«.

Anhang

Anmerkungen

1. Der Text verwendet aus Gründen des Sprachbildes die maskuline Inklusion. Es sind immer Personen beiderlei Geschlechts und Personen mit diverser Geschlechtlichkeit gemeint.
2. Diese Auffassung wurde auch von Habermas in *Erkenntnis und Interesse* vertreten, der den Naturwissenschaften nur ein technisches Erkenntnisinteresse zuschrieb (kritisch hierzu Ott 1993, S. 94-103).
3. In diesem Sinn ist das berühmte Wort von der »tragedy of the commons« zu verstehen (Harding 1968), das sachlich eine »tragedy of open access« bezeichnet, d. h. eine Situation, in der sich jeder Akteur so viel von einer natürlichen Ressource aneignen darf, wie er es nach Maßgabe seiner Kräfte vermag.
4. Allgemein Seth (2005), speziell zu China siehe Economy (2004).
5. Das Modell, das diese riskante Strategie rechtfertigt, die Environmental Kuznets Curve, ist kein ökonomisches Gesetz (hierzu Ott, Döring 2008, Kap. 3).
6. In der klimapolitischen Debatte ist dieses Thema mittlerweile in den Mittelpunkt gerückt, da die atmosphärischen Treibhausgaskonzentrationen herkömmliche Entwicklungsmodelle nicht mehr zulassen.
7. Der Sonnengesang des Hl. Franziskus und die *viriditas* der Hildegard von Bingen bleiben Außenseiterstimmen im Gesamtkontext dieser Überlieferung.
8. Der Materialismus des »reifen« Marx begreift Natur als Korrelat menschlicher Arbeit und geht in seiner ontologischen Dimension über Bacon und Descartes kaum hinaus. Siehe Schmidt (1971).
9. Für John Locke, der annimmt, dass Gott die Erde den Menschen ursprünglich zum Gemeinbesitz gegeben habe, ist die Erde unerschöpflich, so dass die Aneignung natürlicher Ressourcen durch Arbeit niemanden schädigt, sofern genug für alle übrig bleibt. Locke formuliert

daher ein *Proviso*, das die Aneignung von Natur unter die Bedingung stellt, genügend und ebenso Gutes für andere übrig zu lassen (hierzu siehe Macpherson 1967, S. 223-230).

10 Sie finden auch kaum Widerhall in den Einstellungen von Personen, die systemische Karrierewege durchlaufen haben und zu den Funktionseliten moderner Gesellschaften zählen. Naturverbundene Menschen wiederum haben an solchen naturfernen Karrieren zumeist wenig Interesse, sondern suchen sich Freiräume, die häufige Naturkontakte ermöglichen.

11 Die Erfolgsbedingungen der möglichen Implementation naturethischer Botschaften in politische Programme werden besser verständlich, wenn man über die Systemtheorie hinausgeht und Umwelpolitik mithilfe einer Konzeption von *deliberative environmenal democracy* fasst (Kap. 8).

12 Ohne diese Hinzufügung folgt aus der Rede vom Menschen als Teil der Natur nichts oder nur so viel, dass alles, was Menschen tun, natürlich ist.

13 Diese Auffassung löste eine heftige Diskussion über mögliche »ökofaschistische« Konsequenzen aus (Zimmerman 1995). Callicott (1980) berief sich zur Rechtfertigung seiner ökozentrischen Umweltethik auf Platons *Politeia*, die liberalen Philosophen als Musterbeispiel für eine totalitäre Sozialordnung gilt (Popper 1980). Die Ersetzung der rigiden Polis-Ordnung durch ökosystemare Gefüge in Verbindung mit dem ethischen Gebrauch der Teil-Ganzes-Beziehung führt womöglich dazu, dass »Ökosophen« das Erbe von Platons Philosophenkönigen antreten könnten.

14 Die Biophilie-Hypothese gibt Hinweise darauf, wie eine der größten architektonischen Aufgaben der Gegenwart, nämlich der Krankenhausbau, zu lösen wäre.

15 Oder sie stellen die bösen westlichen Schädlinge und die guten biophilen indigenen Völker einander abstrakt gegenüber.

16 Daher sind die Bilder einprägsam, die uns die von uns entzündeten Lichter des Planeten bei Nacht vom Weltraum aus zeigen. Der »Blick von außen« zeigt eine einzigartige Lebenswelt als Heimstatt, die nicht substituierbar ist. Von den vielen fragwürdigen Begründungen der bemannten Raumfahrt ist es die abwegigste, einige wenige Menschen in einer Marsstation überleben lassen zu wollen, weil

die Menschheit angeblich unausweichlich dazu verurteilt sei, ihre planetarischen Lebensgrundlagen zu zerstören.

17 Interessant ist auch die direkte neuronale Verbindung zwischen Neocortex und den Organen der Manipulation (Hand) und der Artikulation (Mundraum, Zunge), die die leibliche »Fein-Motorik« bewirkt (Neuweiler 2008).

18 Der Spiritualismus hat die abendländische Metaphysik tief geprägt. Erst durch Marx, Nietzsche und Freud wurde er grundsätzlich in Frage gestellt. Nietzsches Kritik am Christentum richtet sich vor allem gegen dessen Leibfeindlichkeit und gegen die Abwertung der Welt und des Lebens zugunsten einer transzendenten »Hinterwelt« (Del Caro 2004).

19 Aufzugeben ist das Hierarchiedenken in Bezug auf das Verhältnis von Leib und Geist, das unüberwunden bleibt, wenn der Leib zur »großen Vernunft« (Nietzsche) erklärt wird.

20 Das Spätwerk Heideggers ist hingegen von hoher umweltethischer Suggestionskraft, worauf im Rahmen dieser Studie nicht eingegangen werden kann. Vgl. Jakob (1996), insb. Kap. 5.

21 Diese Möglichkeit wurde bis zu expressivistischen Sprachauffassungen hypostasiert, denen zufolge es in der Mitteilung um nichts anderes gehe als um die Artikulation von Individualität.

22 Diese Anspruchshaftigkeit des Anderen hat Levinas phänomenologisch zu bestimmen versucht; im Anschluss an postmoderne Vertreter der Ethik Levinas' wurden diese Ansprüche des Anderen in seiner Alterität mehrfach expliziert (Bauman 1993).

23 Insofern kann die Umweltethik philosophisch an den *linguistic turn* anschließen, für den die Art und Weise, wie philosophische Probleme sprachlich formuliert und diskutiert werden, von besonderem Interesse ist. Der *linguistic turn* umfasst unterschiedliche Sprachtheorien wie bspw. die analytische Philosophie (Dummett, Kripke), die Sprechakttheorie (Austin, Searle), den Intentionalismus (Grice, Meggle), den Dekonstruktivismus (Derrida) und andere.

24 Vom »Verhinderungsgetier« ist die Rede, wenn aufgrund des Vorkommens einer bedrohten Tierart eine Baumaßnahme nicht durchgeführt werden darf.

25 Ein anderer Aspekt naturethischer Sprachkritik besteht darin, das inflationäre Gerede von »Nachhaltigkeit« auf den Prüfstand zu stel-

len bzw. nachzuweisen, wie sich Lobbyisten dieses (ungeschützten) Ausdrucks zu bemächtigen suchen. Stoff für ein Buch über den »Jargon der Nachhaltigkeit« gäbe es genug.
26 Zur kritischen Analyse der Wandervogelbewegung siehe Wolschke-Bulmahn (1990).
27 Zum Konzept der »Ecomimesis« siehe Morton (2007).
28 In diesem Sinne bedürfen wir einer Literaturwissenschaft, die uns schriftlich niedergelegte Naturerfahrungen neu erschlösse und die sich unter der (irreführenden) Bezeichnung »ökologische Literaturwissenschaft« anzukündigen scheint. Der literaturwissenschaftliche Ansatz von Peter Bürger (1979), insbesondere eine methodenkritisch versierte Anknüpfung an Benjamins Idee einer »rettenden Kritik« könnte helfen, Überlieferungen zu bergen und sie in Traditionsangebote zu verwandeln.
29 Es gibt gute Gründe, von der Analyseeinheit vollständiger Sprechakte auszugehen, wenn man das Primat kommunikativen Handelns begründen möchte. Ist diese Begründung jedoch erfolgt, kann man thematische Artikulationsspektren weiter fassen.
30 Die einzige Schilderung einer deontischen Erfahrung, die sich nicht auf Tiere, sondern auf Felsen bezieht, stammt von Birch selbst (1993, S. 324 f.) und ist eigenartig insofern, als die Konzentration von Bergwanderern auf die Querung von Steilhängen moralisch interpretiert wird.
31 Definitionstricks entsprechen nicht dem »Geist« einer Kommunikationstheorie. Für die »Theorie kommunikativen Handelns« setzt die Entstehung intersubjektiv geteilter sprachlicher Bedeutung bei leiblich-stimmlichen Interaktionen (bspw. Lautgesten) von Organismen an, die sich zueinander verhalten. Daher ist es durchaus zulässig, Sprach(vor)formen unterschiedlicher Organismen anzunehmen.
32 Der Wertidealismus wurde im 19. Jahrhundert durch Lotze erneuert, der Kants Pflichtenethik axiologisch fundieren wollte. Das Seinsollende wird dadurch zum Wert. Die Wertlehren zwischen Lotze, Rickert und Weber können als »langer Abschied« vom Idealismus und als Hinwendung zum Wertindividualismus interpretiert werden (Wuchterl 1995, S. 107-145).
33 Die Kritik an Rolstons Wertrealismus betrifft nicht die von Rolston eingeführte Kategorie der »systemischen Werte« der Natur. Diese

Kategorie liegt auf einer anderen Ebene der Betrachtung und verdient eigenständige Aufmerksamkeit.

34 Dies gilt auch für Lebewesen ungeachtet der zellulären Prozesse, die sich im Innern des Organismus abspielen, und der ökologischen Relationen, in die Organismen eingespannt sind.

35 Diese Unterscheidung mag im Detail problematisch sein. Sie genügt, um den Wertrealismus in Zweifel zu ziehen.

36 G.H. von Wright (1963) hat später eine maßgebliche Präferenzenlogik ausgearbeitet.

37 Die Gleichgültigkeit (Indifferenz) ist ein Sonderfall, und wenn I überlegt, ob es ihm wirklich egal ist, ob x oder y, findet sich meist ein Gesichtspunkt, aufgrund dessen I x gegenüber y vorzieht.

38 Ob und wie Wertschätzungen der Natur mit Lebensphasen und Erziehungsstilen korrelieren mögen, ist eine sozialpsychologische Frage. Phasen des Desinteresses an Natur, wie es Heranwachsende provokant an den Tag legen, dürften wohl eher Durchgangsstadien sein.

39 Diese Selbstprüfung setzt ein Individuum auch in die Lage, sich zu fragen, ob es eine Person sein möchte, die an dieser oder jener Aktivität Freude empfinden *möchte*: »Will ich jemand sein, der sich über x freut?« In solchen Fragen berühren sich die Einstellung der moralischen Person und des Individuums. Es handelt sich um Fragen *existenzieller Selbstachtung*, die bereits moralisch relevante Aspekte aufweisen.

40 Gerade weil in den westlichen Ländern die eindeutig toxischen Stoffe allmählich verboten, in ihrem Einsatzbereich eingeschränkt und stark reglementiert werden, verändert sich die Schadstoffbelastung hin zu einer diffusen Belastung aus einer Vielzahl von Stoffen, die je für sich eher geringe gesundheitliche Effekte haben. Diese diffuse Belastung verbindet sich mit lebensstilbedingten Risiken, so dass die Ökotoxikologie auf immer weniger eindeutige Befunde stößt.

41 Dieses Begründungsmuster verknüpfte sich im deutschen Naturschutz allerdings mit einer Kritik an den »wurzellosen« Massen der Stadtmenschen. Der Naturschutz hatte dadurch das Problem, diese gesundheitliche Naturschutzbegründung mit der Idee zu vereinbaren, dass die Natur vor den städtischen Massen geschützt werden müsse.

42 Der Streit zwischen alternativen Konzepten der Medizin mit ihren

narrativen Evidenzen und der biomedizinischen Forschung mit ihren multizentrischen Doppelblind-Studien ist uferlos.
43 Eine Phänomenologie der Natur muss kein platonisch-christliches Leibschema zugrunde legen. Eine Affinität zu östlichen Leibschemata ist zulässig (Qi, Chakren), aber nicht notwendig.
44 Die Fürsprecher des Gärtnerns traten für eine Demokratisierung der Gärten ein; teilweise Selbstversorgung und gesunde Arbeit für alle statt der Privilegien der fürstlichen Gärten.
45 Natur- und Heimatschützer polemisierten gegen abstrakte Malerei und moderne Architektur; Schultze-Naumburg war maßgeblich an der Vertreibung des Bauhauses in Weimar beteiligt (Schmoll 2004, S. 103 ff.)
46 In den USA orientierte sich die Naturästhetik an einem Ideal von *wilderness*, das sich im Kontext der kulturellen Identitätsfindung der USA nach ihrer Unabhängigkeit und in ihrer Abgrenzung von Europa entwickelte. Die Landschaftsmalerei zeigte die Wildnis Nordamerikas so, dass sie mit gotischen Domen verglichen werden konnte. *Wilderness* war ein kulturpolitisches Konzept, das die Wahrnehmung von Natur in Nordamerika prägte, später aber auch naturschutzpolitisch »exportiert« wurde.
47 So auch Hepburn (1996, S. 191): »We may experience a nature whose poignant beauty on some occasion speaks of a transcendent source for which we lack words and clear concepts.«
48 Thoreau war diesem Gefühl auf seinen tagtäglichen Wanderungen gleichsam auf der Spur. Der Versuch, die Naturvorgänge ökologisch korrekt zu beschreiben, dabei die inneren Wirkkräfte der Natur zu erfassen (also gleichsam die dynamische *natura naturans* in und hinter den Produkten der *natura naturata*) und den eigenen leiblich-performativen Aufenthalt angemessen in die Beschreibung mit einzubeziehen, führt zu dem *Journal* (vgl. hierzu McGregor 1997).
49 Die »-zentrik«-Terminologie ist unglücklich, wird aber hier beibehalten, da die Einführung einer neuen Terminologie zu viel Raum beanspruchen würde.
50 Der Monopolanspruch der Physiozentrik auf »Tiefe« ist daher bestenfalls eine rhetorische Geste, schlimmstenfalls ähnlich ideologisch wie die in der deutschen Tradition bekannte Denunziation der Aufklärung als »flach« oder deren Vertreter als »seichte Aufklärichte«.

51 Rettungskonflikte haben das Problem, dass sie grenzenlos variiert werden können (z.B. ein tauber Hund gegen zwanzig Blumen, ein Flohzirkus gegen einen kryokonservierten Laborembryo).
52 Isoliert betrachtet, birgt das Konzept der deontischen Erfahrung die moralischen Gefahren der Selbsttäuschung und des Fanatismus.
53 Persönlich kann ich mich an keine deontische Erfahrung mit technischen Geräten erinnern. In Schriften zur Technikethik habe ich vielmehr gegen pseudo-moralische Einstellungen zur technischen Sphäre argumentiert (Ott 2005a, S. 639).
54 »A thing is right if it tends to preserve the integrity, stability, and beauty of the biotic community. It is wrong when it tends otherwise.«
55 Diese Position ergab sich aus vielen Diskussionen mit Mitarbeiterinnen. Zuerst wurde diese Lösung auf einer Pinwand von Tanja von Egan-Krieger und Barbara Muraca skizziert.
56 Dieses Kapitel wurde gemeinsam mit Christof Hardmeier (Greifswald) entwickelt. Die Ausarbeitung des Grundgedankens zur umfassenden Übersetzungsarbeit erfolgte in Hardmeier, Ott 2015.
57 In der vergleichenden Religionswissenschaft, etwa in den Arbeiten von Mircea Eliade und seinen Schülern, ist die Radikalität des jüdischen Monotheismus betont worden, durch den dieser sich von den übrigen vorderasiatischen Religionen seiner Zeit, aber auch der ägyptischen, der griechisch-römischen und der germanischen Religion unterscheidet. Gott ist nicht nur Einer (*henos*), sondern der Einzige (*monos*).
58 Die hier vorgestellte Interpretation unterstellt die Möglichkeit, hinter den Schichten dieser Deutungen einen Rückweg zu den ursprünglichen Bedeutungen der Bibel zu finden.
59 Sie unterschlägt zudem theologische Fragestellungen, die durch die Vertreibung aus dem Paradiesgarten und die Verfluchung des Ackerbodens aufgeworfen werden, von dem sich der Mensch nach Gen 3,1-19 »im Schweiße seines Angesichts« ernähren muss. Auf diese Fragen wird hier nicht eingegangen.
60 »The Old Testament attitude toward creation is so strongly spiritualized that it is hard for us to understand it« (Bratton 1984, S. 208). Bratton (1984, S. 203) sieht im sogenannten Herrschaftsauftrag einen »spiritual transfer of authority centered in a special creative act«. Kay

(1988) stellt das biblische Motiv »choosing life« heraus, das sich nicht nur auf die Selbsterhaltung der Menschen bezieht, sondern übergreifend ist. Die gesamte Schöpfung ist voller Gotteslob. Die gesamte Landnutzung steht im Horizont der Gottesbeziehung.

61 Im Mittelalter dominiert, was die Thesen Whites erneut bestätigt, das übersetzerische Missverständnis von »k^{a}b^{a}sh« als »proculcare«.

62 Vgl. Neumann-Gorsolke 2004, S. 206-300.

63 Das gegenwärtige Problem der wachsenden Weltbevölkerung darf bei der Interpretation keine Rolle spielen. Die Anzahl von ca. 9 Mrd. Menschen im Jahre 2050 war bei der Abfassung des Textes jenseits des Vorstellungsvermögens. Es geht eher darum, dass weite Räume der Erde nicht menschenleer sein sollen.

64 Zu all diesen Deutungen s. Westermann 1968.

65 Die Fluterzählung von Genesis 6-8 führt auf mythopoetische Weise vor Augen, was geschehen kann (und wird), wenn die Menschen ihrer Aufgabe, im Segen als Zeichen auf Erden aufzutreten, durch Fehlorientierungen (Gen 6,5) und gewaltförmige Austragung von Konflikten (Gen 6,11-13) nicht gerecht werden.

66 Die Möglichkeit, sich tierisches Eiweiß durch das Essen von Aas einzuverleiben, wird von der Bibel ausdrücklich untersagt (»Fleisch, auf dem Felde zerrißnes, esset nicht«, Gen 22, 23). Dies mag eine Erinnerung an paläolithische Zeiten sein, in der Menschen Aasfresser waren.

67 An dieser Stelle wäre ein Einspruch gegen Luther zu formulieren, der meinte, die in Sünde gefallenen Menschen seien außerstande, die Schöpfung »ursprünglich« zu sehen. Im Rahmen dieses Kapitels ist dieser Einspruch nicht angemessen zu formulieren. Siehe zu dieser Problematik Groh (2003, S. 578-590).

68 Wildnis ist im biblischen Denken durchaus bedrohlich, und das kultivierte Land droht der Wildnis anheimzufallen, wenn Menschen den Rechtsgeheißen Gottes zuwiderhandeln. Insofern hat die Natur auch eine Unheilspotenz im Rahmen des Tun-Ergehen-Zusammenhangs.

69 Zu einer umweltethischen Einstellung zum Tod, die dem »Erdling« Mensch gemäß wäre, siehe Plumwood (2007). Die westliche Begräbniskultur mit ihren massiven Särgen widerspricht der biblischen Einsicht, dass der Erdling wieder zur Erde werden muss.

70 Die hier vertretene Konzeption von Umweltethik ist allerdings komplexer als das Schürzenmodell, da der Argumentationsraum an die Stelle der »Ökosophien« platziert wird und sich vom Argumentationsraum aus höhere Ebenen philosophischer (anthropologischer, metaethischer und epistemologischer) Reflexion eröffnen.

71 Analogien zur Konkurrenz zwischen Nachhaltigkeitskonzepten finden sich daher eher in der Philosophie und der theoretischen Soziologie, etwa die Konkurrenz zwischen Ethik-, Wahrheits- und Gesellschaftstheorien.

72 Aus der Sicht starker Nachhaltigkeit wären (durch Investitionen in Naturkapitalien) somit erst wieder die Bedingungen zu schaffen, unter denen eine Diskontierung von Naturkapital in Zukunft zu rechtfertigen wäre, weil man glauben dürfte, dass zukünftige Generationen mehr und nicht weniger an Natur vorfinden. Wann wäre der Naturschutz erfolgreich gewesen? Wenn man Naturkapital guten Gewissens diskontieren dürfte, weil uns um eine aufwachsende, erblühende, gedeihende und sich vermehrende Natur nicht länger bange sein müsste.

73 Konzessionen sind Komponenten von Diskursen, die in Sprechakten der Form: »Ich gebe zu, dass p«, »Ich räume ein, dass p« o. ä. ausgedrückt werden.

74 Auch das Argument von Ekins et al. zugunsten starker Nachhaltigkeit hat Schwächen: »The important point is, starting from a strong sustainability assumption of non-substitutability in general, it is possible to shift to a weak sustainability position where that is shown to be appropriate. But starting from a weak sustainability assumption permits no such insights to enable exceptions to be identified« (Ekins et al. 2003, S. 168). Dieses Argument wäre nur stichhaltig, wenn eine grundlegende Asymmetrie beider Konzepte hinsichtlich der Möglichkeiten bestünde, Abstriche und Konzessionen zu machen. Dies setzen Ekins et al. voraus, begründen es aber nicht.

75 Ressourcen-Input → Produktion → Konsumtion → Abfall.

76 Die moralischen, religiösen und umweltethischen Überzeugungen zukünftiger Personen sollten wir mindestens ebenso ernst nehmen wie die zukünftigen Wertvorstellungen. Die metaethischen Probleme, die hierdurch aufgeworfen werden, können hier nicht analysiert werden.

77 Diese Lösung könnte nur in einer holistischen Umweltethik gerechtfertigt werden, in deren Rahmen auch Kohleflöze und Erdgasblasen einen moralischen Anspruch haben, von Nutzung verschont zu werden.
78 So müssten etwa in Turkmenistan die Erlöse aus dem Verkauf von Erdgas in den Aufbau hochmoderner Bewässerungssysteme investiert werden.
79 Diese Unterscheidung stammt von Thomas Petersen (Heidelberg). Siehe Klauer et al. 2013.
80 Die anarchisch-kommunitaristischen Ansätze stehen vor dem Problem, die unvermeidliche Handlungskoordination auf umfassenderen politischen Ebenen konzipieren zu müssen. Es gelingt ihnen nicht, die Realitäten eines ausdifferenzierten umweltpolitischen Mehr-Ebenen-Systems zu erfassen. Zu neuen Governance-Formen in einem solchen System siehe SRU 2004, Kap. 13.
81 So der Deutsche Rat für Landespflege (DRL), der Wissenschaftliche Beirat für globale Umweltveränderungen (WBGU), der Rat von Sachverständigen für Umweltfragen (SRU), der Rat für nachhaltige Entwicklung (RNE), etliche Fachbeiräte für Bodenschutz, genetische Ressourcen, Risikoregulierung usw. Zur Wirksamkeit von wissenschaftlicher Politikberatung siehe Hey (2009).
82 Einen noch direkteren Kontakt zur Zivilgesellschaft unterhalten Vereine und Verbände (BUND, NABU u.a.). Interessante Akteure an der Peripherie sind auch Umweltstiftungen (DBU, Michel-Otto-Stiftung, Succow-Stiftung u.a.).
83 Das System der Schutzgebiete als das Rückgrat des Naturschutzes wurde und wird kontinuierlich ausgebaut; zu den mittlerweile 16 deutschen Nationalparken sind das FFH-Gebietssystem und die Flächen des nationalen Naturerbes getreten. Viele Schadstoffeinträge sind zurückgegangen. Geblieben sind die Probleme der Eutrophierung, der intensiven Land- und Forstwirtschaft und des Flächenverbrauchs.
84 Hegel hatte bereits eine Vorstellung von externen Effekten, d.h. davon, dass die »erlaubte Willkür für sich rechtlicher Handlungen« anderen »zum Schaden oder Unrecht gereichen kann« (§ 232). Für solche Probleme, die von der Rechtspflege nicht adäquat reguliert werden können, ist die »Policey« zuständig.

85 Aus der Perspektive rationaler Wirtschaftsbürger ist es bspw. rational, externe Umwelteffekte einschließlich von Risiken auf andere abzuwälzen, solange dies legal ist. Warum sollte ein *homo oeconomicus* freiwillig die externen Effekte seiner Handlungen internalisieren?
86 Spieltheoretisch lässt sich modellieren, was zu erwarten steht, wenn eine solche Garantenstellung aufgegeben wird. Die Anreize für individuelles Handeln sind dann so geartet, dass es für jeden Spieler rational ist, sich möglichst viele dieser kollektiven Güter anzueignen, wodurch sie über kurz oder lang übernutzt und zerstört werden. Diese Mechanismen wurden von Jon Elster (1981) als Musterbeispiele für soziale Widersprüche analysiert.
87 Seit 2002 umfasst diese Staatszielbestimmung auch den Tierschutz, so dass der Tierschutz nicht länger grundsätzlich hinter der Forschungsfreiheit gemäß Art. 5 (3) GG zurücktreten muss (etwa bei wissenschaftlichen Tierversuchen).
88 Hierzu siehe Murswiek (1996), Czybulka (1999), Kloepfer (1996), Ott (1998). Zum Verhältnis von Umweltethik und Umweltrecht immer noch lesenswert sind die Beiträge in Nida-Rümelin, von der Pfordten (1995).
89 Wie etwa der Art. 2 der FCCC, der es als »ultimate objective« der FCCC deklariert, eine gefährliche Erderwärmung zu verhindern. Zu einer ethischen Interpretation dieses Artikels siehe Ott et al. (2004).
90 Die axiologischen und deontologischen Gehalte der Erdcharta müssen nicht so minutiös und penibel analysiert werden, wie dies bei umweltethischen Begründungsversuchen unerlässlich ist. Daher kann man sich dieser Charta auch dann anschließen, wenn man kein Biozentriker ist, obwohl die Erdcharta den Selbstwert aller Lebewesen postuliert.
91 Zu einer umfassenden phänomenologischen Analyse von Orientierungsleistungen siehe Stegmaier (2007).
92 Wir kennen nur unsere heutigen Gründe; denn würden wir unsere zukünftigen besseren Gründe (Theorien, Einsichten) heute schon kennen, dann wären es bereits unsere besten heutigen Gründe.
93 Dieses Problem wurde sinngemäß von Heinrich Heine und von Max Weber so gestellt: Nimm ein oberstes Prinzip (Wertaxiom) und überlege, was getan werden müsste, wenn dieses Prinzip zur obersten Richtschnur unseres Lebens würde, dem sich alles Übrige unterzu-

ordnen hätte. Frage dich dann, ob du angesichts aller Konsequenzen dein Wertaxiom beibehalten möchtest.
94 Biophilie und Nekrophilie sind für Fromm Grundeinstellungen, und die berühmte Unterscheidung zwischen »Haben oder Sein« ist auf diese Unterscheidung bezogen. Dies führt zurück in die Tugendethik (Kap. 4).
95 So könnten manche älteren Lösungen lebensweltlicher Probleme im Umgang mit Natur zukunftsweisend sein. Es könnte z.B. sein, dass naturverträgliche postmoderne Lebensstile auf klugen Kombinationen aus archaischen und avancierten Technologien, westlichen und nicht-westlichen Praktiken beruhen werden: Holzöfen, Fahrräder, Internet, Photovoltaik, »precision farming«, High-Tech-Segelschiffe, Permakultur, Qi-Gong, Tauschökonomie usw. Dieser kreativ-innovativen Suche sind beim Stand des technologischen und kulturellen Wissens kaum Grenzen gesetzt.

Literatur

Adams, William M., Nature and the colonial mind, in: Adams, William M./Mulligan Martin (Eds.), Decolonizing Nature, London 2003, ch. 2.

Adorno, Theodor W., Ästhetische Theorie, Frankfurt/M. 1970.

Agar, Nicholas, Life's Intrinsic Value, New York 2001.

Arias-Maldonado, Manuel, An Imaginary Solution? The Green Defence of Deliberative Democracy, in: Environmental Values, Vol. 16, No. 2, 2007, 233-252.

Armstrong, Jeanette C., Constructing Indigeneity: Syilx Okanagan Oraliture and tmixwcentrism. Inauguraldissertation Greifswald 2010.

Atkinson, Giles/Dubourg, Richard/Hamilton, Kirk/Munasinghe, Mohan/Pearce, David/Young, Carlos, Measuring Sustainable Development, Cheltenham 1997.

Baker, A., Occam's Razor in Science: A case study from biogeography, in: Biology and Philosophy, 2006.

Barantzke, Heike, Ökologie – Natur – Schöpfung, in: Stimmen der Zeit Heft 10, Oktober 1991, 695-706.

– Tierethik, Tiernatur und Moralanthropologie im Kontext von § 17, Tugendlehre, in: Kant-Studien, 96. Jahrgang, Heft 3, 2005, 336-363.

Bauman, Zygmunt, Postmodern Ethics, Oxford 1993.

Baumgartner, Christoph, Umweltethik – Umwelthandeln, Paderborn 2005.

Baumgärtner, Stefan/Becker, Christian, Wissenschaftsphilosophie interdisziplinärer Umweltforschung, Marburg 2005.

Beckerman, Wilfred, Sustainable development: Is it a useful concept?, in: Environmental Values, Vol. 3, 1994, 191-209.

Bergmann, Sigurd/Blindow, Irmgard/Ott, Konrad (Eds.), Aesth/Ethics in Environmental Change, Münster 2013.

Birch, Thomas, Moral Considerability and Universal Consideration, in: Environmental Ethics, Vol. 15, No. 4, 1993, 313-332.

Blackbourn, David, Die Eroberung der Natur, München 2007.

BMU (Bundesministerium für Umwelt, Naturschutz und Reaktorsicherheit), Nationale Strategie zur Biologischen Vielfalt, Berlin 2007.

Böhme, Gernot, Phänomenologie der Natur – ein Projekt, in: Böhme, Gernot/Schiemann, Gregor (Hg.), Phänomenologie der Natur, Frankfurt/M. 1997, 11-43.

Böhme, Gernot, Naturphänomenologie, in: Ott, Konrad, Dierks, Jan, Voget-Kleschin, Lieske (Hg.): Handbuch Umweltethik, Stuttgart 2016, 100-105.

Bookchin, Murray, Die Formen der Freiheit, Telgte 1977.

Borchardt, Rudolf (Hg.): Der Deutsche in der Landschaft, 1928 Frankfurt/M. und Leipzig 1999.

Bratton, Susan P., Christian Ecotheology and the Old Testament, in: Environmental Ethics, Vol. 6, No. 2, 1984, 195-209.

Brenner, Andreas, Umwelt-Ethik. Ein Lehr- und Lesebuch, Fribourg 2008.

Brock, Gillian, Does Obligation Diminish with Distance?, in: Ethics, Place and Environment, Vol. 8, No. 1, 2005, 3-20.

Brooks, Stephen G., Wohlforth, William C., Reshaping the World Order, in: Foreign Affairs, Vol. 88, March/April 2009, 49-62.

Buber, Martin/Rosenzweig, Franz, Die Schrift, Gerlingen 1976.

Bürger, Peter, Vermittlung – Rezeption – Funktion, Frankfurt/M. 1979.

Cafaro, Philip, Naturkunde und Umwelt-Tugendethik, in: Natur und Kultur, Jahrgang 4, Heft 1, 73-99.

Callicott, J. Baird, Animal Liberation: A Triangular Affair, in: Environmental Ethics, Vol. 2, No. 4, 1980, 311-338.

– Die begrifflichen Grundlagen der *land ethic*, in: Krebs, Angelika (Hg.), Naturethik, Frankfurt/M. 1997, 211-246.

Callicott, J. Baird/Frodeman, Robert (Eds.), Encyclopedia of Environmental Ethics and Philosophy, Detroit 2009.

Caney, Simon, Justice and the distribution of greenhouse gas emissions, in: Journal of Global Ethics, Vol. 5, No. 2, 2009, 125-146.

Carlson, Allen, Nature and Positive Aesthetics, in: Environmental Ethics, Vol. 6, No. 1, 5-34.

Certoma, Chiara, Environmental Politics and Place Authenticity Protection, in: Environmental Values, Vol. 18, 2009, 313-341.

Christen, Marius, Die Idee der Nachhaltigkeit. Eine werttheoretische

Fundierung, Marburg 2013.

Coenen, Reinhard/Grunwald, Armin, Nachhaltigkeitsprobleme in Deutschland, Berlin 2003.

Czybulka, Detlef, Ethische, verfassungstheoretische und rechtliche Vorüberlegungen zum Naturschutz, in: Erbguth, W. (Hg.): Rechtstheorie und Rechtsdogmatik im Austausch, Berlin 1999, 83-110.

Daly, Herman E., Wirtschaft jenseits von Wachstum, Salzburg 1999.

Darwin, Charles, Die Abstammung des Menschen, 1874, Stuttgart 1982.

Davis, Mike, Die Geburt der Dritten Welt, Berlin 2004.

Degenhardt, Stefan, Hampicke, Ulrich, Holm-Müller, Karin, Jaedicke, Wolfgang, Pfeiffer, Christian, Zahlungsbereitschaft für Naturschutzprogramme, Bonn-Bad Godesberg 1998.

DeGrazia, David, Taking Animals Seriously, Cambridge 1996.

Deitelhoff, Nicole/Müller, Harald, Theoretical paradise – empirically lost? Arguing with Habermas, in: Review of International Studies, Vol. 31, 2005, 167-179.

Del Caro, Adrian, Grounding the Nietzsche Rhetoric of Earth, Berlin 2004.

Descartes, René, Discours de la Méthode, Hamburg 1960.

Deutscher Rat für Landespflege, Betrachtungen zur »Grünen Charta von der Mainau«, in: Schriftenreihe, Nr. 68, Bonn 1997.

– Naturschutz in Deutschland – eine Erfolgsstory?, in: Schriftenreihe, Nr. 75, Bonn 2003.

Dierks, Jan, Taking Genes seriously – An interest-based approach to environmental ethics and biodiversity. Dissertation Greifswald 2014.

Dierks, Jan, Ökozentrik, in: Ott, Konrad, Dierks, Jan, Voget-Kleschin, Lieske (Hg.): Handbuch Umweltethik, Stuttgart 2016, S. 169-177.

Dobson, Andrew/Lucardie, Paul (Eds.), The Politics of Nature, London 1993.

Drenthen, Martin, Ecological Restoration and Place Attachment: Emplacing Non-Places, in: Environmental Values, Vol. 18, No. 3, 2009, 285-312.

Dryzek, John, The Politics of the Earth, Oxford 1997.

Ebach, Jürgen, Bild Gottes und Schrecken der Tiere. Zur Anthropologie der priesterlichen Urgeschichte, in: ders.: Ursprung und Ziel, Neukirchen-Vluyn 1986, 16-47.

Eckersley, Robyn, Liberal Democracy and the Rights of Nature: The Struggle for Inclusion, in: Environmental Politics, Vol. 4, 1995, 169-198.

Economy, Elizabeth C., The River Runs Black, Ithaca 2004.

Ekins, Paul et al.: A framework for the practical application of the concepts of critical natural capital and strong sustainability, in: Ecological Economics, Vol. 44, 2003, 159-163.

Elster, Jon, Logik und Gesellschaft, Frankfurt/M. 1981.

Engels, Eve-Marie, George Edward Moores Argument der »naturalistic fallacy«, in: Eckensberger, Lutz/Gähde, Ulrich (Hg.): Ethische Norm und empirische Hypothese, Frankfurt/M. 1993, 92-132.

Engels, Jens Ivo, Naturpolitik in der Bundesrepublik, Paderborn 2006.

Eser, Uta, Der Naturschutz und das Fremde, Frankfurt/M. 1999.

Evanoff, Richard E., Reconciling Realism and Constructivism in Environmental Ethics, in: Environmental Values, Vol. 14, 2005, 61-81.

Faber, Malte/Frank, Karin/Klauer, Bernd/Manstetten, Rainer/Schiller, Johannes/Wissel, Christian, On the foundation of a general theory of stocks, in: Ecological Economics, Vol. 55, 2005, 155-172.

Falter, Reinhard, Natur prägt Kultur, München 2006.

Foley, Robert, Menschen vor Homo sapiens, Stuttgart 2000.

Foltz, Bruce V., Inhabiting the Earth, New Jersey 1995.

Forst, Rainer, Kontexte der Gerechtigkeit, Frankfurt/M. 1996.

Foucault, Michel, Überwachen und Strafen, Frankfurt/M. 1976.

Frankena, William K., Ethik und die Umwelt, in: Krebs, Angelika (Hg.), Naturethik, Frankfurt/M. 1997, S. 273-295.

Friskics, Scott, Dialogical Relation with Nature, in: Environmental Ethics, Vol. 23, No. 4, 2001, 391-410.

Fromm, Erich, Anatomie der menschlichen Destruktivität, Stuttgart 1974.

Geddert-Steinacher, Tatjana, Staatsziel Umweltschutz: Instrumentelle oder symbolische Gesetzgebung?, in: Nida-Rümelin, Julian/von der Pfordten, Dietmar (Hg.), Ökologische Ethik und Rechtstheorie, Baden-Baden 1995, 31-52.

Gehlen, Arnold, Der Mensch, 1940, Wiesbaden 1986.

Gerdes, Jürgen, Betreten verboten! Wildnis und die Zivilisation von morgen, in: GAIA, Heft 1, 2010, 13-19.

Gewirth, Alan, Reason and Morality, Chicago 1978.

Gorke, Martin, Artensterben, Stuttgart 1999.

– Prozessschutz aus Sicht einer holistischen Ethik, in: Natur und Kultur, Jg. 7, Heft 1, 2003, 88-107.

– Eigenwert der Natur, 2. Auflage, Stuttgart 2018.

Gowdy, J.M./Mc Daniel, C.N., The Physical Destruction of Nauru: An Example of Weak Sustainability, in: Land Economics, Vol. 75, 333-338.

Gottschalk-Mazouz, Niels, Diskursethik, Berlin 2000.

Groh, Dieter, Schöpfung im Widerspruch, Frankfurt/M. 2003.

Grunwald, Armin/Kopfmüller, Jürgen, Nachhaltigkeit, 2. aktualisierte Auflage, Frankfurt/M. 2012.

Günzler, Claus, Albert Schweitzer, in: Ott, Konrad, Dierks, Jan, Voget-Kleschin, Lieske (Hg.): Handbuch Umweltethik, Stuttgart 2016, 80-85.

Haber, Wolfgang, The ecosystem – Power of a metaphysical construct, Landschaftsökologie Weihenstephan, Heft 13, Freising 2004, 25-48.

Habermas, Jürgen, Theorie des kommuniktativen Handelns, Frankfurt/M. 1981.

– Vorstudien und Ergänzungen zur Theorie des kommunikativen Handelns, Frankfurt/M. 1984.

– Moralität und Sittlichkeit, in: Kuhlmann, Wolfgang (Hg.), Moralität und Sittlichkeit, Frankfurt/M. 1986, 16-37.

– Erläuterungen zur Diskursethik, Frankfurt/M. 1991.

– Faktizität und Geltung, Frankfurt/M. 1992.

– Die Zukunft der menschlichen Natur, Frankfurt/M. 2001.

– Wann müssen wir tolerant sein? Jahrbuch der Berlin-Brandenburgischen Akademie der Wissenschaften, Berlin 2003, 167-178.

– Religion in der Öffentlichkeit, in: ders.: Zwischen Naturalismus und Religion, Frankfurt/M. 2005, 119-154.

– Hat die Konstitutionalisierung des Völkerrechts noch eine Chance?, in: ders.: Philosophische Texte, Bd. 4, Politische Theorie, Frankfurt/M. 2009, 313-401.

– Auch eine Philosophie der Geschichte, Berlin 2019.

Hampicke, Ulrich, Ökologische Ökonomie, Opladen 1992.

– The capacity to solve problems as a rationale for intertemporal discounting, in: Hampicke, Ulrich/Ott, Konrad (Eds.), Reflections on Discounting, in: International Journal of Sustainable Development, Vol. 6, No. 1, 2003, 98-116.

– Naturschutz als Problem der Gerechtigkeit unter Zeitgenossen, in: Gethmann, Carl F. (Hg.), Lebenswelt und Wissenschaft, XXI. Deutscher Kongreß für Philosophie, Hamburg 2011, 1215-1226.

Hardin, G., The Tragedy of the Commons, in: Science, Vol. 162, 1243-1248.

Hardmeier, Christof, Ott, Konrad, Naturethik und biblische Schöpfungserzählung. Stuttgart 2015.

Harich, Wolfgang, Kommunismus ohne Wachstum, Reinbek 1975.

Hedinger, Werner, The Conceptual Strength of Weak Sustainability, in: Döring, Ralf (Ed.), Sustainability, natural capital and nature conservation, Marburg 2009, 21-48.

Helfrich, Silke und Heinrich-Böll-Stiftung (Hg.), Wem gehört die Welt? München 2009.

Hegel, G. W. F. , Grundlinien der Philosophie des Rechts, 1821, Werke Bd. 7, Frankfurt/M. 1969-1971.

Heidegger, Martin, Sein und Zeit, 1927, Tübingen 1979.

– Über den Humanismus, 1949, Frankfurt/M. 1981.

– Die Zeit des Weltbildes, 1938, in: ders., Holzwege, Frankfurt/M. 1980, 73-110.

Hendlin, Yogi, Ott, Konrad, Habermas on Nature: A Postnormal Reading between Moral Intuitions and Theoretical Restrictiveness, in: Environmental Ethics, Vol. 38, 2016, 183-208.

Hendrichs, Hubert, Lebensprozesse und wissenschaftliches Denken, Freiburg 1988.

Henrich, Károly, Biodiversitätsvernichtung, Marburg 2003.

Hepburn, Ronald W., Landscape and the Metaphysical Imagination, in: Environmental Values, Vol. 5, 1996, 191-204.

Herder, Johann Gottfried, Ideen zur Philosophie der Geschichte der Menschheit, 1784, Darmstadt 1966.

– Briefe zur Beförderung der Humanität, 1793, Rudolstadt 1948.

Hey, Christian, 35 Jahre Gutachten des SRU – Rückschau und Ausblick, in: Koch, Hans-Joachim/Hey, Christian (Hg.), Zwischen Wissenschaft und Politik, Berlin 2009, 161-279.

Hodgson, Bernard, Economics as Moral Science, Berlin, Heidelberg 2001.

Horkheimer, Max/Adorno, Theodor, Dialektik der Aufklärung, 1944, Frankfurt/M. 1969.

Horster, Detlef, Ethik, Stuttgart 2009.

Humboldt, Alexander von, Über die Verschiedenartigkeit des Naturgenusses und eine wissenschaftliche Ergründung der Weltgesetze, 1836, in: Autrum, Hansjochem (Hg.),Von der Naturforschung zur Naturwissenschaft, Berlin 1987, 12-31.

Humboldt, Wilhelm von, Schriften zur Sprachphilosophie, in: Werke, Bd. 3, Darmstadt 1979.

Isensee, Josef, Beitrag zur Podiumsdiskussion ›Verantwortung für die zukünftigen Generationen: Wohltat oder Anmaßung?‹, in: Marburger, Peter (Hg.), Die Bewältigung von Langzeitrisiken im Umwelt- und Technikrecht, Berlin 1998, 174-177.

Jakob, Eric, Martin Heidegger und Hans Jonas. Tübingen, Basel 1996.

Jänicke, Martin/Kunig, Philip/Stitzel, Michael, Umweltpolitik, Berlin 1999.

Johnson, L. E., A Morally Deep World, Cambridge 1991.

Jonas, Hans, Organismus und Freiheit, Göttingen 1973.

– Das Prinzip Verantwortung, Frankfurt/M. 1979.

Kant, Immanuel: Kritik der reinen Vernunft, Werke (Hg. von Wilhelm Weischedel) Bd. IV, Wiesbaden 1956.

– Grundlegung zur Metaphysik der Sitten, Werke Bd. VII.

– Schriften zur Metaphysik und Logik, Werke Bd. VI.

– Die Metaphysik der Sitten, Werke Bd. VIII.

– Beantwortung der Frage: Was ist Aufklärung?, Werke Bd. XI, 53-61.

– Zum ewigen Frieden, Werke Bd. XI., 193-251.

Karafyllis, Nicole, »Nur soviel Holz einschlagen, wie nachwächst« – Die Nachhaltigkeitsidee und das Gesicht des deutschen Waldes im Wechselspiel zwischen Forstwissenschaft und Nationalökonomie, in: Technikgeschichte, Band 69, Heft 4, 2002, 247-273.

Kaulbach, Friedrich, Einführung in die Philosophie des Handelns, Darmstadt 1982.

Kay, Jeanne, Concepts of Nature in the Hebrew Bible, in: Environmental Ethics, 1988, Vol. 10, No. 4, 309-327.

Kellert, Stephen/Wilson, Edward O. (Eds.), The Biophilia Hypothesis. Washington 1993.

Klages, Ludwig, Mensch und Erde, 1913, in: ders., Mensch und Erde, Stuttgart 1956, 1-25.

Klauer, Bernd/Manstetten, Reiner/ Petersen, Thomas/Schiller, Johannes, Die Kunst langfristig zu denken. Wege zur Nachhaltigkeit, Baden-Baden 2013.

Klauer, Bernd, Manstetten, Rainer, Petersen, Thomas, Schiller, Johannes: Die Kunst langfristig zu denken. Wege zur Nachhaltigkeit. Baden-Baden 2013.

Kleemann, Linda/Lay, Jann/Nolte, Kerstin/Ott, Konrad/Thiele, Rainer/ Voget-Kleschin, Lieske, Economic and Ethical Challenges of »Land Grabs« in Sub-Saharan Africa, in: Institut für Weltwirtschaft Kiel, Kiel

Policy Brief, No. 67, November 2013.

Kloepfer, Michael, Umweltrecht, München 1986.

Korff, H.A., Geist der Goethezeit, 5 Bände, Leipzig 1962.

Koschel, Susanne, Umweltethische Aspekte der Internationalen Gärten, Diplomarbeit Universität Greifswald 2005.

Köchy, Kristian, Biophilosophie, Hamburg 2008.

Krebs, Angelika, Ethics of Nature, Berlin 1999.

– Discourse Ethics and Nature, in: Environmental Values, Vol. 6, No. 3, 1997, 269-279.

– Wie viel Natur schulden wir der Zukunft?, in: Mittelstraß, Jürgen (Hg.), Die Zukunft des Wissens, Berlin 2000, 313-334.

– Das teleologische Argument in der Naturethik, in: Ott, Konrad/Gorke, Martin (Hg.), Spektrum der Umweltethik, Marburg 2000, 67-80.

Krings, Hermann, Kann man die Natur verstehen?, in: Kuhlmann, Wolfgang/Böhler, Dietrich (Hg.), Kommunikation und Reflexion, Frankfurt/M. 1982, 371-398.

Kunde, Karin, Ott, Konrad, Tiere im Sport – ausgenutzte Objekte oder beteiligte Partner? In: Hartnack, Florian (Hg.): Tiere im Sport? Hamburg 2020, 85-100.

Lafferty, William M./Meadowcroft, James (Eds.), Democracy and the Environment, Cheltenham 1996.

Leopold, Aldo, Am Anfang war die Erde, Sand County Almanach, 1949, Darmstadt 1992.

Levy, Sanford, The Biophilia Hypothesis and Anthropocentric Environmentalism, in: Environmental Ethics, Vol. 25, 2003, 227-246.

Luhmann, Niklas, Soziale Systeme, Frankfurt/M. 1984.

– Ökologische Kommunikation, Opladen 1986.

Luterbacher, Urs/Sprinz, Detlef, International Relations and Global Climate Change, Cambridge/Mass. 2001.

Mackey, Brendan, The Earth Charter, Ethics and Global Governance, in: Westra, Laura/Bosselmann, Klaus, Westra, Richard (Eds.), Reconciling Human Existence with Ecological Integrity, London 2008, 61-71.

Mackie, John L., Ethik, Stuttgart 1981.

Macpherson, C.B., Die politische Theorie des Besitzindividualismus, Frankfurt/M. 1967.

Martinez-Alier, Joan, The Environmentalism of the Poor, Cheltenham 2002.

Mason, Michael, Environmental Democracy, London 1999.

Mathews, Freya (Ed.): Special Issue: Ecology and Democracy, in: Environmental Politics, Vol. 4, No. 4, 1995.

Meyer-Abich, Klaus Michael, Praktische Naturphilosophie, München 1997.

McGregor, Robert K., A Wider View of the Universe, Illinois 1997.

McGinn, Robert, E., Technology, Demography, and the Anachronism of Traditional Rights, in: Journal of Applied Philosophy, Vol. 11, No. 1, 1994, 57-70.

Meine, Curt, Aldo Leopold über die Werte der Natur, in: Natur und Kultur, Jahrgang 7, Heft 1, 2006, 63-87.

Meinecke, Friedrich, Die Idee der Staatsräson in der neueren Geschichte, München ³1929.

Migge, Leberecht, Die wachsende Siedlung, Stuttgart 1932.

Moore, George E., Principia Ethica, 1903, Stuttgart 1970.

Morton, Timothy, Ecology without Nature, Cambridge 2007.

Muir, John, Nature Writings, New York 1997.

Muraca, Barbara, Denken im Grenzgebiet, Freiburg 2010.

Muraca, Barbara, The Map of Moral Significance: A New Axiological Matrix for Environmental Ethics, in: Environmental Values, Vol. 20, No. 3, 375-396.

Murswiek, Dieter, Kommentar zu Art. 20a GG, in: Sachs, M. (Hg.): Grundgesetz. Kommentar, München 1996.

Musson, A. E., Wissenschaft, Technik und Wirtschaftswachstum im achtzehnten Jahrhundert, Frankfurt/M. 1977.

Naess, Arne, The Shallow and the Deep, Long-Range Ecology Movement, in: Inquiry, Vol. 16, 1973, 95-100.

– The Deep Ecological Movement: Some Philosophical Aspects, in: Philosophical Inquiry, 1986, 10-31.

Neuber, Frederike, Ott, Konrad, The Buying Time Argument within the Solar Radiation Management Discourse, in: Applied Science, Vol. 10, 2020, DOI: doi.org/10.3390/app10134637.

Neuweiler, Gerhard, Und wir sind es doch – die Krone der Evolution. Berlin 2008.

Nida-Rümelin, Julian/von der Pfordten, Dietmar (Hg.), Ökologische Ethik und Rechtstheorie, Baden-Baden 1995.

Norton, Bryan, Why Preserve Natural Variety?, Princeton 1987.

Norton, Bryan, Sustainability, Chicago & London 2005.

Nussbaum, Martha, Capabilities as Fundamental Entitlements: Sen and Social Justice, in: Feminist Economics, Vol. 9, No. 2/3, 2003, 33-59.

Oberkrome, Willi, ›Deutsche Heimat‹, Paderborn 2004.

Oberthür, Sebastian/Ott, Hermann, The Kyoto Protocol, Berlin 1999.

Oekom e.V. – Verein für ökologische Kommunikation (Hg.), Vom rechten Maß. Suffizienz als Schlüssel zu mehr Lebensglück und Umweltschutz, München 2013.

Olmsted, Frederick L., Writings on Public Parks, Parkways, and Park Systems, 1870, in: Papers, Supplementary Series, Vol. 1, Baltimore.

Olson, Mancur, Die Logik des kollektiven Handelns, Tübingen 1968.

Ott, Konrad, Ökologie und Ethik, Tübingen 1993.

- Wie ist eine diskursethische Begründung von ökologischen Rechts- und Moralnormen möglich?, in: Nida-Rümelin, Julian/von der Pfordten, Dietmar (Hg.), Ökologische Ethik und Rechtstheorie, Baden-Baden 1995, 325-340.
- Ipso Facto, Frankfurt/M. 1997.
- Naturästhetik, Umweltethik, Ökologie und Landschaftsbewertung, in: Theobald, Werner (Hg.), Integrative Umweltbewertung, Heidelberg 1998, 221-246.
- Das Tötungsproblem in der Tierethik der Gegenwart, in: Engels, Eve-Marie (Hg.), Biologie und Ethik, Stuttgart 1999, 127-160.
- Essential Components of Future Ethics, in: Döring, Ralf/Rühs, Michael (Hg.), Ökonomische Rationalität und praktische Vernunft, Würzburg 2003, 83-108. (2003a)
- Reflections on discounting: some philosophical remarks, in: Hampicke, Ulrich/Ott, Konrad (Eds.): Reflections on Discounting, in: International Journal of Sustainable Development, Special Issue, Vol. 6, No. 1, 2003, 7-24. (2003b)
- Geistesgeschichtliche Ursprünge des deutschen Naturschutzes zwischen 1850 und 1914, in: Handbuch Naturschutz und Landschaftspflege, 12. Ergänzungslieferung 4/04, Landsberg, 2-14, 2004.
- Technikethik, in: Nida-Rümelin, Julian (Hg.), Angewandte Ethik, Stuttgart, 2. aktualisierte Auflage, 2005, 568-647. (2005a)
- Moralbegründungen zur Einführung, Hamburg ^{2}2005. (2005b)
- Ehrfurcht vor dem Leben und »grüne« Gentechnik – Versuch einer Verhältnisbestimmung, in: Schütz, Gottfried (Hg.), Leben nach Maß – zwischen Machbarkeit und Unantastbarkeit, Frankfurt/M. 2005,

55-73. (2005c)
- Heimat-Argumente als Naturschutzbegründungen in Vergangenheit und Gegenwart, in: Piechocki Reinhard/Wierbinski, Norbert (Hg.), Heimat und Naturschutz, Bonn-Bad Godesberg 2007, 43-65.
- Die Rolle der Umweltethik zwischen Grundlagenreflexion und Politikberatung, in: Zichy, Michael/Grimm, Herwig (Hg.), Praxis in der Ethik, Berlin 2008, 277-301. (2008a)
- Naturbeherrschung als Staatsaufgabe und die Rolle technologischer Leitbilder, in: Heyen, Erk V. (Hg.), Jahrbuch für Europäische Verwaltungsgeschichte, Bd. 20, Baden-Baden 2008, 303-316. (2008b)
- A Modest Proposal about How to Proceed in Order to Solve the Problem of Inherent Moral Value in Nature, in: Westra, Laura/Bosselmann, Klaus/ Westra, Richard (Hg.), Reconciling Human Existence with Ecological Integrity, London 2008, 39-60. (2008c)
- Diskurs und Ethik, in: Kolleg Praktische Philosophie, Bd. 2, Stuttgart 2008, 111-152. (2008d)
- Zur ethischen Dimension von Renaturierungsökologie und Ökosystemrenaturierung, in: Zerbe, Stefan/Wiegleb, Gerhard (Hg.), Renaturierung von Ökosystemen in Mitteleuropa, Heidelberg 2009, 423-439.
- Die letzte Versuchung. Geo-Engineering als Ausweg aus der Klimapolitik?, in: Internationale Politik, 65. Jahr, Nr. 1, 2010, 58-65.
- Beyond Beauty, in: Knopf, Kerstin (Ed.), North America in the 21st Century, Trier 2011, 119-130.
- Beyond Beauty, in: Bergmann, Sigurd, Blindow, Irmgard, Ott, Konrad (Hg.), Aest/Ethics in Environmental Change. Hiking through the arts, ecology, religion and ethics of the environment. Münster 2013, 25-38.
- Deliberative Zwischenreiche und Umweltpolitik, in: Jahrbuch für Recht und Ethik, Bd. 22, 2014, 289-312.
- Naturschutzgeschichte Deutschlands, in: Ott, Konrad, Dierks, Jan, Voget-Kleschin, Lieske (Hg.): Handbuch Umweltethik, Stuttgart 2016, S. 67-76.
- On the Political Economy of Solar Radiation Management, in: Frontiers in Environmental Science, Vol. 43 (6), 2018, DOI: 10.3389/fenvs.2018.00043
- Grounding claims for environmental justice in the face of natural heterogeneities, in: Die Erde – Journal of the Geographical Society of

Berlin, Vol. 151 (2-3). DOI: 10.12854/erde-2020-483. (2020a)
- Nachhaltigkeitspolitik in und nach der Pandemie, in: Zeitschrift für Umweltrecht, 9/2020, 451-456. (2020b)
- Domains of Climate Ethics Revisited, in: Matsuda, Tsuyochi, Wolff, Jonathan, Yanagawa, Takashi (Eds.): Risks and Regulation of New Technologies, Kobe 2020, 173-199. (2020c)
- Mapping, Arguing, and Reflecting Environmental Values: Toward Conceptual Synthesis, in: Lysaker, Oin (Ed.): Between Closeness and Evil. A Festschrift for Arne Johan Vetlesen. Oslo 2020, 263-292. (2020d)
- Waldreichtum, in: Zeitschrift für Europäisches Umwelt- und Planungsrecht, 2021, 73-87.

Ott, Konrad/Dierks, Jan/Voget-Kleschin, Lieske (Hg.): Handbuch Umweltethik, Stuttgart 2016.

Ott, Konrad/Fischer, Tobias, On a Philosophy of Individualized Medicine: Conceptual and Ethical Questions, in: Fischer, Tobias, Langanke, Martin, Marschall, Paul, Michl, Susanne (Eds.): Individualized Medicine. Ethical, Economical and Historical Perspectives, Basel 2015, 115-163.

Ott, Konrad/Gorke, Martin (Hg.), Spektrum der Umweltethik, Marburg 2000.

Ott, Konrad/Klepper, Gernot/Lingner, Stefan/Schäfer, Achim/Scheffran, Jürgen/Sprinz, Detlef, Reasoning Goals of Climate Protection. Specification of Article 2 UNFCCC, Berlin 2004.

Ott, Konrad/Döring, Ralf, Theorie und Praxis starker Nachhaltigkeit, Marburg, 2. Auflage 2008.
- Soziale Nachhaltigkeit: Suffizienz zwischen Lebensstilen und politischer Ökonomie, in: Jahrbuch Ökologische Ökonomik, Marburg 2007, 35-71.

Ott, Konrad/Gorke, Martin/Potthast, Thomas/Nevers, Patricia, Über die Anfänge des Naturschutzgedankens in Deutschland und den USA im 19. Jahrhundert, in: Heyen, Erk V. (Hg.), Jahrbuch für Europäische Verwaltungsgeschichte, Bd. 11, Baden-Baden 1999, 1-55.

Ott, Konrad/Reinmuth, Karl Christoph, Environmental Evaluation between Economics and Ethics: An Argument for Integration, in: Hobohm, Carsten (Ed.), Perspectives for Biodiversity and Ecosystems. Springer Nature Switzerland 2021, 129-157.

Paech, Nico, Nachhaltigkeitsprinzipien jenseits des Drei-Säulen-Paradigmas, in: Natur und Kultur, Jg. 7, Heft 1, 2006, 42-62.

Palmer, Clare, Animal Ethics in Context, New York 2010.

Peterson, Anne L., Being Human, Berkeley 2001.

Piechocki, Reinhard/Wiersbinski, Norbert (Hg.), Heimat und Naturschutz, Bonn-Bad Godesberg 2007.

Piechocki, Reinhard, Landschaft – Heimat – Wildnis. Schutz der Natur – aber welcher und warum?, München 2010.

Plachter, Harald, Grundzüge der naturschutzfachlichen Bewertung, in: Veröffentlichungen Naturschutz und Landschaftspflege Baden-Württemberg 67, 1992, 9-48.

– Methodische Rahmenbedingungen für synoptische Bewertungsverfahren im Naturschutz, in: Zeitschrift für Ökologie und Naturschutz, Vol. 3, 1994, 87-106.

Plessner, Helmuth, Die Stufen des Organischen und der Mensch, 1927, Berlin 1975.

Plumwood, Val, Has Democracy Failed Ecology: An Ecofeminist Perspective, in: Environmental Politics, Vol. 4, No. 4, 1995, 134-168.

– Tasteless: Towards a Food-Based Approach to Death, The Forum of Ecology and Religion Newsletter, October 2007.

Pogge, Thomas W., Priorities of Global Justice, in: ders. (Ed.): Global Justice, Oxford 2001, 6-23.

Popp, Reinhold/Ott, Konrad, Die Gesellschaft nach Corona. Ökologisch & sozial, Wien 2020.

Popper, Karl R., Die offene Gesellschaft und ihre Feinde, 1944, München 1980.

Potthast, Thomas/Meisch, Simon (Eds.), Climate change and sustainable development. Ethical perspectives on land use and food production, Wageningen 2012.

Potthast, Thomas/Ott, Konrad, Naturalistischer Fehlschluss, in: Ott, Konrad, Dierks, Jan, Voget-Kleschin, Lieske (Hg.): Handbuch Umweltethik, Stuttgart 2016, 55-60.

Prabhu, Pradip, In the Eye of the Storm: Tribal Peoples of India, in: Grim, John A. (Ed.), Indigenous Traditions and Ecology, Cambridge/Mass. 2001, 47-69.

Preston, Christopher (Ed.), Engineering the Climate. The Ethics of Solar Radiation Management, Lanham 2012.

Preston, Christopher (Ed.), Engineering the Climate, Lexington 2012.

Rad, Gerhard von, Weisheit in Israel, Neukirchen-Vluyn 1970.
Radkau, Joachim/Uekötter, Frank (Hg.), Naturschutz und Nationalsozialismus, Frankfurt/M. 2003.
Rat von Sachverständigen für Umweltfragen (SRU), Für eine dauerhaft-umweltgerechte Entwicklung. Umweltgutachten, Stuttgart 1994.
– Für eine neue Vorreiterrolle. Umweltgutachten, Stuttgart 2002. (2002a)
– Für eine Stärkung und Neuorientierung des Naturschutzes. Sondergutachten, Stuttgart 2002. (2002b)
– Umweltpolitische Handlungsfähigkeit sichern. Umweltgutachten, Baden-Baden 2004.
– Umweltverwaltungen unter Reformdruck. Sondergutachten, Baden-Baden 2007.
– Umweltschutz im Zeichen des Klimawandels. Umweltgutachten, Berlin 2008.
– Für eine zeitgemäße Gemeinsame Agrarpolitik (GAP). November 2009.
Rawls, John, Eine Theorie der Gerechtigkeit, Frankfurt/M. 1975.
Räikkä, Juha, Global Justice and the Logic of the Burden of Proof, in: Metaphilosophy, Vol. 36, No. 1/2, 2005, 228-239.
Regan, Tom, Wie man Rechte für Tiere begründet, in: Krebs, Angelika (Hg.), Naturethik, Frankfurt/M. 1997, 33-46.
Reisch, Lucia, Status und Position, Wiesbaden 1995.
Rehmann-Sutter, Christoph, Leben beschreiben, Würzburg 1996.
Rendtorff, Rolf, »Wo warst du, als ich die Erde gründete?« Schöpfung und Heilsgeschichte, in: Rau, Gerhard/Ritter, Martin/Timm, Hermann (Hg.), Frieden in der Schöpfung, Gütersloh 1987, 35-57.
Ritter, Joachim, Landschaft, 1963, in: ders., Subjektivität, Frankfurt/M. 1974, 141-163.
Rocheleau, Dianne/Thomas-Slayter, Barbara/Wangari, Esther (Eds.), Feminist Political Ecology, London 1996.
Rogall, Holger, Ökologische Ökonomie, Wiesbaden 2008.
Rolston, Holmes, Environmental Ethics, Philadelphia 1988.
Romahn, Katrin S., Rationalität von Werturteilen im Naturschutz. Frankfurt/M. 2003.
Rostow, W. W., The Stages of Economic Growth, Cambridge 1960.
Rowlands, Ian H., The Politics of Global Atmospheric Change, Manchester 1995.

Rudorff, Ernst, Ueber das Verhältniß des modernen Lebens zur Natur, in: Preußische Jahrbücher, Bd. 45, Heft 3, Berlin 1880, 261-276.
- Heimatschutz, 1897, St. Goar 1994.

Sagoff, Mark, The Economy of the Earth, Cambridge 1988.

Schäfer, Lothar, Das Bacon-Projekt, Frankfurt/M. 1993.

Schellnhuber, Hans Joachim, Earth System Analysis – The Scope of the Challenge, in: Schellnhuber, Hans Joachim/Wenzel, V.: Earth System Analysis, Berlin 1998.

Schipperges, Heinrich, Kosmos Anthropos, Stuttgart 1981.

Schmidt, Alfred, Der Begriff der Natur in der Lehre von Marx, Frankfurt/M. 1971.

Schmoll, Friedemann, Erinnerung an die Natur, Frankfurt/M. 2004.

Schoenichen, Walther, Urwaldwildnis in deutschen Landen, Neudamm 1934.

Schöller, H., Flechten, Frankfurt/M. 1997.

Scholtes, Fabian, Umweltherrschaft und Freiheit, Bielefeld 2007.

Schultz, Julia, Umwelt und Gerechtigkeit in Deutschland, Marburg 2009.

Schweitzer, Albert, Kultur und Ethik, München 1926.

Seel, Martin, Eine Ästhetik der Natur, Frankfurt/M. 1991.

Seth, James G., Wir ernten, was wir sähen, München 2005.

Singer, Peter, Praktische Ethik, Stuttgart 1994.
- Animal Liberation. Die Befreiung der Tiere, Reinbek 1996.

Sober, Elliott, Philosophical Problems for Environmentalism, in: Elliot, Robert (Ed.), Environmental Ethics, Oxford 1995, 226-247.

Solow, Robert, Intergenerational equity and exhaustible resources. Rev. Economic Studies, Symposium, 1974, 29-45.

Stefanovic, Ingrid, L., Children and the Ethics of Place, in: Foltz, Bruce V./Frodeman, Robert (Eds.): Rethinking Nature, 2004, 55-76.

Stegmaier, Werner, Philosophie der Orientierung, Berlin 2007.

Stern, Nicholas, Der Global Deal, München 2009.

Stöcklin, Jörg, Die Pflanze, Bern 2007.

Stoll, Susanne, Akzeptanzprobleme bei der Ausweisung von Großschutzgebieten, Frankfurt/M. 1999.

Tanner, Nancy M., Wie wir Menschen wurden, Frankfurt/M. 1994.

Taylor, Paul W., Respect for Nature, Princeton 1986.

Theler, A., Systematics, phylogeny and classification, in: Nash, T.H.

(Ed.): Lichen Biology, Cambridge 1996, 217-239.

Thoreau, Henry David, Walden, New York 1966.

Toadvine, Ted, How Not to be a Jellyfish: Human Exceptionalism and the Ontology of Reflection, in: Painter, Corinne/Lotz, Christian (Eds.): Phenomenology and the Non-Human Animal, Heidelberg 2007, 39-37.

Trapp, Rainer, Klugheitsdilemmata und die Umweltproblematik, Paderborn 1998.

Uexküll, Jakob von, Theoretische Biologie, 1928, Frankfurt/M. 1973.

Unnerstall, Herwig, Rechte zukünftiger Generationen, Würzburg 1999.

Usher, Michael B./Erz, Wolfgang (Hg.), Erfassen und Bewerten im Naturschutz, Heidelberg 1986.

Voget-Kleschin, Lieske/Ott, Konrad (Eds.), Ethical Aspects of Large-Scale Land Acquisition in Developing Countries. Journal of Agricultural and Environmental Ethics, Special Issue, Vol. 26, No. 6, 2013.

Vogt, Markus/Ostheimer, Jochen/Uekötter, Frank (Hg.), Wo steht die Umweltethik?, Marburg 2013.

Vogt, Markus, Christliche Umweltethik, Freiburg 2021.

Wade, Robert, Welche Strategien bleiben den Entwicklungsländern heute?, in: Randeria, Shalini/Eckert, Andreas (Hg.): Vom Imperialismus zum Empire, Frankfurt/M. 2009, 237-269.

Warren, Mary Anne, Moral Status, Oxford 1997.

WCED, Our Common Future, New York/Oxford 1987.

Weber, Andreas, Alles fühlt, Berlin 2007.

Wells, Nancy, M./Evans, Gary W., Nearby Nature. A Buffer of Life Stress Among Rural Children, in: Environment and Behavior, Vol. 35, No. 3, 2003, 311-330.

Werner, Micha H., Diskursethik als Maximenethik, Würzburg 2003.

Westermann, Claus, Genesis, in: Biblischer Kommentar zum Alten Testament, Neukirchen-Vluyn 1968.

Weston, Anthony, Mobilizing the Green Imagination, Gabriola Island 2012.

Westra, Laura, The Principle of Integrity, Lanham 1994.

Westra, Richard, Green Marxism and the Institutional Structure of a Global Socialist Future, in: Albritton, Robert/Jessop, Robert/Westra, Richard (Eds.): Political Economy and Global Capitalism, London 2007, 219-235.

Wetlesen, Jon, The Moral Status of Beings who are not Persons: A Casuistic Argument, in: Environmental Values, Vol. 8, 1999, 287-323.

White, Lynn, The Historical Roots of Our Ecological Crisis, in: Science, 1967, Vol. 155, 1203-1207.

Whitney, Elspeth, Lynn White, Ecotheology, and History, in: Environmental Ethics, Vol. 15, No. 2, 1993, 151-169.

Wilson, Edward O., Biophilia. Oxford 1984.

Wimmer, Reiner, Anthropologie und Ethik, in: Demmerling, Christoph/Gabriel, Gottfried/Rentsch, Thomas (Hg.): Vernunft und Lebenspraxis, Frankfurt/M. 1995, 215-245.

Wissenschaftlicher Beirat Globale Umweltveränderungen (WBGU), Neue Strukturen globaler Umweltpolitik, Berlin 2001.

– Armutsbekämpfung durch Umweltpolitik, Berlin 2005.

Wolschke-Bulmahn, Joachim, Auf der Suche nach Arkadien, München 1990.

Wright, Georg Henrik von, The Logic of Preference, Edinburgh 1963.

Wuchterl, Kurt, Bausteine zu einer Geschichte der Philosophie des 20. Jahrhunderts, Bern/Stuttgart/Wien 1995.

Young, Oran R. (Ed.), Global Governance. Drawing Insights from the Environmental Experience, Cambridge/Mass. 1997.

Zerbe, Stefan/Ott, Konrad, Pesticides, soil removal, and fire for the restoration of ecosystems?, in: Waldökologie, Landschaftsforschung und Naturschutz, März 2021, online preview.

Ziegler, Rafael, Ott, Konrad, The Quality of Sustainability Science – A Philosophical Perspective. in: Sustainability: Science, Practice and Policy, Vol 7 (1), 2011, 31-44.

Zimmerman, Michael, The Threat of Ecofascism, in: Social Theory and Practice, Vol. 21, 1995, 207-238.

Konrad Ott ist Professor für Philosophie und Ethik der Umwelt an der Universität Kiel. Seine Forschungsschwerpunkte sind Umweltethik, Diskursethik, Theorie nachhaltiger Entwicklung, Naturschutzbegründung, Naturschutzgeschichte, ethische Aspekte des Klimawandels, Meeresnaturschutz. Veröffentlichungen u.a.: *Ökologie und Ethik*, Tübingen 1993; *Ipso facto. Zur ethischen Rekonstruktion normativer Implikate wissenschaftlicher Praxis*, Frankfurt/M. 1997; *Moralbegründungen zur Einführung*, Hamburg ²2005; *Theorie und Praxis starker Nachhaltigkeit*, zus. mit Ralf Döring, Marburg ²2008. Mitglied im Sachverständigenrat für Umweltfragen von 2000-2008.